KB204349

BIBLE in Hand 교양인을 위한 성경

구약 | 이사야서

어둠을 딛고
빛을 읽다

해제 **김근주**

보이다
프로젝트

해제 김근주 | 기독연구원 느헤미야 연구위원

서울대학교 경제학과를 졸업하고, 장로회신학대학교 신학대학원에서
목회학 석사(M.Div.)와 신학 석사(Th.M.) 학위를 받은 후,
영국 옥스퍼드대학교에서 칠십인역 이사야서의 신학적 특징을 다룬
논문(The Identity of the Jewish Diaspora in the Septuagint Isaiah)으로
박사(D.Phil.) 학위를 받았다.
기독연구원 느헤미야 연구위원이며, 일산은혜교회 협동목사로 섬기고 있다.
〈복음의 공공성〉(비아토르), 〈특강 예레미야〉 〈특강 이사야〉(IVP),
〈나를 넘어서는 성경 읽기〉 〈소예언서 어떻게 읽을 것인가 1, 2, 3〉(이상 성서유니온),
〈구약의 숲〉 〈다니엘처럼〉 〈네 이웃을 네 몸과 같이〉(이상 대장간),
〈구약으로 읽는 부활 신앙〉(SFC출판부) 등을 펴냈다.

어둠을 딛고
빛을 읽다

믿음에 관심이 있거나 새로 예수를 믿게 된 사람들이 성경을 읽어야 하는데, 이때 전권을 주고 읽으라고 하면 질려서 잘 읽지를 못한다. 이런 사람들에게 이 책을 권하면 좋을 것 같다. 새번역을 사용하고 있고, 읽으면서 생길 수 있는 질문에 답을 주는 짧은 주석이 붙어 있어서 재미있게 읽을 수 있기 때문이다. 이 낱권 성경책은 특별히 비신자 전도에 집중하는 가정교회에서 잘 활용할 수 있을 것이다. 처음 성경을 접하는 분들이 성경을 쉽게 이해하고, 성경 읽는 데 자신감이 생길 것이다.

_ **최영기** | 휴스턴서울교회 은퇴목사, 국제가정교회사역원 초대원장

베스트셀러를 주로 읽는 요즘 사람들은 정작 인류 최고의 베스트셀러인 성경에는 무지하다. 일반인들이 성경을 읽으려면 먼저 성경은 종교적 경전의 모양새에서 벗어나야 한다. 이 책은 바로 그런 목적으로 출간되었다. 이제 종교적인 편견을 버리고 성경을 읽고, 세계 시민에 걸맞은 교양을 가져보자.

_ **방선기** | 일터개발원 이사장

거룩할 '성'과 날 '경' 자로 구성된 성경(聖經)은 우리 삶이 혼돈의 심연으로 빠져들지 않도록 지켜주는 수직의 중심이다. 사람들이 성경에는 오류가 없어야 한다고 믿는 것은 그 때문이다. 성경을 읽다가 모순되는 지점을 발견하는 순간 경건한 사람들은 마치 연모하던 이의 비밀스러운 모습을 본 것처럼 민망해한다. 기독교에 대해 반감을 가진 이들은 '잘코사니!' 하면서 공격의 빌미를 삼는다. 민망해할 것도 없고, 쾌재를 부를 것도 없다. 김근주 교수와 권연경 교수의 안내를 받아 성경 속을 거닐다 보면 그 모순 속에 담긴 삶의 심오함에 가닿을 것이다. 교회 밖의 사람들은 물론이고 기독교인에게도 이 책은 좋은 길잡이가 되어주리라 믿는다.

_ 김기석 | 청파교회 담임목사

01

이 책에 사용된 한글 번역본은 대한성서공회의 허락을 받아
〈성경전서 새번역〉(2001년)을 사용했습니다.

기독교 성서를 번역, 출판, 반포하는 대한성서공회는 〈성경전
서 새번역〉에 대해 "원문의 뜻을 우리말 독자들이 이해할 수
있도록 정확하게 번역하고, 쉬운 현대어로, 우리말 어법에 맞
게, 한국교회에서 사용할 수 있도록 번역된 성경"이며, "번역
이 명확하지 못했던 본문과 의미 전달이 미흡한 본문은 뜻이
잘 전달되도록 고쳤다. 할 수 있는 대로 번역어투를 없애고,
뜻을 우리말로 표현하려고 노력했다. 그러나 신학적으로 중요
한 본문에서는 원문을 그대로 반영하려고 노력했다. 대화문에
서는 현대 우리말 존대법을 적용했다"고 밝히고 있습니다.

02

성경 본문 하단은 성경을 읽으면서 생기는 궁금한 내용에 대해
질문과 해제 형식으로 담아냈습니다. 질문은 편집부에서 만들
고, 해제는 구약성경은 김근주 교수(기독연구원 느헤미야), 신
약성경은 권연경 교수(숭실대 기독교학과)가 맡았습니다.

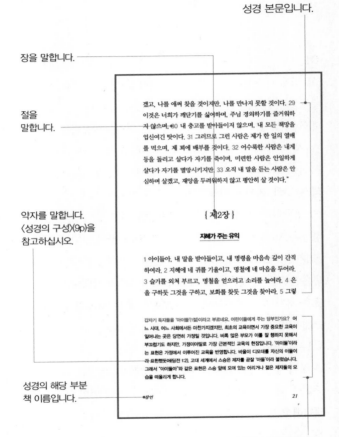

성경 본문입니다.

장을 말합니다.

절을 말합니다.

약자를 말합니다.
〈성경의 구성〉(9p)을
참고하십시오.

성경의 해당 부분
책 이름입니다.

질문과 해제입니다.

겠고, 나를 애써 찾을 것이지만, 나를 만나지 못할 것이다. 29 이것은 너희가 깨닫기를 싫어하며, 주님 경외하기를 즐거워하지 않으며, 30 내 충고를 받아들이지 않으며, 내 모든 책망을 업신여긴 탓이다. 31 그러므로 그런 사람은 제가 한 일의 열매를 먹으며, 제 꾀에 배부를 것이다. 32 어수룩한 사람은 내게 등을 돌리고 살다가 자기를 죽이며, 미련한 사람은 안일하게 살다가 자기를 멸망시키지만, 33 오직 내 말을 듣는 사람은 안심하며 살겠고, 재앙을 두려워하지 않고 평안히 살 것이다."

{ 제2장 }

지혜가 주는 유익

1 아이들아, 내 말을 받아들이고, 내 명령을 마음속 깊이 간직하여라. 2 지혜에 네 귀를 기울이고, 명철에 네 마음을 두어라. 3 슬기를 외쳐 부르고, 명철을 얻으려고 소리를 높여라. 4 은을 구하듯 그것을 구하고, 보화를 찾듯 그것을 찾아라. 5 그렇

갑자기 독자들을 '아이들'(1절)이라고 부르네요. 어린이들에게 주는 당부인가요? 어느 시대, 어느 사회에서든 마찬가지겠지만, 최초의 교육이면서 가장 중요한 교육이 일어나는 곳은 당연히 가정일 것입니다. 비록 많은 부모가 아들 잘 행하지 못해서 부끄럽기도 하지만, 가정이야말로 가장 근본적인 교육의 현장입니다. '아이들'이라는 표현은 가정에서 이루어진 교육을 반영합니다. 바울이 디모데를 자신의 아들이라 표현했듯이(딤전 1:2), 고대 세계에서 스승은 제자를 곧잘 '아들'이라 불렀습니다. 그래서 "아이들아"와 같은 표현은 스승 앞에 모여 있는 어리거나 젊은 제자들의 모습을 떠올리게 합니다.

●잠언

21

성경, 구약 39권 + 신약 27권

성경은 한 권의 책이 아닙니다. 기원전 1천 년 전부터 기원후 2세기에 이르기까지 아주 긴 시간 동안 쓰여진 다양한 책들의 묶음입니다. 성경은 66권의 책으로 구성되어 있습니다. 그 책들은 저자도, 내용도, 형식도, 분량도 모두 다릅니다. 성경은 크게 구약과 신약으로 구분되며, 구약은 39권, 신약은 27권으로 구성되어 있습니다.

또 성경에는 여러 종류의 번역판이 있는데, 이 책은 대한성서공회가 최근에 번역해 출간한 〈성경전서 새번역〉(2001년)을 채택하고 있습니다.

성경의 구성

구약

율법서 { 창세기(창) 출애굽기(출) 레위기(레) 민수기(민) 신명기(신)

역사서 ⌈ 여호수아기(수) 사사기(삿) 룻기(룻) 사무엘기상(삼상)
 ⟨ 사무엘기하(삼하) 열왕기상(왕상) 열왕기하(왕하) 역대지상(대상)
 ⌊ 역대지하(대하) 에스라기(라) 느헤미야기(느) 에스더기(더)

시가서 { 욥기(욥) 시편(시) 잠언(잠) 전도서(전) 아가(아)

대선지서 ⌈ 이사야서(사) 예레미야서(렘) 예레미야 애가(애) 에스겔서(겔)
 ⌊ 다니엘서(단)

소선지서 ⌈ 호세아서(호) 요엘서(욜) 아모스서(암) 오바댜서(옵) 요나서(욘)
 ⟨ 미가서(미) 나훔서(나) 하박국서(합) 스바냐서(습) 학개서(학)
 ⌊ 스가랴서(슥) 말라기서(말)

신약

복음서 { 마태복음서(마) 마가복음서(막) 누가복음서(눅) 요한복음서(요)

역사서 { 사도행전(행)

바울서신 ⌈ 로마서(롬) 고린도전서(고전) 고린도후서(고후)
 ⟨ 갈라디아서(갈) 에베소서(엡) 빌립보서(빌) 골로새서(골)
 ⟨ 데살로니가전서(살전) 데살로니가후서(살후)
 ⌊ 디모데전서(딤전) 디모데후서(딤후) 디도서(딛) 빌레몬서(몬)

공동서신 ⌈ 히브리서(히) 야고보서(약) 베드로전서(벧전) 베드로후서(벧후)
 ⌊ 요한1서(요일) 요한2서(요이) 요한3서(요삼) 유다서(유)

예언서 { 요한계시록(계)

※괄호 안은 각 책을 줄여서 표기할 때 쓰는 약자입니다.

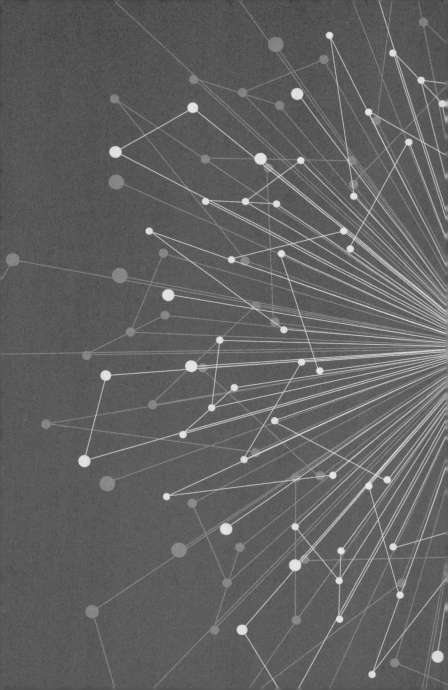

이사야서

Isaiah

영광스러운
회복을 바라보며,
낙심하거나
절망하지 말고

그 백성이 하나님의 가르침을 떠나 제멋대로 행하며
우상을 따르고 사람을 억압할 때, 하나님께서는 예언자를 보내셔서
"이대로 행하면 장차 무서운 심판이 임할 것이다"라고
전하게 하십니다. 그래서 '미래에 관한 말씀'이 선포되지만,
모든 관심은 미래가 아니라 지금 현재에 있습니다.
이제라도 돌이킬 것을 촉구하기 위해
다가올 미래의 심판을 말씀하시기 때문입니다.
때로 예언자들은 회복을 전하기도 했습니다.
지금의 현실이 너무 참혹해서 견디기 어려울 때,
하나님께서는 예언자를 보내셔서 "두려워 말고 믿음으로 살아라.
이제 곧 영광스러운 미래가 임할 것이다"라고 전하게 하십니다.

이사야서는 구약성경의 책 가운데 시편과 함께 신약성경에 가장 많이 인용된 책이어서 일찍부터 마치 신약성경의 하나인 것처럼 교회에서 읽히고 쓰였다고 할 수 있습니다. 특히 예수 그리스도의 생애와 사역과 연관해 해석되는 내용을 많이 포함하고 있어서 이사야서는 기독교 교회에 매우 특별한 책이 되었습니다. 그러나 기독교 교회의 출현 이전부터 이미 이사야서는 주 하나님을 믿고 따르는 신앙에 매우 중요한 책으로 여겨졌습니다. 분량이 상당하지만, 한 장 한 장을 그 시대와 연관해 천천히 읽어가면 좋겠습니다.

예언자를 통해 들려주는 하나님의 말씀

구약성경의 이사야서부터 말라기서까지의 책들을 가리켜 선지서 혹은 예언서라고 부릅니다. 어떤 이들은 이사야 같은 이를 선지자라고 부르고, 어떤 이들은 예언자라고 부르는데, 이책에서는 예언자로 부르겠습니다. 예언자라는 말은 얼핏 '앞일을 말하는 사람'이라는 인상을 주지만, 실제 예언자의 가장 중요한 직무는 '대신 말하는 것'입니다. 그 백성 이스라엘에게 말씀하실 것이 있을 때 하나님께서는 예언자에게 말씀하시고, 이후 예언자가 이스라엘 백성에게 가서 하나님 말씀을 전합니다. 그리고 백성을 위해 하나님 앞에 가서 백성들의 고통과 어려움을 대신 말하는 것 역시 예언자의 역할입니다.

하나님께서 백성들에게 예언자를 보내시는 경우는 대개 그 백성이 하나님의 가르침을 떠나 제멋대로 행하며 우상을 따르고 사람을 억압하는 상황입니다. 그때 하나님께서는 예언자를 보내셔서 "이대로 행하면 장차 무서운 심판이 임할 것"이라고 전하게 하십니다. 그래서 '미래에 관한 말씀'이 선포되지만, 모든 관심은 미래가 아니라 지금 현재에 있습니다. 이제라도 돌이킬 것을 촉구하기 위해 다가올 미래의 심판을 말씀하시기 때문입니다.

때로 예언자들은 회복을 전하기도 했습니다. 지금의 현실이 너무 참혹해서 견디기 어려울 때, 하나님께서는 예언자를 보내셔서 "두려워 말고 믿음으로 살아라. 이제 곧 영광스러운 미래가 임할 것이다"라고 전하게 하십니다. 이 역시 미래를 말하지만 현재에 관심이 있습니다.

강력한 세력의 위협 앞에서 하나님을 신뢰한다는 것은

이사야서는 모두 66장으로 구성되어 있습니다. 첫 장부터 39장까지가 지금 살아가는 삶에 대한 책망과 다가올 심판을 선포한 내용이라면, 40−66장은 다가올 영광스러운 회복을 약속하면서 낙심하거나 절망하지 말고 믿음으로 살아갈 것을 촉구하고 격려하는 내용이라고 할 수 있습니다. 그래서 이사야서 전체에는 예언자가 전하는 하나님 말씀의 두 측면이 모두 나타납니다.

특히 1장 1절은 예언자 이사야의 활동 시기를 유다 왕 웃시야와 요담, 아하스, 히스기야 시대라고 전합니다. 대략 주전 8세기 중엽에서 후반에 이르는 이 시기 가운데 초반에 해당하는 웃시야와 요담의 치세는 유다가 꽤나 강성했던 때입니다. 안으로는 부유하고 평화로웠으며, 밖으로는 국력이 튼튼했습니다.

반면 아하스 왕이 다스리던 시기는 대조적으로 혼란스러웠습니다. 특히 아하스와 히스기야 시기에는 앗시리아라는 거대한 제국이 팔레스타인 땅에 출현해 이 지역 전체를 위태롭게 만들었습니다. 근본적으로 팔레스타인은 남서쪽에 자리한 이집트 세력과 북동쪽에 기반을 둔 메소포타미아 세력의 틈바구니에 위치했기 때문에 이러한 강대국들에 자주 시달렸고 지배당했습니다.

특히 주전 8세기 중엽부터 메소포타미아 지역을 완전히 장악한 앗시리아가 정복 전쟁을 시작하면서 팔레스타인 전역이 전쟁의 소용돌이에 휘말렸습니다. 이집트를 목표로 진격해오는 앗시리아 군대 앞에서 팔레스타인 지역의 소국들은 완전히 멸망하게 되더라도 저항할 것인지, 아니면 항복하고 조공을 바칠지 선택해야 했습니다. 아하스의 유다 왕국은 조공을 바치며 살아남았고, 북왕국 이스라엘은 거부하고 싸우다 완전히 멸망하고 말았습니다(주전 722년).

이사야서 28-33장, 36-39장에서 다루는 히스기야 왕의 치세는 앗시리아에 저항해 나라 전체가 위태로워졌던 시대였습니다. 그러므로 1-39장을 읽을 때는 앗시리아와 같은 강력한 나라의 위협을 염두에 둬야 합니다. 이런 현실에서 하나님을 신뢰한다는 것은 어떤 의미일까요? 이를 생각하면 신앙이라는 것이 그저 마음속의 평안 같은 것이 아니라 제국이 지배하는 현실에서 살아가는 삶과 직접적으로 연관되어 있음을 알 수 있습니다. 앗시리아 다음에는 바빌론이 고대 중동 전역을 장악했고, 유다 역시 주전 587년 바빌론에 멸망합니다. 바빌론은 유다의 중요한 사람들을 대거 포로로 끌고 갔고, 이때부터 '포로기'가 시작됩니다. 이사야서 40-55장은 바빌론 포로기가 배경이라고 추측됩니다. 그래서 이 본문을 읽을 때는 포로 신분으로 남의 땅에서 살아가는 자들에게 하나님 신앙은 어떤 의미가 있는지를 궁리해봐야 합니다. 우리나라로 비교하자면, 일제강점기 중기와 후기를 상상해볼 수 있습니다.

한편 고레스 왕이 시작한 페르시아는 바빌론을 무너뜨리고 고대 중동의 패자가 됩니다. 바빌론과 달리 고레스는 바빌론에 의해 끌려온 모든 포로들이 자기 나라로 돌아가도록 조치합니다. '고레스 칙령'(주전 538년)으로 알려진 이 조치 덕분에 유다 포로들 역시 마침내 조상들의 땅으로 돌아갈 수 있었습니다. 유다 백성들은 조국 땅에 돌아가기만 하면 당장이라도 놀라운 일이 일어날 거라 상상했지만, 돌아온 땅의 현실은 전혀 녹록지 않았습니다. 이사야서 56-66장은 이렇게 돌아온 백성, 귀환 공동체의 현실을 배경으로 읽을 수 있습니다. 1945년 해방

이후 우리나라의 현실을 상상해보면 이해하기 쉽습니다.

심판과 영광스러운 회복을 선포하는 이유

앗시리아, 바빌론, 페르시아로 이어졌던 고대 세계의 패권은 알렉산더 대왕이 이끄는 헬라 제국으로 통합되고, 그다음은 로마 제국으로 이어집니다. 결국 주전 8세기 중엽 앗시리아의 등장 이래 예수님 시대에 이르기까지, 이스라엘은 사실상 독립을 상실하고 식민지로 전락합니다. 놀랍게도 이사야를 비롯한 구약의 예언자들이 본격적으로 등장한 시기는 바로 이와 같은 제국 시대였습니다. 그러므로 예언자들의 말씀은 강력한 제국의 팽창, 그리고 그 앞에 놓인 약소국이나 식민지 백성의 처지를 배경으로 한다는 점을 유념해야 합니다.

이사야서를 읽으면서 왜 예언자가 이토록 격렬하게 심판에 대한 말씀을 선포하는지, 그리고 왜 이러한 영광스러운 회복을 말하는 것인지를 예언자가 살았던 시대적 배경과 연관해 생각하는 것이 꼭 필요합니다. 그럴 때 이사야서는 수천 년의 세월을 넘어 오늘 우리를 향한 말씀으로 이어질 수 있습니다.

{ 제1장 }

1 이것은, 아모스의 아들 이사야가, 유다 왕 웃시야와 요담과 아하스와 히스기야 시대에, 유다와 예루살렘에 대하여 본 이상이다.

하나님께서 백성을 꾸짖으시다

2 하늘아, 들어라! 땅아, 귀를 기울여라! 주님께서 말씀하신다. "내가 자식이라고 기르고 키웠는데, 그들이 나를 거역하였다. 3 소도 제 임자를 알고, 나귀도 주인이 저를 어떻게 먹여 키우는지 알건마는, 이스라엘은 알지 못하고, 나의 백성은 깨닫지 못하는구나." 4 슬프다! 죄지은 민족, 허물이 많은 백성, 흉악한 종자, 타락한 자식들! 너희가 주님을 버렸구나. 이스라엘의 거룩하신 분을 업신여겨서, 등을 돌리고 말았구나. 5 어찌하여 너희는 더 맞을 일만 하느냐? 어찌하여 여전히 배반을 일삼느냐? 머리는 온통 상처투성이고, 속은 온통 골병이 들었으며,

---

'이상'(1절)과 '계시'(2:1)는 각각 무슨 뜻입니까? 두 절에서는 모두 육안이 아닌 "영적인 눈으로 보다"라는 의미를 가진 같은 동사가 각각 '이상'과 '계시'를 꾸며줍니다. 1장 1절에서 '이상'으로 옮겨진 단어는 그 동사의 명사형이며 '환상'(vision)이라는 말로 옮길 수 있고, 2장 1절에 있는 '계시'는 대개 '말씀'으로 번역되는 단어입니다. 그래서 1장 1절과 2장 1절은 모두 그저 눈에 보이는 대로 본 것이 아니라 '영적인 눈으로 본 환상', '영적인 눈으로 본 말씀'을 언급합니다. "영적인 눈으로 본다"는 것은 하나님께서 이사야에게 보여주셨다는 의미로 이해할 수도 있으며, 그래서 같은 현실을 봐도 겉으로 드러난 모습에 좌우되지 않고 상황의 본질을 보고 파악한다는 의미로 이해할 수 있습니다.

6 발바닥에서 정수리까지 성한 데가 없이, 상처 난 곳과 매 맞은 곳과 또 새로 맞아 생긴 상처뿐인데도, 그것을 짜내지도 못하고, 싸매지도 못하고, 상처가 가라앉게 기름을 바르지도 못하였구나. 7 너희의 땅이 황폐해지고, 너희의 성읍들이 송두리째 불에 탔으며, 너희의 농토에서 난 것을, 너희가 보는 앞에서 이방 사람들이 약탈해갔다. 이방 사람들이 너희의 땅을 박살냈을 때처럼 황폐해지고 말았구나. 8 도성 시온이 외롭게 남아 있는 것이 포도원의 초막과 같으며, 참외밭의 원두막과 같고, 포위된 성읍과 같구나. 9 만군의 주님께서 우리 가운데 얼마라도 살아남게 하시지 않으셨다면, 우리는 마치 소돔처럼 되고 고모라처럼 될 뻔하였다. 10 너희 소돔의 통치자들아! 주님의 말씀을 들어라. 너희 고모라의 백성아! 우리 하나님의 법에 귀를 기울여라. 11 주님께서 말씀하신다. "무엇하러 나에게 이 많은 제물을 바치느냐? 나는 이제 숫양의 번제물과 살진 짐승의 기름기가 지겹고, 나는 이제 수송아지와 어린 양과 숫염소의 피도 싫다. 12 너희가 나의 앞에 보이러 오지만, 누가 너희에게 그것을 요구하였느냐? 나의 뜰만 밟을 뿐이다! 13 다

"소돔처럼 되고 고모라처럼 될 뻔하였다"(9절)라는 건 구체적으로 어떤 형편을 가리키는 말입니까? 소돔과 고모라는 자신들의 성에 찾아온 나그네를 짓밟고 유린하려다가 하나님의 진노를 받아 완전히 멸망을 당한 고대 도시입니다(창세기 19장 참고). 그래서 소돔과 고모라가 성경의 다른 곳에 인용되는 경우는 항상 어느 개인이나 공동체가 저지른 죄악이 끔찍하다는 점을 지적할 때 "소돔 같다"고 표현되거나, 또는 그곳에 임하는 재앙이 전면적인 심판일 경우 "소돔처럼 심판받다"는 식으로 언급됩니다. 이사야서 본문에서는 9절의 경우 유다와 예루살렘이 소돔처럼 완전히 멸망할 뻔했다는 의미이니 '전면적 심판'을 상징하는 표현으로 소돔이 쓰였고, 10절에서는 끔찍한 죄를 저지르는 백성이라는 의미로 소돔과 고모라가 쓰였습니다.

시는 헛된 제물을 가져오지 말아라. 다 쓸모없는 것들이다. 분향하는 것도 나에게는 역겹고, 초하루와 안식일과 대회로 모이는 것도 참을 수 없으며, 거룩한 집회를 열어놓고 못된 짓도 함께하는 것을, 내가 더 이상 견딜 수 없다. 14 나는 정말로 너희의 초하루 행사와 정한 절기들이 싫다. 그것들은 오히려 나에게 짐이 될 뿐이다. 그것들을 짊어지기에는 내가 너무 지쳤다. 15 너희가 팔을 벌리고 기도한다 하더라도, 나는 거들떠보지도 않겠다. 너희가 아무리 많이 기도를 한다 하여도 나는 듣지 않겠다. 너희의 손에는 피가 가득하다. 16 너희는 씻어라. 스스로 정결하게 하여라. 내가 보는 앞에서 너희의 악한 행실을 버려라. 악한 일을 그치고, 17 옳은 일을 하는 것을 배워라. 정의를 찾아라. 억압받는 사람을 도와주어라. 고아의 송사를 변호하여주고 과부의 송사를 변론하여주어라." 18 주님께서 말씀하신다. "오너라! 우리가 서로 변론하자. 너희의 죄가 주홍빛과 같다 하여도 눈과 같이 희어질 것이며, 진홍빛과 같이 붉어도 양털과 같이 희어질 것이다. 19 너희가 기꺼이 하려는 마음으로 순종하면, 땅에서 나는 가장 좋은 소산을 먹을 것이

제사를 드리고 제물을 바치라고 명령한 이가 바로 하나님 아니던가요? 그런데 왜 갑자기 이토록 넌더리를 내는(11-15절) 걸까요? 많은 제물(11절), 그리고 분향, 초하루, 안식일, 대회, 거룩한 집회, 정한 절기(13, 14절)라는 표현을 볼 때 제사드리는 이의 마음이나 정성이 문제가 아닌 것을 알 수 있습니다. 그럴지라도 하나님께서는 이 모두를 지겹다며 거부하시는데, 그 까닭은 '피가 가득한 손'(15절) 때문입니다. 이것은 상징적인 표현으로, 이스라엘이 가난한 이웃을 돌아보지 않았으며 사회 안에 힘에 의한 폭력이 난무했고 억울한 눈물이 가득했음을 가리킵니다. 그렇기에 하나님의 요구는 정결한 제사가 아니라 정의로운 삶입니다(16-17절). 성전에서 드리는 제사는 성전 바깥에서의 삶이 올바를 때라야 합당한 제사로 받아들여집니다.

다. 20 그러나 너희가 거절하고 배반하면, 칼날이 너희를 삼킬 것이다." 이것은 주님께서 친히 하신 말씀이다.

죄로 가득 찬 성읍

21 그 신실하던 성읍이 어찌하여 창녀가 되었습니까? 그 안에 정의가 충만하고, 공의가 가득하더니, 이제는 살인자들이 판을 칩니다. 22 네가 만든 은은 불순물의 찌꺼기뿐이고, 네가 만든 가장 좋은 포도주에는 물이 섞여 있구나. 23 너의 지도자들은 주님께 반역하는 자들이요, 도둑의 짝이다. 모두들 뇌물이나 좋아하고, 보수나 계산하면서 쫓아다니고, 고아의 송사를 변호하여주지 않고, 과부의 하소연쯤은 귓전으로 흘리는구나. 24 그러므로 주 곧 만군의 주, 이스라엘의 전능하신 분께서 말씀하신다. "내가 나의 대적들에게 나의 분노를 쏟겠다. 내가 나의 원수들에게 보복하여 한을 풀겠다. 25 이제 다시 내가 너를 때려서라도 잿물로 찌꺼기를 깨끗이 씻어내듯 너를

'정의'와 '공의'(21절)는 같은 뜻을 가진 다른 말인가요? 아니면 아예 다른 의미를 지닌 표현인가요? '공의'는 '올바른 관계'를 가리킵니다. 그리고 이러한 '올바른 관계'는 '마음을 같이하는 것'에서 비롯됩니다. 이웃이 슬픈 일을 당했을 때 나는 그 일과 상관이 없지만 마치 내게 그 일이 일어난 것처럼 같이 울며, 이웃에게 좋은 일이 생겼을 때 시기 질투하는 것이 아니라 마치 내 일처럼 같이 기뻐하는 삶, 이러한 삶을 두고 공의롭다 말합니다. 한편 '정의'라 옮겨진 단어는 '재판'이라는 뜻도 지닙니다. 억울한 사람이 재판에 호소할 때 그가 고아나 과부, 나그네와 같이 사회적으로 매우 불리한 처지라 하더라도 제대로 재판을 받고 그 억울함이 회복되는 사회를 정의롭다 말합니다. 그래서 정의와 공의는 연약한 이웃의 처지에 마음을 같이하며, 그 억울함이 회복되도록 제도적 법적 틀이 마련되는 것을 가리킵니다.

씻고, 너에게서 모든 불순물을 없애겠다. 26 옛날처럼 내가 사사들을 너에게 다시 세우고, 처음에 한 것처럼 슬기로운 지도자들을 너에게 보내주겠다. 그런 다음에야 너를 '의의 성읍', '신실한 성읍'이라고 부르겠다." 27 시온은 정의로 구속함을 받고, 회개한 백성은 공의로 구속함을 받을 것이다. 28 그러나 거역하는 자들과 죄인들은 모두 함께 패망하고, 주님을 버리는 자들은 모두 멸망을 당할 것이다. 29 너희가 상수리나무 아래에서 우상숭배를 즐겼으니, 수치를 당할 것이며, 너희가 동산에서 이방 신들을 즐겨 섬겼으므로 창피를 당할 것이다. 30 기어이 너희는 잎이 시든 상수리나무처럼 될 것이며, 물이 없는 동산과 같이 메마를 것이다. 31 강한 자가 삼오라기와 같이 되고, 그가 한 일은 불티와 같이 될 것이다. 이둘이 함께 불타도 꺼줄 사람 하나 없을 것이다.

{ 제2장 }

영원한 평화

1 이것은 아모스의 아들 이사야가 유다와 예루살렘을 두고, 계시로 받은 말씀이다. 2 마지막 때에, 주님의 성전이 서 있는 산이 모든 산 가운데서 으뜸가는 산이 될 것이며, 모든 언덕보다 높이 솟을 것이니, 모든 민족이 물밀듯 그리로 모여들 것이다. 3 백성들이 오면서 이르기를 "자, 가자. 우리 모두 주님의 산으로 올라가자. 야곱의 하나님이 계신 성전으로 어서 올라가자. 주님께서 우리에게 주님의 길을 가르치실 것이니, 주님께서 가르치시는 길을 따르자" 할 것이다. 율법이 시온에서 나오며, 주님의 말씀이 예루살렘에서 나온다. 4 주님께서 민족들 사이의 분쟁을 판결하시고, 뭇 백성 사이의 갈등을 해결하실 것이니, 그들이 칼을 쳐서 보습을 만들고 창을 쳐서 낫을 만들 것이며, 나라와 나라가 칼을 들고 서로를 치지 않을 것이며, 다시는 군사훈련도 하지 않을 것이다. 5 오너라, 야곱 족속아! 주

'마지막 때'(2절)는 어느 때를 가리킵니까? 지구가 멸망할 때, 뭐 그런 건가요? 엄밀하게 옮기자면, 여기의 '마지막 때'는 '훗날에'입니다. 물론 그 '훗날'이 아주 멀고 먼 미래일 수도 있겠지만, 예언자들이 이러한 표현을 사용할 때는 지금과 연결되어 있는 이제 곧 닥쳐올 미래입니다. 예언자들은 지구 멸망의 날을 대비케 하는 사람이 아니라, 이제 곧 다가올 변화를 전하면서 지금 우리가 살아가는 삶을 고치고 바로 잡도록 촉구하고, 낙심하지 말고 걸어가도록 격려하는 사람들입니다. '마지막 때'와 같은 표현은 자칫 이 땅에서의 삶보다는 멀고 먼 미래로 모든 과제를 내던져버리게 만들 위험이 있습니다. 그렇지만 어디까지나 예언자는 지금 발 딛고 살아가는 현실을 향해 하나님 말씀을 전하는 자임을 잊지 말아야 합니다.

님의 빛 가운데서 걸어가자!

주님의 날

6 주님, 주님께서는 주님의 백성 야곱 족속을 버리셨습니다. 그들에게는 동방의 미신이 가득합니다. 그들은 블레셋 사람들처럼 점을 치며, 이방 사람의 자손과 손을 잡고 언약을 맺었습니다. 7 그들의 땅에는 은과 금이 가득하고, 보화가 셀 수 없이 많습니다. 그들의 땅에는 군마가 가득하고, 병거도 셀 수 없이 많습니다. 8 그들의 땅에는 우상들로 꽉 차 있고, 그들은 제 손으로 만든 것과 제 손가락으로 만든 것에게 꿇어 엎드립니다. 9 이처럼 사람들이 천박해졌고 백성이 비굴해졌습니다. 그러니 그들을 용서하지 마십시오. 10 너희는 바위틈으로 들어가고, 티끌 속에 숨어서, 주님의 그 두렵고 찬란한 영광 앞에서 피하여라. 11 그날에 인간의 거만한 눈초리가 풀이 죽고, 사람의 거드름이 꺾이고, 오직 주님만 홀로 높임을 받으실 것이다.

5절은 '야곱 족속'을 '주님의 빛'으로 초대합니다. 한국인인 우리와 이 구절은 무슨 상관이 있습니까? 신약성경은 하나님을 신뢰하며 그 말씀을 따라 살고자 하는 모든 이가 아브라함의 자손이라고 선언합니다(마 3:8-9; 요 8:39; 갈 3:7). 그럴 때 여기에 나오는 '야곱 족속' 역시 국적이나 민족을 막론하고 하나님을 신뢰하며 그 뜻대로 살아가려는 이들 모두를 가리킵니다. 2-4절은 하나님께서 행하실 새로운 세상을 증언합니다. 칼과 창이 필요 없고 전쟁이 사라지는 평화의 왕국을 그분께서 이루실 것입니다. 그런데 5절은 그저 그날이 오기를 기다리고만 있을 것이 아니라, "주님의 빛 가운데 걸어가자"고 우리를 초대하며 격려합니다. 그저 기다리는 삶이 아니라 그날을 꿈꾸며 우리 역시 할 수 있는 일을 한 걸음 한 걸음 행하자는 격려입니다. 우리가 걸어가는 만큼 그날은 더 가까워질 것입니다.

12 그날은 만군의 주님께서 준비하셨다. 모든 교만한 자와 거만한 자, 모든 오만한 자들이 낮아지는 날이다. 13 또 그날은, 높이 치솟은 레바논의 모든 백향목과 바산의 모든 상수리나무와, 14 모든 높은 산과 모든 솟아오른 언덕과, 15 모든 높은 망대와 모든 튼튼한 성벽과, 16 다시스의 모든 배와, 탐스러운 모든 조각물이 다 낮아지는 날이다. 17 그날에, 인간의 거만이 꺾이고, 사람의 거드름은 풀이 죽을 것이다. 오직 주님만 홀로 높임을 받으시고, 18 우상들은 다 사라질 것이다. 19 그때에 사람들이, 땅을 뒤흔들며 일어나시는 주님의 그 두렵고 찬란한 영광 앞에서 피하여, 바위 동굴과 땅굴로 들어갈 것이다. 20 그날이 오면, 사람들은, 자기들이 경배하려고 만든 은 우상과 금 우상을 두더지와 박쥐에게 던져버릴 것이다. 21 땅을 뒤흔들며 일어나시는 주님의 그 두렵고 찬란한 영광 앞에서 피하여, 바위 구멍과 바위틈으로 들어갈 것이다. 22 "너희는 사람을 의지하지 말아라. 그의 숨이 코에 달려 있으니, 수에 셈할 가치가 어디에 있느냐?"

"오너라, 야곱 족속아!"(5절)라고 손짓해 부르더니, 곧바로 "야곱 족속을 버리셨습니다"(6절)라고 선언합니다. 5절 이후의 분위기가 이처럼 사뭇 다른 까닭은 무엇입니까? 아마도 2-5절과 6-22절은 서로 다른 시기에 선포된 말씀이었을 것인데 '야곱 족속'이라는 연결어로 나란히 놓였을 것입니다. 나란히 놓이면서 각각의 단락은 서로를 보완해줍니다. 2-5절에 있는 평화의 왕국에 대한 말씀은 6-22절의 오만하고 교만한 이스라엘에 대한 고발과 대조됩니다. 하나님께서는 칼과 창이 없는 평화의 세상을 말씀하시지만, 이스라엘은 여전히 은과 금, 보화, 군마, 병거(7절), 망대, 성벽(15절) 같은 것을 과시하고 오만할 뿐 아니라 이 모든 세력과 풍요를 위해 우상을 만들고 그 앞에 절합니다(6, 8절). 이러한 배열을 통해 지금 어떤 삶을 살아야 할 것인지 독자와 청중에게 질문합니다.

{ 제3장 }

예루살렘의 혼돈

1 주 만군의 주님께서 예루살렘과 유다에서 백성이 의지하는 것을 모두 없애실 것이다. 그들이 의지하는 모든 빵과 모든 물을 없애시며, 2 용사와 군인과 재판관과 예언자, 점쟁이와 장로, 3 오십부장과 귀족과 군 고문관, 능숙한 마술사와 능란한 요술쟁이를 없애실 것이다. 4 "내가 철부지들을 그들의 지배자로 세우고, 어린 것들이 그들을 다스리게 하겠다. 5 백성이 서로 억누르고, 사람이 서로 치고, 이웃이 서로 싸우고, 젊은이가 노인에게 대들고, 천한 자가 존귀한 사람에게 예의 없이 대할 것이다." 6 한 사람이 제 집안의 한 식구를 붙잡고 "너는 옷이라도 걸쳤으니, 우리의 통치자가 되어다오. 이 폐허에서 우리를 다시 일으켜다오" 하고 부탁을 하여도, 7 바로 그날에, 그가 큰 소리로 부르짖을 것이다. "나에게는 묘안이 없다. 나의 집에는 빵도 없고 옷도 없다. 나를 이 백성의 통치자로

'아이'와 '여인'(12절)은 어떤 지도자를 상징합니까? 1절은 유다가 의지하는 모든 것을 하나님께서 없애실 것이라 선언합니다. 구약 신앙은 하나님 아닌 다른 것을 의지하고 신뢰하는 것을 가장 민감하고 중요한 문제로 다룹니다. 특정 종교의 신만을 따르게 하려는 목적이라기보다는, 헛된 것에 매여 하나님께서 허락하신 존귀한 삶을 망치기 때문에 그 어떤 것도, 다른 강한 세력이나 스스로의 능력과 부귀까지도 의지하지 말 것을 촉구합니다. 사람이 의지하는 것 가운데 하나가 강한 나라, 강한 지도자입니다. 그에 대해 하나님께서는 실상 너희를 다스리는 이는 아이요 여인이라 선포하십니다. 이사야서의 배경이 지금으로부터 2700년 전이라 여성에 대한 차별적인 내용이 반영되어 있지만, 핵심은 너희가 신뢰하는 지도자가 사실은 전혀 믿을 만한 존재가 아니라는 의미입니다.

세우지 말아라." 8 드디어 예루살렘이 넘어지고 유다는 쓰러진다. 그들이 말과 행동으로 주님께 대항하며, 하나님의 영광스러운 현존을 모독하였기 때문이다. 9 그들의 안색이 자신들의 죄를 고발한다. 그들이 소돔과 같이 자기들의 죄를 드러내 놓고 말하며, 숨기려 하지도 않는다. 그들에게 화가 미칠 것이다. 그들은 스스로 재앙을 불러들인다. 10 의로운 사람에게 말하여라. 그들에게 복이 있고, 그들이 한 일에 보답을 받고, 기쁨을 누릴 것이라고 말하여라. 11 악한 자에게는 화가 미칠 것이다. 재난이 그들을 뒤덮을 것이다. 그들이 저지른 그대로 보복을 받을 것이다. 12 "아이들이 내 백성을 억누르며, 여인들이 백성을 다스린다. 내 백성아, 네 지도자들이 길을 잘못 들게 하며, 가야 할 길에서 벗어나게 하는구나."

주님께서 백성을 심판하시다

13 주님께서 재판하시려고 법정에 앉으신다. 그의 백성을 심판하시려고 들어오신다. 14 주님께서 백성의 장로들과 백성의

하나님은 지도자들에게 가장 먼저 "나의 포도원을 망쳐놓은"(14절) 죄를 묻습니다. 하나님이 포도원을 운영한다는 얘긴 금시초문입니다. 14절에서 '나의 포도원을 망친 것'은 '가난한 사람을 약탈한 것'과 대응됩니다. 하나님께서 유다의 가난한 자들을 가리켜 '나의 포도원'이라 부르신다는 것을 알 수 있지요. 당시 유다가 풍요로웠다 하지만, 그 사회 한편에서는 이렇게 가난한 이들이 짓밟히고 유린당하는 일이 벌어졌습니다. 전반적으로는 평화로워도 한편에서 벌어지는 이런 상황을 두고 하나님께서는 이사야 예언자를 통해 지도자들 전체가 가난한 이들을 짓밟고 그 얼굴을 맷돌질했다고 규탄하십니다(15절). 전체의 부를 보는 것이 아니라 가난한 이들의 눈물을 보며 전체를 판단하는 것이 예언자적 시각임을 알 수 있습니다.

지도자들을 세워놓고, 재판을 시작하신다. "나의 포도원을 망쳐놓은 자들이 바로 너희다. 가난한 사람들을 약탈해서, 너희 집을 가득 채웠다. 15 어찌하여 너희는 나의 백성을 짓밟으며, 어찌하여 너희는 가난한 사람들의 얼굴을 마치 맷돌질하듯 짓 뭉갰느냐?" 만군의 하나님이신 주님의 말씀이다.

예루살렘 여인들에게 경고하시다

16 주님께서 말씀하신다. "시온의 딸들이 교만하여 목을 길게 빼고 다니며, 호리는 눈짓을 하고 다니며, 꼬리를 치고 걸으며, 발목에서 잘랑잘랑 소리를 내는구나. 17 그러므로 나 주가 시온의 딸들 정수리에 딱지가 생기게 하며, 나 주가 그들의 하체를 드러낼 것이다."

18 ○ 그날이 오면, 주님께서는 여인들에게서, 발목 장식, 머리 망사, 반달 장식, 19 귀고리, 팔찌, 머리쓰개, 20 머리 장식, 발찌, 허리띠, 향수병, 부적, 21 가락지, 코걸이, 22 고운 옷, 겉옷, 외투, 손지갑, 23 손거울, 모시옷, 머릿수건, 너울들

아름답게 꾸미고 싶어 하는 게 잘못일까요? 그런데도 마치 고운 옷과 장신구들이 교만의 상징인 것처럼 노여워하시는 건(18-23절) 부당합니다. 아름답게 치장하는 것이나 부유한 것은 문제가 아니며, 죄도 아닙니다. 문제는 자신들의 부와 군사력과 제도를 내세우는, 오만하고 교만한 세상입니다. 그리고 그 사회가 잘못되었음을 보여주는 증거는 그 사회에서 가난한 자의 현실입니다. 가난한 백성의 삶은 짓밟히는데도 그 사회가 부유하고 쾌적하다면, 하나님께서는 그 모든 아름다움을 없애버리실 것입니다. 16-26절에서는 상류층 여성의 사치를 다루는데, 이 여성은 '시온'을 상징합니다. 시온이 자신의 부와 힘으로 치장하지만, 하나님께서는 그 모든 영광을 부끄러움으로 바꿔버리실 것입니다. 약자를 돌아보지 않는다면, 그 모든 영광은 썩어버립니다.

을 다 벗기실 것이다. 24 그들에게서는 향수 내음 대신에 썩는 냄새가 나고, 고운 허리띠를 띠던 허리에는 새끼줄이 감기고, 곱게 빗어 넘기던 머리는 다 빠져서 대머리가 되고, 고운 옷을 걸치던 몸에는 상복을 걸치고, 고운 얼굴 대신에 수치의 자국만 남을 것이다. 25 너를 따르던 남자들이 칼에 쓰러지며, 너를 따르던 용사들이 전쟁터에서 쓰러질 것이다. 26 시온의 성문들이 슬퍼하며 곡할 것이요, 황폐된 시온은 땅바닥에 주저앉을 것이다.

{ 제4장 }

1 그날이 오면, 일곱 여자가 한 남자를 붙잡고 애원할 것이다. "우리가 먹을 것은 우리가 챙기고, 우리가 입을 옷도 우리가 마련할 터이니, 다만 우리가 당신을 우리의 남편이라고 부르게만 해주세요. 시집도 못 갔다는 부끄러움을 당하지 않게 해주세요."

예루살렘이 회복될 것이다

2 그날이 오면, 주님께서 돋게 하신 싹이 아름다워지고 영화롭게 될 것이며, 이스라엘 안에 살아남은 사람들에게는, 그 땅의 열매가 자랑거리가 되고 영광이 될 것이다. 3 또한 그때에는, 시온에 남아 있는 사람들, 예루살렘에 머물러 있는 사람들, 곧 예루살렘에 살아 있다고 명단에 기록된 사람들은 모두 '거룩하다'고 일컬어질 것이다. 4 그리고 주님께서 딸 시온의 부정을 씻어주시고, 심판의 영과 불의 영을 보내셔서, 예루살렘의 피

'주님께서 돋게 하신 싹'(2절)이란 무얼 말합니까? 3~6절이 설명하는 일들과는 어떤 연관이 있습니까? 2장 6절부터 4장 1절은 자신의 힘과 세력을 자랑하던 시온에 임할 하나님의 심판이었다면, 4장 2~6절은 심판 이후 시온에 임할 하나님의 회복을 전합니다. 이처럼 이사야서와 예언서에는 심판과 심판 이후 회복에 관한 내용이 계속 번갈아 등장합니다. 심판과 회복이 교대로 놓여서, 이제 임할 재앙 가득한 심판이 이스라엘을 다 없애버리려는 제거가 아니라, 불의하고 부정한 이스라엘을 정결케 하는 '정화' 과정임을 알립니다. 훗날 하나님께서 가져오실 회복의 중심에는 '싹'이 있습니다. 싹은 작고 미약한 시작을 상징합니다. 강대한 시온이 영광스러워지는 것이 아니라, 싹과 같이 미미하지만 정결해진 시온이 마침내 영광스럽게 회복될 것입니다.

를 말끔히 닦아주실 것이다. 5 그런 다음에 주님께서는, 시온
산의 모든 지역과 거기에 모인 회중 위에, 낮에는 연기와 구름
을 만드시고, 밤에는 타오르는 불길로 빛을 만드셔서, 예루살
렘을 닫집처럼 덮어서 보호하실 것이다. 6 하나님께서는 예루
살렘을 그의 영광으로 덮으셔서, 한낮의 더위를 막는 그늘을
만드시고, 예루살렘으로 폭풍과 비를 피하는 피신처가 되게
하실 것이다.

{ 제5장 }

포도원 노래

1 내가 사랑하는 이에게 노래를 해주겠네. 그가 가꾸는 포도원을 노래하겠네. 내가 사랑하는 사람은 기름진 언덕에서 포도원을 가꾸고 있네. 2 땅을 일구고 돌을 골라내고, 아주 좋은 포도나무를 심었네. 그 한가운데 망대를 세우고, 거기에 포도주 짜는 곳도 파놓고, 좋은 포도가 맺기를 기다렸는데, 열린 것이라고는 들포도뿐이었다네. 3 예루살렘 주민아, 유다 사람들아, 이제 너희는 나와 나의 포도원 사이에서 한번 판단하여보아라. 4 내가 나의 포도원을 가꾸면서 빠뜨린 것이 무엇이냐? 내가 하지 않은 일이라도 있느냐? 나는 좋은 포도가 맺기를 기다렸는데 어찌하여 들포도가 열렸느냐? 5 "이제 내가 내 포도원에 무슨 일을 하려는지를 너희에게 말하겠다. 울타리를 걷어치워서, 그 밭을 못 쓰게 만들고, 담을 허물어서 아무나 그

1-2절과 3-6절의 '나'(화자)는 다른 인물처럼 보입니다. 각각 누구를 가리킵니까? 1-7절은 '포도원 노래'라는 제목이 붙여진 본문입니다. 1절에 있는 1인칭의 '나'는 예언자를 가리킵니다. 예언자는 사람들이 모인 광장에 등장해 노래를 부르겠다며 시작합니다. 3절부터는 이 노래 안에 등장하는 포도원의 주인이 1인칭의 '나'로 표현됩니다. 7절의 해설을 볼 때 이 포도원 주인은 만군의 주님임을 알 수 있습니다. 하나님께서 유다와 이스라엘에게 기대하신 것은 '선한 일과 옳은 일'이라는 열매였는데, 정작 그들이 맺은 열매는 '살육과 울부짖음'뿐이었습니다. 그래서 포도원 주인인 하나님께서는 이제 이 포도원을 없애버리실 것입니다. 여기서 '선한 일'과 '옳은 일'로 번역된 히브리어는 1장 27절에서 각각 '정의'와 '공의'로 번역된 단어입니다. 정의와 공의야말로 하나님께서 그분의 백성에게 찾으시는 것입니다.

밭을 짓밟게 하겠다. 6 내가 그 밭을 황무지로 만들겠다. 가지치기도 못 하게 하고 북 주기도 못 하게 하여, 찔레나무와 가시나무만 자라나게 하겠다. 내가 또한 구름에게 명하여, 그 위에 비를 내리지 못하게 하겠다." 7 이스라엘은 만군의 주님의 포도원이고, 유다 백성은 주님께서 심으신 포도나무다. 주님께서는 그들이 선한 일 하기를 기대하셨는데, 보이는 것은 살육뿐이다. 주님께서는 그들이 옳은 일 하기를 기대하셨는데, 들리는 것은 그들에게 희생된 사람들의 울부짖음뿐이다.

사람이 저지르는 악한 일

8 너희가, 더 차지할 곳이 없을 때까지, 집에 집을 더하고, 밭에 밭을 늘려나가, 땅 한가운데서 홀로 살려고 하였으니, 너희에게 재앙이 닥친다! 9 만군의 주님께서 나의 귀에다 말씀하셨다. "많은 집들이 반드시 황폐해지고, 아무리 크고 좋은 집들이라도 텅 빈 흉가가 되어서, 사람 하나 거기에 살지 않을 것

8절만 봐도 성경은 부자를 몹시 부정적으로 묘사하는 경향이 있는 듯합니다. 능력을 발휘해서 최대한 부를 쌓는 게 어째서 재앙을 부르는 행위가 되는지 모르겠습니다. 3장 18–23절 설명에서도 다루었지만, 부와 아름다움은 죄라고 할 수 없습니다. 그런데 그 부가 가난한 사람의 고통과 괴로움을 모른 체하며 얻은 것이라면 문제가 됩니다. 5장 곳곳에서는 당시 사회가 부유한 이들의 흥청망청과 악을 선이라 했으며, 뇌물이 횡행하고 의인의 권리를 빼앗는 세상이었음을 고발합니다. 특히 8절에서 다루듯, 자신의 재물로 계속해서 땅을 구입하는 행위는 그 자체로 문제입니다. 왜냐하면 땅은 사사로이 소유할 것이 아니라, 모든 사람이 하나님께 받아 누려야 할 것이기 때문입니다(레 25:23). 이와 같은 말씀은 땅값과 집값이 천정부지로 치솟는 오늘의 시대에 특히 중요합니다.

이다. 10 또한 열흘 갈이 포도원이 포도주 한 바트밖에 내지 못하며, 한 호멜의 씨가 겨우 한 에바밖에 내지 못할 것이다." 11 아침에 일찍 일어나 독한 술을 찾는 사람과, 밤이 늦도록 포도주에 얼이 빠져 있는 사람에게, 재앙이 닥친다! 12 그들이, 연회에는 수금과 거문고와 소구와 피리와 포도주를 갖추었어도, 주님께서 하시는 일에는 관심이 없고, 주님께서 손수 이루시는 일도 거들떠보지를 않는다. 13 "그러므로 나의 백성은 지식이 없어서 포로가 될 것이요, 귀족은 굶주리고 평민은 갈증으로 목이 탈 것이다." 14 그러므로 스올이 입맛을 크게 다시면서, 그 입을 한없이 벌리니, 그들의 영화와 법석거림과 떠드는 소리와 즐거워하는 소리가, 다 그곳으로 빠져들어 갈 것이다. 15 그래서 천한 사람도 굴욕을 당하고 귀한 사람도 비천해지며, 눈을 치켜뜨고 한껏 거만을 부리던 자들도 기가 꺾일 것이다. 16 그러나 만군의 주님께서는 공평하셔서 높임을 받으시고, 거룩하신 하나님은 의로우셔서 거룩하신 분으로 기림을 받으실 것이다. 17 그때에 어린 양들이 그 폐허에서 마치 초장에서처럼 풀을 뜯을 것이며, 낯선 사람들이, 망한 부자들의 밭에서 그 산물을 먹을 것이다. 18 거짓으로 끈을 만들어 악을

'스올'(14절)은 어디를 가리키는 장소인가요? 스올은 땅속 세계를 가리킵니다. 고대의 사람들은 온 세상을 셋으로 나누어 생각했습니다. 하나님을 비롯한 신들의 영역이 하늘 위의 하늘에 있고, 사람과 짐승, 태양과 별이 존재하는 사람 사는 영역, 그리고 땅 아래 죽은 자의 영역인 스올, 이렇게 세 영역이 존재한다고 여겼습니다. 사람이나 짐승이 죽으면 땅에 묻혀 얼마 지나면 썩어 없어지기에, 고대 사람들은 사람이 죽으면 스올로 간다고 생각했습니다. 누구든 나이가 들어 죽으면 스올로 가지만, 때가 아닌데도 죽음이 닥치는 경우가 있습니다. 14절은 하나님의 심판으로 악인들에게 때 이른 죽음이 닥칠 것임을 "스올이 입맛을 다시고 입을 벌린다"라고 표현합니다.

잡아당기며, 수레의 줄을 당기듯이 죄를 끌어당기는 자들에게 재앙이 닥친다! 19 기껏 한다는 말이 "하나님더러 서두르시라고 하여라. 그분이 하고자 하시는 일을 빨리 하시라고 하여라. 그래야 우리가 볼 게 아니냐. 계획을 빨리 이루시라고 하여라. 이스라엘의 거룩하신 분께서 세우신 계획이 빨리 이루어져야 우리가 그것을 알 게 아니냐!" 하는구나. 20 악한 것을 선하다고 하고 선한 것을 악하다고 하는 자들, 어둠을 빛이라고 하고 빛을 어둠이라고 하며, 쓴 것을 달다고 하고 단 것을 쓰다고 하는 자들에게, 재앙이 닥친다! 21 스스로 지혜롭다 하며, 스스로 슬기롭다 하는 그들에게, 재앙이 닥친다! 22 포도주쯤은 말로 마시고, 온갖 독한 술을 섞어 마시고도 끄떡도 하지 않는 자들에게, 재앙이 닥친다! 23 그들은 뇌물을 받고 악인을 의롭다고 하며, 의인의 정당한 권리를 빼앗는구나. 24 그러므로 지푸라기가 불길에 휩싸이듯, 마른 풀이 불꽃에 타들어가듯, 그들의 뿌리가 썩고, 꽃잎이 말라서, 티끌처럼 없어질 것이다. 그들은 만군의 주님의 율법을 버리고, 이스라엘의 거룩하신 분의 말씀을 멸시하였다. 25 그러므로 주님께서 백성에

하나님은 '스스로 지혜롭다 하며, 스스로 슬기롭다 하는 그들'(21절)에게 재앙을 예고합니다. 인간이 늘 어수룩하고 아둔길 바라는 걸까요? 지혜의 근본은 하나님을 알고 경외하는 것입니다. 하나님만을 떠받들라는 의미가 아니라, 우리 스스로의 한계를 알라는 의미입니다. 그럴 때 우리는 대단해 보이는 사람에게 굽신거리거나 그를 떠받들지 않을 수 있고, 엄청난 세력을 지닌 이들 역시 그저 사람에 불과함을 깨닫게 됩니다. 하나님만을 높인다는 것은 사람을 무시하고 함부로 하라는 것이 아니라, 하나님이 아닌 그 어떤 것에도 굴복하거나 체념하지 말라는 의미입니다. 그래서 스스로를 지혜롭다 하지 않는 태도는 자신의 한계를 늘 기억하는 것, 우리 위에 하나님께서 계심을 기억하는 것. 그래서 주변을 돌아보고 다른 사람과 함께 살아가는 것을 말합니다.

게 진노하셔서 손을 들어 그들을 치시니, 산들이 진동하고, 사람의 시체가 거리 한가운데 버려진 쓰레기와 같다. 그래도 주님께서는 진노를 풀지 않으시고, 심판을 계속하시려고 여전히 손을 들고 계신다. 26 주님께서 깃발을 올리셔서 먼 곳의 민족들을 부르시고, 휘파람으로 그들을 땅끝에서부터 부르신다. 그들이 빠르게 달려오고 있다. 27 그들 가운데 아무도 지쳐 있거나 비틀거리는 사람이 없고, 졸거나 잠자는 사람이 없으며, 허리띠가 풀리거나 신발 끈이 끊어진 사람이 없다. 28 그들의 화살은 예리하게 날이 서 있고, 모든 활시위는 쏠 준비가 되어 있다. 달리는 말발굽은 부싯돌처럼 보이고, 병거 바퀴는 회오리바람과 같이 구른다. 29 그 군대의 함성은 암사자의 포효와 같고, 그 고함 소리는 새끼 사자의 으르렁거림과 같다. 그들이 소리치며 전리품을 움켜가 버리나, 아무도 그것을 빼앗지 못한다. 30 바로 그날에, 그들이 이 백성을 보고서, 바다의 성난 파도같이 함성을 지를 것이니, 사람이 그 땅을 둘러보면, 거기에는 흑암과 고난만 있고, 빛마저 구름에 가려져 어두울 것이다.

23절에서 말하는 '의인'은 어떤 이들입니까? 착하게 사는 사람들입니까? 5장 전체는 힘과 부를 지니고 스스로를 옳다 하며 악을 보고 선이라 주장하는 이들을 고발합니다. 그리고 이러한 세력에 희생당하며 울부짖는 이들, 땅을 다 빼앗긴 이들, 옳은 일을 하고도 그것을 악이라 하는 이들 때문에 희생당한 이들, 모든 권리가 빼앗긴 이들이 그에 대응해 언급됩니다. 이러한 대조는 2장과 4장에서도 볼 수 있습니다. 이를 볼 때, 23절의 의인은 "하나님께서 지키지 않으시면 모든 권리를 다 빼앗기는 이들, 그래서 하나님의 도우심만을 구하는 이들"이라고 할 수 있습니다. 구약이 말하는 의로움은 근본적으로 '관계적인 개념'입니다. 어떤 올바른 행동보다는, "하나님을 신뢰하며 하나님께서 행하실 일을 믿는 것"을 두고 의롭다고 말합니다.

{ 제6장 }

하나님이 이사야를 예언자로 부르시다

1 웃시야 왕이 죽던 해에, 나는 높이 들린 보좌에 앉아계시는 주님을 뵈었는데, 그의 옷자락이 성전에 가득 차 있었다. 2 그분 위로는 스랍들이 서 있었는데, 스랍들은 저마다 날개를 여섯 가지고 있었다. 둘로는 얼굴을 가리고, 둘로는 발을 가리고, 나머지 둘로는 날고 있었다. 3 그리고 그들은 큰 소리로 노래를 부르며 화답하였다. "거룩하시다, 거룩하시다, 거룩하시다. 만군의 주님! 온 땅에 그의 영광이 가득하다."

4 ○ 우렁차게 부르는 이 노랫소리에 문지방의 터가 흔들리고, 성전에는 연기가 가득 찼다.

5 ○ 나는 부르짖었다. "재앙이 나에게 닥치겠구나! 이제 나는 죽게 되었구나! 나는 입술이 부정한 사람인데, 입술이 부정한 백성 가운데 살고 있으면서, 왕이신 만군의 주님을 만나 뵙다니!"

'입술이 부정한'(5절) 것은 어떤 상태를 가리킵니까? 본문의 '부정하다'는 제사와 관련된 용어로, 하나님 앞에 나아갈 수 없는 상태를 가리킵니다. 이사야는 성전에서 하나님의 영광을 경험했습니다. 영광의 하나님 앞에 설 때 모든 존재는 자신이 얼마나 더럽고 부끄러운 존재인지 절감할 수밖에 없을 것입니다. 스랍과 같은 하늘의 존재는 하나님 앞에서 찬양을 합니다. 그와 같이 모든 존재는 영광스러운 하나님 앞에 설 때 당연히 그 입을 열어 하나님을 찬양하게 됩니다. 이사야 역시 마찬가지였을 것이고, 그러다 보니 입술의 부정함을 깨달았을 것입니다. 입술만 부정하다는 것이 아니라, 하나님의 영광 앞에 자신의 전부가 부정하지만, 찬양을 하려다 보니 입술의 부정함을 가장 먼저, 그리고 예민하게 느낀 것이겠지요. 결국 여기서 입술은 이사야의 전부를 상징합니다.

6 ○ 그때에 스랍들 가운데서 하나가, 제단에서 타고 있는 숯을, 부집게로 집어, 손에 들고 나에게 날아와서, 7 그것을 나의 입에 대며 말하였다. "이것이 너의 입술에 닿았으니, 너의 악은 사라지고, 너의 죄는 사해졌다."

8 ○ 그때에 나는 주님께서 말씀하시는 음성을 들었다. "내가 누구를 보낼까? 누가 우리를 대신하여 갈 것인가?" 내가 아뢰었다. "제가 여기에 있습니다. 저를 보내어주십시오." 9 그러자 주님께서 말씀하셨다. "너는 가서 이 백성에게 '너희가 듣기는 늘 들어라. 그러나 깨닫지는 못한다. 너희가 보기는 늘 보아라. 그러나 알지는 못한다' 하고 일러라. 10 너는 이 백성의 마음을 둔하게 하여라. 그 귀가 막히고, 그 눈이 감기게 하여라. 그리하여 그들이 볼 수 없고, 들을 수 없고 또 마음으로 깨달을 수 없게 하여라. 그들이 보고 듣고 깨달았다가는 내게로 돌이켜서 고침을 받게 될까 걱정이다." 11 그때에 내가 여쭈었다. "주님! 언제까지 그렇게 하실 것입니까?" 그러자 주님께서 대답하셨다. "성읍들이 황폐하여 주민이 없어질 때까지, 사람이 없어서 집마다 빈집이 될 때까지, 밭마다 모두 황무지가 될

10절 말씀은 참으로 뜻밖입니다. 하나님의 속마음은 무엇입니까? 9-10절 표현은 지극히 역설적인 내용으로 이해할 수 있습니다. 정말로 깨닫지 못하게 하려면 보내지 않으면 되는데, 하나님께서는 이제 이사야를 보내십니다. 결국 이 구절은 하나님께서 이사야를 보내시지만 백성들이 얼마나 그 말에 귀 기울이지 않을지를 역설적으로 표현한 것입니다. 아울러 이사야가 전하는 하나님의 말씀이 백성들의 기대와 전혀 달라서 정말로 백성들이 깨닫기 어려웠다는 의미도 있습니다. 가령 "기도 열심히 해라, 제물을 많이 드려라" 이런 식의 요구라면 백성들이 따랐을 텐데, "정의를 구해라", "가난한 고아와 과부의 억울함을 해결해주어라"(1:16-17), "올바르고 선한 일을 행해라"(5:7)라고 촉구하니, 백성들이 이해하기 어려웠을 겁니다.

때까지, 12 나 주가 사람들을 먼 나라로 흩어서 이곳 땅이 온통 버려질 때까지 그렇게 하겠다. 13 주민의 십분의 일이 아직 그곳에 남는다 해도, 그들도 다 불에 타 죽을 것이다. 그러나 밤나무나 상수리나무가 잘릴 때에 그루터기는 남듯이, 거룩한 씨는 남아서, 그 땅에서 그루터기가 될 것이다."

{ 제7장 }

아하스 왕에게 내린 경고

1 웃시야의 손자요 요담의 아들인 유다 왕 아하스가 나라를 다스릴 때에, 시리아 왕 르신이 르말리야의 아들 이스라엘 왕 베가와 함께 예루살렘을 치려고 올라왔지만, 도성을 정복할 수 없었다.

2 ○ 시리아 군대가 에브라임에 주둔하고 있다는 말이 다윗 왕실에 전해지자, 왕의 마음과 백성의 마음이 마치 거센 바람 앞에서 요동하는 수풀처럼 흔들렸다.

3 ○ 그때에 주님께서 이사야에게 말씀하셨다.

○ "너는 너의 아들 스알야숩을 데리고 가서, 아하스를 만나거라. 그가 '세탁자의 밭'으로 가는 길, 윗못 물 빼는 길 끝에 서 있을 것이다. 4 그를 만나서, 그에게, 정신을 바짝 차리고, 침착하게 행동하라고 일러라. 시리아의 르신과 르말리야의 아들이 크게 분노한다 하여도, 타다가 만 두 부지깽이에서 나오는

이사야가 활동했던 '웃시야와 요담과 아하스와 히스기야의 시대'(1:1)는 어떤 세상이었습니까? 태평성대였나요, 아니면 난세였을까요? 웃시야와 요담의 시대는 태평성대였다고 할 수 있습니다. 그러나 아하스 시대 이래로 팔레스타인 전역은 서쪽으로 진격해오는 앗시리아로 인해 전쟁의 소용돌이에 휘말립니다. 최종적으로 이집트를 노리며 진격하는 앗시리아에 맞설 것인지 아니면 항복할 것인지 선택해야 하는 상황에서, 시리아와 북왕국 이스라엘은 힘을 합쳐 맞서기로 결정했습니다. 두 나라는 자신들의 동맹에 유다도 함께하기를 원했으나 아하스는 이를 거부했습니다. 그래서 이들은 앗시리아와 맞서기 전에 먼저 유다에 쳐들어가서 유다 왕을 폐위하고 자신들과 뜻을 같이하는 다브엘의 아들로 바꾸고자 했습니다(6절). 이 전쟁을 '시리아-에브라임 전쟁'이라고 부릅니다. 바야흐로 유다는 바람 앞의 등불같이 되었습니다.

연기에 지나지 않으니, 두려워하거나 겁내지 말라고 일러라. 5 시리아 군대가 아하스에게 맞서, 에브라임 백성과 그들의 왕 르말리야의 아들과 함께 악한 계략을 꾸미면서 6 '올라가 유다를 쳐서 겁을 주고, 우리들에게 유리하도록 유다를 흩어지게 하며, 그곳에다가 다브엘의 아들을 왕으로 세워놓자'고 한다. 7 주 하나님께서 말씀하신다. 이 계략은 성공하지 못한다. 절대로 그렇게 되지 못한다. 8 시리아의 머리는 다마스쿠스이며, 다마스쿠스의 머리는 르신이기 때문이다. 에브라임은 육십오 년 안에 망하고, 뿔뿔이 흩어져서, 다시는 한 민족이 되지 못할 것이다. 9 에브라임의 머리는 사마리아이고, 사마리아의 머리는 고작해야 르말리야의 아들이다. 너희가 믿음 안에 굳게 서지 못한다면, 너희는 절대로 굳게 서지 못한다!"

임마누엘의 징조

10 ○ 주님께서 아하스에게 다시 말씀하셨다. 11 "너는 주 너의

'시리아의 머리는 다마스쿠스이며, 다마스쿠스의 머리는 르신'(8절)이라는 사실이 어떻게 시리아와 이스라엘 연합군의 계략이 성공할 수 없는 근거가 될 수 있습니까? 시리아를 이끄는 이는 다마스쿠스에 기반을 둔 르신이며(8절), 북왕국 에브라임(이스라엘)을 이끄는 이는 사마리아에 기반을 둔 르말리야의 아들 베가입니다(9절). 결국 그들은 사람입니다. 힘을 합친 두 왕국의 침공 앞에 떨고 있는 아하스와 유다 백성을 향해 이사야 예언자는 두려워하지 말고(4절) 믿음 안에 굳게 서라(9절)고 권면합니다. 사람과 그 세력 때문에 두려워 떨지 말고, 다만 하나님을 굳게 신뢰하라 촉구합니다. 사람이 제아무리 힘이 세다 한들, 어떻게 하나님을 이길 수 있습니까? 이사야의 촉구는 그저 종교로 모든 문제를 해결하라기보다, 강력한 세력의 위협 앞에서 결코 굴복하지 말고 옳고 바른 가치를 고수하라는 뜻으로 이해할 수 있습니다.

하나님에게 징조를 보여달라고 부탁하여라. 저 깊은 곳 스올에 있는 것이든, 저 위 높은 곳에 있는 것이든, 무엇이든지 보여달라고 하여라."

12 ○ 아하스가 대답하였다. "아닙니다. 저는 징조를 구하지도 않고, 주님을 시험하지도 않겠습니다."

13 ○ 그때에 이사야가 말하였다.

○ "다윗 왕실은 들으십시오. 다윗 왕실은 백성의 인내를 시험한 것만으로는 부족하여, 이제 하나님의 인내까지 시험해야 하겠습니까? 14 그러므로 주님께서 친히 다윗 왕실에 한 징조를 주실 것입니다. 보십시오, 처녀가 잉태하여 아들을 낳을 것이며, 그가 그의 이름을 임마누엘이라고 할 것입니다. 15 그 아이가 잘못된 것을 거절하고 옳은 것을 선택할 나이가 될 때에, 그 아이는 버터와 꿀을 먹을 것입니다. 16 그러나 그 아이가 잘못된 것을 거절하고 옳은 것을 선택할 나이가 되기 전에, 임금님께서 미워하시는 저 두 왕의 땅이 황무지가 될 것입니다. 17 에브라임과 유다가 갈라진 때로부터 이제까지, 이 백성

이사야는 왜 아하스를 책망할까요?(13절) 주님을 시험하지 않겠다는 아하스의 태도는 칭찬받아 마땅하지 않은가요? 하나님을 시험하는 것이 잘못된 까닭은 그 근본에 하나님을 신뢰하지 않는 마음이 있기 때문입니다. 때로 하나님께서는 하나님만을 붙잡고 걸어가려는 이들을 향해 하나님의 함께하심을 알리는 징조를 보여주십니다(가령, 삿 6:36-40의 기드온). 본문에서도 마찬가지입니다. 이때 아하스가 하나님의 징조를 거부한 것은 하나님을 신뢰해서 시험하지 않겠다는 뜻이 아니라, 실제로는 하나님만 의지하기를 원하지 않았기 때문입니다. 징조를 구했는데 하나님께서 보여주시면 하나님을 신뢰하며 걸어가야 하기에, 아예 징조를 구하지 않은 것입니다. 이처럼 매우 신앙적인 이야기를 하면서 실제로는 하나님을 신뢰하지 않는 일이 오늘 우리 주위에도 허다합니다.

이 겪어본 적이 없는 재난을, 주님께서는 임금님과 임금님의 백성과 임금님의 아버지 집안에 내리실 것입니다. 주님께서 앗시리아의 왕을 끌어들이실 것입니다.

18 ○ 그날에 주님께서 휘파람을 불어 이집트의 나일강 끝에 있는 파리 떼를 부르시며, 앗시리아 땅에 있는 벌 떼를 부르실 것입니다. 19 그러면 그것들이 모두 몰려와서, 거친 골짜기와 바위틈, 모든 가시덤불과 모든 풀밭에 내려앉을 것입니다.

20 ○ 그날에 주님께서 유프라테스강 건너 저편에서 빌려온 면도칼 곧 앗시리아 왕을 시켜서 당신들의 머리털과 발털을 미실 것이요, 또한 수염도 밀어버리실 것입니다.

21 ○ 그날에는, 비록 한 농부가 어린 암소 한 마리와 양 두 마리밖에 기르지 못해도, 22 그것들이 내는 젖이 넉넉하여, 버터를 만들어 먹을 수 있을 것입니다. 그 땅에 남아 있는 사람들이 모두 버터와 꿀을 먹을 수 있을 것입니다.

23 ○ 그날에는, 은 천 냥 값이 되는 천 그루의 포도나무가 있던 곳마다, 찔레나무와 가시나무로 덮일 것입니다. 24 온 땅이

14절의 '임마누엘'은 예수님을 가리킵니까? 그렇다면 16-17절과 시대가 맞지 않아 보입니다. 이 임마누엘의 정체는 무엇입니까? '임마누엘'은 "하나님이 우리와 함께 계신다"라는 뜻입니다. 하나님께서 우리와 함께 계신다는 이 중요한 고백이자 선언이 모든 사람에게 좋은 소식은 아닙니다. 하나님을 신뢰하며 믿음으로 걸어가는 이들에게는 복된 소식이지만, 하나님을 신뢰하기보다 제 나름의 꿍꿍이로 살아가려는 이들에게 하나님의 함께하심은 재앙이 됩니다. 하나님께서 함께하시니, 하나님을 거역하고 악을 행하는 이들을 그냥 두지 않으실 테니까요. 임마누엘은 당시 태어난 한 아기에게 붙여졌던 이름이었고, 유다에 다가오는 재앙을 상징하는 이름이 되었습니다. 그리고 훗날의 사람들은 이 땅에 오신 예수님에게서 '하나님의 함께하심'을 보았고, 이 이름이 예수님께 적용된다 여겼습니다.

찔레나무와 가시나무로 덮이므로, 사람들은 화살과 활을 가지고 그리로 사냥을 갈 것입니다. 25 괭이로 일구던 모든 산에도 찔레나무와 가시나무가 덮이므로, 당신은 두려워서 그리로 가지도 못할 것이며, 다만 소나 놓아기르며, 양이나 밟고 다니는 곳이 되고 말 것입니다."

{ 제8장 }

징조가 된 이사야의 아들

1 주님께서 나에게 말씀하셨다. "너는 큰 서판을 가지고 와서, 그 위에 두루 쓰는 글자로 '마헬살랄하스바스'라고 써라. 2 내가 진실한 증인 우리야 제사장과 여베레기야의 아들 스가랴를 불러 증언하게 하겠다."

3 ○ 그런 다음에 나는 예언자인 나의 아내를 가까이하였다. 그러자 그 예언자가 임신하여 아들을 낳았는데, 그때에 주님께서 나에게 이렇게 말씀하셨다. "그의 이름을 '마헬살랄하스바스'라고 하여라. 4 이 아이가 '아빠, 엄마'라고 부를 줄 알기도 전에, 앗시리아 왕이 다마스쿠스에서 빼앗은 재물과 사마리아에서 빼앗은 전리품을 가져갈 것이다."

'마헬살랄하스바스'(1절)라는 이름에는 어떤 의미가 담겨 있습니까? 이 이름은 "노략이 속히 이르며, 약탈이 곧 다다를 것"이라는 뜻입니다. 이사야 부부가 낳은 아이에게 붙여졌던 이름은 당대의 세상을 향한 하나님의 선포가 담겨 있습니다. 시리아와 북왕국이 그렇게 기세등등하게 진격하며 그들의 계획이 다 성공할 것 같지만, 그들의 모든 힘과 세력은 삽시간에 다 무너지고 전부 약탈당하고 말 것입니다. 세상에서 대단하다 여기는 집단이 얼마나 허망하며 얼마나 짧은 시간에 사라져버리고 마는지 하나님께서는 예언자 이사야를 통해 보여주십니다. 그래서 하나님을 신뢰한다는 것은 지금 존재하는 엄청난 세력 앞에 위축되지 않는 것이며, 그러한 세력이 결코 오래가지 못한다는 사실을 잊지 않는 것입니다.

앗시리아 왕의 침략

5 주님께서 또 나에게 말씀하셨다. 6 "이 백성이 고요히 흐르는 실로아 물은 싫어하고, 르신과 르말리야의 아들을 좋아하니, 7 나 주가, 저 세차게 넘쳐흐르는 유프라테스강 물 곧 앗시리아 왕과 그의 모든 위력을, 이 백성 위에 뒤덮이게 하겠다. 그때에 그 물이 온 샛강을 뒤덮고 둑마다 넘쳐서, 8 유다로 밀려들고, 소용돌이치면서 흘러, 유다를 휩쓸고, 유다의 목에까지 찰 것이다." 임마누엘! (하나님께서 우리와 함께 계신다!) 하나님께서 날개를 펴셔서 이 땅을 보호하신다. 9 너희 민족들아! 어디, 전쟁의 함성을 질러보아라. 패망하고 말 것이다. 먼 나라에서 온 민족들아, 귀를 기울여라. 싸울 준비를 하여라. 그러나 마침내 패망하고 말 것이다. 싸울 준비를 하여라. 그러나 마침내 패망하고 말 것이다. 10 전략을 세워라. 그러나 마침내 실패하고 말 것이다. 계획을 말해보아라. 마침내 이루지 못할 것이다. 하나님께서 우리와 함께 계시기 때문이다.

하나님은 유다의 죄를 물어 재앙을 예고하면서도 한편으로는 줄기차게 함께하겠다고 약속합니다(8-10절). 이렇게 이중적인 반응을 보이는 까닭은 무엇입니까? 당시 유다의 여론은 둘로 갈라졌습니다. 어떤 이들은 시리아-북왕국 동맹에 합세해 앗시리아에 맞서자 했고(6절; 7:6), 아하스 같은 이는 앗시리아에 항복해 나라를 보존하고자 했습니다. 정작 이들에게서 사라진 것은 참으로 온 땅의 왕이신 하나님에 대한 신뢰와 믿음입니다. 믿음은 단지 성전이나 교회당 안에서만 통하는 종교가 아니라, 이처럼 일상의 모든 영역과 연관됩니다. 하나님을 신뢰하지 않는 유다에게 앗시리아로 인한 재앙이 크게 밀어닥칠 것입니다. 두 왕국의 동맹이나 앗시리아가 세상을 좌우하는 것 같지만, 하나님께서는 그 가운데서 하나님의 백성을 지키고 보호하실 것입니다. 그래서 이사야는 격변하는 국제 정세의 소용돌이 속에서 임마누엘이신 하나님을 신뢰하라고 촉구합니다.

주님께서 예언자에게 경고하시다

11 ○ 주님께서 그 힘센 손으로 나를 붙잡고, 이 백성의 길을 따라가지 말라고, 나에게 이렇게 경고의 말씀을 하셨다. 12 "너희는 이 백성이 모의하는 음모에 가담하지 말아라. 그들이 두려워하는 것을 두려워하지 말며, 무서워하지도 말아라. 13 너희는 만군의 주 그분만을 거룩하다고 하여라. 그분만이 너희가 두려워할 분이시고, 그분만이 너희가 무서워할 분이시다. 14 그는 성소도 되시지만, 이스라엘의 두 집안에게는 거치는 돌도 되시고 걸리는 바위도 되시며, 예루살렘 주민에게는 함정과 올가미도 되신다. 15 많은 사람이 거기에 걸려서 넘어지고 다치며, 덫에 걸리듯이 걸리고 사로잡힐 것이다."

이사야와 그의 제자들

16 ○ 나는 이 증언 문서를 밀봉하고, 이 가르침을 봉인해서, 나의 제자들이 읽지 못하게 하겠다. 17 주님께서 비록 야곱의

'성소'(14절)는 무얼 가리킵니까? 하나님이 어떻게 이스라엘의 두 집안에 성소인 동시에 거치는 돌이 될 수 있습니까? 성소는 하나님께서 거하시는 거룩한 장소를 가리킵니다. 광야 시절에는 천막으로 만든 성막이 성소였고, 솔로몬 시대 이래로는 그가 세운 예루살렘 성전이 성소였습니다. 성소가 상징하는 것은 하나님의 임재, 하나님의 함께하심, 즉 '임마누엘'입니다. 하나님께서는 그분이 부르고 선택하신 이스라엘과 함께하시니, 그들의 성소가 되십니다. 그렇다고 해서 이스라엘이 불의를 행하고 강대국을 의지할 때도 무조건 그들을 지키시는 것은 아닙니다. 이스라엘은 하나님의 백성이기에, 하나님의 진리의 말씀은 그들의 삶의 기준입니다. 그래서 하나님의 말씀은 그들을 걸려 넘어지게 만드는 걸림돌이 되기도 합니다.

집에서 얼굴을 돌리셔도, 나는 주님을 기다리겠다. 나는 주님을 의지하겠다. 18 내가 여기에 있고, 주님께서 나에게 주신 이 아이들이 여기에 있다. 나와 아이들은, 시온산에 계시는 만군의 주님께서 이스라엘에게 보여주시는, 살아 있는 징조와 예표다.

19-20 ○ 그런데도, 사람들은 너희에게 말할 것이다. "속살거리며 중얼거리는 신접한 자와 무당에게 물어보아라. 어느 백성이든지 자기들의 신들에게 묻는 것은 당연하다. 산 자의 문제에 교훈과 지시를 받으려면, 죽은 자에게 물어보아야 한다." ○ 이렇게 말하는 자들은 결코 동트는 것을 못 볼 것이다! 21 그들은 괴로움과 굶주림으로 이 땅을 헤맬 것이다. 굶주리고 분노한 나머지, 위를 쳐다보며 왕과 신들을 저주할 것이다. 22 그런 다음에 땅을 내려다보겠지만, 보이는 것은 다만 고통과 흑암, 무서운 절망뿐일 것이니, 마침내 그들은 짙은 흑암 속에 떨어져서, 빠져나오지 못할 것이다.

이사야는 가르침을 봉인해 제자들이 읽지 못하게 하겠다고 말합니다(16절). 오히려 널리 알려 깨우치도록 하는 게 도리가 아닐까요? 새번역 성경과 달리, 다른 모든 번역 성경은 "제자들 가운데서 봉함했다"라고 표현했습니다. 구약성경에서 어떤 글을 '봉인한다'는 것은 그 내용이 정확한 사실이며 마침내 이루어질 것임을 의도합니다. 아무도 손대지 않은 채 두었다가 나중에 열어보면 그곳에 기록된 대로 다 이루어졌음을 발견할 것입니다. 하나님께서는 하나님을 떠나고 악을 행하는 유다를 반드시 멸망케 하실 것입니다. 당대 유다 백성은 이 말씀의 의미를 잘 깨닫지 못했습니다. 여전히 나라가 존재하고 있었으니까요. 그렇지만 이사야를 통해 선포된 말씀을 제자들 가운데서 봉함했고, 훗날 사람들은 하나님의 말씀이 다 이루어졌음을 알게 될 것입니다. 사실 그 훗날에 이르러서야 이사야의 이름으로 전해지는 말과 글이 모여서 오늘날과 같은 이사야서가 생겨납니다.

{ 제9장 }

1 어둠 속에서 고통받던 백성에게서 어둠이 걷힐 날이 온다. 옛적에는 주님께서 스불론 땅과 납달리 땅으로 멸시를 받게 버려두셨으나, 그 뒤로는 주님께서 서쪽 지중해로부터 요단강 동쪽 지역에 이르기까지, 그리고 이방 사람이 살고 있는 갈릴리 지역까지, 이 모든 지역을 영화롭게 하실 것이다.

전쟁은 그치고

2 어둠 속에서 헤매던 백성이 큰 빛을 보았고, 죽음의 그림자가 드리운 땅에 사는 사람들에게 빛이 비쳤다. 3 "하나님, 주님께서 그들에게 큰 기쁨을 주셨고, 그들을 행복하게 하셨습니다. 사람들이 곡식을 거둘 때 기뻐하듯이, 그들이 주님 앞에서 기뻐하며, 군인들이 전리품을 나눌 때 즐거워하듯이, 그들이 주님 앞에서 즐거워합니다. 4 주님께서 미디안을 치시던 날처럼, 그들을 내리누르던 멍에를 부수시고, 그들의 어깨를 짓누

'큰 빛'(2절)은 무얼 의미합니까? 큰 빛은 하나님께서 베푸실 구원을 상징합니다. 1-2절의 배경은 앗시리아의 진격으로 북왕국 지역이 짓밟혔던 주전 8세기 후반입니다. 북동쪽에서부터 진격해온 앗시리아에 의해 북왕국의 북쪽 지역인 스불론, 납달리 지역과 갈릴리 지역이 넘어갔으며, 그 지역은 앗시리아의 행정구역으로 재편되었습니다. 이방 민족에게 짓밟혀 마침내 멸망에 이른 이 지역을 가리켜 '어둠'으로 표현했고, 장차 하나님께서 행하실 구원은 당연히 어둠을 밝힐 '큰 빛'으로 표현될 것입니다. 어둡고 캄캄한 지역에 하나님께서 베푸실 구원의 빛이 비친다는 이 구절은 훗날 예수님께서 갈릴리 지역을 다니시며 하나님의 복된 소식과 구원을 전파하는 모습에 적용되기도 했습니다(마 4:12-16).

르던 통나무와 압제자의 몽둥이를 꺾으셨기 때문입니다. 5 침
략자의 군화와 피 묻은 군복이 모두 땔감이 되어서, 불에 타
없어질 것이기 때문입니다."

한 아기가 태어났다

6 한 아기가 우리를 위해 태어났다. 우리가 한 아들을 모셨다.
그는 우리의 통치자가 될 것이다. 그의 이름은 '놀라우신 조언
자', '전능하신 하나님', '영존하시는 아버지', '평화의 왕'이라고
불릴 것이다. 7 그의 왕권은 점점 더 커지고 나라의 평화도 끝
없이 이어질 것이다. 그가 다윗의 보좌와 왕국 위에 앉아서,
이제부터 영원히, 공평과 정의로 그 나라를 굳게 세울 것이다.
만군의 주님의 열심이 이것을 반드시 이루실 것이다.

주님께서 이스라엘을 벌하실 것이다

8 주님께서 야곱에게 심판을 선언하셨다. 그것이 이스라엘 백

6절은 아기의 탄생을 예언하면서 조언자, 하나님, 아버지, 왕이라 불릴 것이라고 말합
니다. 어떻게 하나님이 인간 아기로 세상에 태어날 수 있습니까? '전능하신 하나님'으
로 번역된 표현은 사람 가운데서 '강한 용사'를 가리키는 데도 쓰입니다(겔 32:21). '영
존하시는 아버지'는 영원하신 하나님처럼 그 백성을 이끌 왕을 가리킨다고 볼 수도 있
습니다. 그래서 6절에 쓰인 기다란 칭호는 태어난 아기 혹은 이제 곧 왕위에 오를 왕
을 통해 이루어질 평화의 세상, 풍성한 세상을 가리키는 말로 이해할 수 있습니다. 전
쟁과 눈물이 가득한 세상이지만, 하나님께서는 이사야를 통해 장차 임할 평화의 세상,
하나님께서 베푸실 올바른 세상을 증언하게 하십니다. 이러한 새롭고 놀라운 세상은
하나님께서 보내실 왕이라는 존재를 사용해 이루어집니다. 그를 굳이 '아기'로 표현한
것은 사람의 능력이 아니라 하나님의 능력을 드러내기 위함이라고 볼 수 있습니다.

성에게 이를 것이다. 9 모든 백성 곧 에브라임과 사마리아 주
민은, 하나님께서 그들을 심판하신 것을 마침내는 알게 될
터인데도, 교만하고 오만한 마음으로 서슴지 않고 말하기를
10 "벽돌집이 무너지면 다듬은 돌로 다시 쌓고, 뽕나무가 찍히
면 백향목을 대신 심겠다" 한다. 11 이 때문에 주님께서 그들
을 치시려고 르신의 적을 일으키셨고, 그들의 원수를 부추기
셨다. 12 동쪽에서는 시리아 사람들이, 서쪽에서는 블레셋 사
람들이, 그 입을 크게 벌려서 이스라엘을 삼켰다. 그래도 주님
께서는 진노를 풀지 않으시고, 심판을 계속하시려고 여전히
손을 들고 계신다. 13 그런데도 이 백성은 그들을 치신 분에게
로 돌아오지 않았고, 만군의 주님을 찾지도 않았다. 14 그러므
로 주님께서 이스라엘의 머리와 꼬리, 종려가지와 갈대를 하
루에 자르실 것이다. 15 머리는 곧 장로와 고관들이고, 꼬리는
곧 거짓을 가르치는 예언자들이다. 16 이 백성을 인도하는 지
도자들이 잘못 인도하니, 인도를 받는 백성이 멸망할 수밖에
없다. 17 그러므로 주님께서 그들의 젊은이들에게 자비를 베풀
지 않으실 것이며, 그들의 고아와 과부를 불쌍히 여기지 않으

지도자들이 저지른 잘못의 책임을 젊은이와 고아와 과부에게까지 묻다니(16-17절),
공평하고 정의로워야 할 하나님의 처분답지 않습니다. 온 백성이 범죄해도 그 가운
데서 올바른 일을 행한 이들을 하나님께서는 반드시 건지십니다(겔 33:10-20). 17절
전체를 읽어보면 젊은이와 고아, 과부 할 것 없이 모두 불경건해서 악한 일을 하고 어
리석은 말을 내뱉습니다. 고아와 과부를 돌아보고 긍휼히 여기는 것은 구약 신앙의 가
장 중요한 본질적인 특징입니다. 그러나 그 누구라도 악을 행한다면 그 책임에서 면
제될 수는 없습니다. 악한 지도자가 득세하는 시대는 그런 지도자를 따르고 좋아하는
백성들의 시대이기도 합니다. 이런 일은 옛날에도 빈번했고, 오늘에도 바뀌지 않는 것
같습니다. 악한 지도자를 방관하고 심지어 따르기도 하는 일은 그 자체로 죄악입니다.

실 것이다. 그들은 모두가 불경건하여 악한 일을 하고, 입으로는 어리석은 말만 한다. 그래서 주님께서는 진노를 풀지 않으시고, 심판을 계속하시려고, 여전히 손을 들고 계신다. 18 참으로 악이 불처럼 타올라서 찔레나무와 가시나무를 삼켜버리고, 우거진 숲을 사르니, 이것이 연기 기둥이 되어 휘돌며 올라간다. 19 만군의 주님의 진노로 땅이 바싹 타버리니, 그 백성이 마치 불을 때는 땔감같이 되며, 아무도 서로를 아끼지 않을 것이다. 20 오른쪽에서 뜯어 먹어도 배가 고프고, 왼쪽에서 삼켜도 배부르지 않아, 각각 제 팔뚝의 살점을 뜯어 먹을 것이다. 21 므낫세는 에브라임을 먹고, 에브라임은 므낫세를 먹고, 그들이 다 함께 유다에 대항할 것이다. 그래서 주님께서는 진노를 풀지 않으시고, 심판을 계속하시려고 여전히 손을 들고 계신다.

21절에 언급된 므낫세와 에브라임은 어떤 민족을 말합니까? 또 유다와는 어떤 관계입니까? 솔로몬이 죽은 후 이스라엘은 남북으로 갈라지는데, 북쪽 열 지파가 모여 이룬 나라가 북왕국이며 그들이 이스라엘이라는 이름을 차지했습니다. 남쪽은 유다 지파가 중심이 되어 이룬 남왕국이며, 달리 유다라고 부릅니다. 북왕국을 이루는 열 지파 가운데 가장 세력이 강한 이들이 므낫세와 에브라임 지파였고, 때로 북왕국은 에브라임이라는 이름으로 불리기도 했습니다. 므낫세와 에브라임 사이의 다툼은 북왕국 내부에서 일어나는 끝없는 내분과 쿠데타를 가리킬 겁니다. 그들이 유다를 친다는 것은 북왕국과 남왕국 사이의 전쟁을 가리킵니다. 자신들을 돌아보기는커녕 오히려 다른 사람을 공격하는 것으로 대응하니, 그들을 기다리는 것은 오직 하나님의 심판입니다.

{ 제10장 }

1 불의한 법을 공포하고, 양민을 괴롭히는 법령을 제정하는 자들아, 너희에게 재앙이 닥친다! 2 가난한 자들의 소송을 외면하고, 불쌍한 나의 백성에게서 권리를 박탈하며, 과부들을 노략하고, 고아들을 약탈하였다. 3 주님께서 징벌하시는 날에, 먼 곳으로부터 재앙을 끌어들이시는 날에, 너희는 어찌하려느냐? 누구에게로 도망하여 도움을 청할 것이며, 너희의 재산을 어디에 감추어두려느냐? 4 너희는 포로들 밑에 깔려 밟혀 죽거나, 시체 더미 밑에 깔려 질식할 것이다. 그래도 주님께서는 진노를 풀지 않으시고, 심판을 계속하시려고, 여전히 손을 들고 계신다.

하나님의 도구인 앗시리아 왕

5 앗시리아에게 재앙이 닥쳐라! 그는 나의 진노의 몽둥이요, 그의 손에 있는 몽둥이는 바로 나의 분노다. 6 내가 그를 경건

정의와 불의, 재앙과 징계를 이야기할 때, '과부와 고아'가 자주 언급되는 까닭은 무엇입니까?(2절) 고아는 의지할 부모가 없고, 과부는 기댈 남편이 없는 존재입니다. 종종 이들과 같이 나그네도 언급되는데, 나그네는 함께 소리를 내줄 동포가 없는 외국인, 낯선 사람입니다. 그래서 고아와 과부, 나그네는 하나님 외에는 달리 의지할 데라고는 하나도 없는 존재입니다. 하나님께서는 하나님만이 피난처요 산성인 이들의 형편과 처지에 매우 민감하게 반응하십니다. 그래서 이스라엘이 제대로 된 사회라면, 그 증거는 그 사회의 부국강병으로 드러나지 않고 그 사회에서 가장 연약한 고아와 과부의 삶이 어떠한가로 드러납니다. 처음부터 하나님께서는 가난하고 힘없는 이들의 상황에 따라 그 사회를 판단하고 심판하십니다.

하지 않은 민족에게 보내며, 그에게 명하여 나를 분노하게 한 백성을 치게 하며 그들을 닥치는 대로 노략하고 약탈하게 하며, 거리의 진흙같이 짓밟도록 하였다. 7 앗시리아 왕은 그렇게 할 뜻이 없었고, 마음에 그럴 생각도 품지 않았다. 오직 그의 마음속에는, '어떻게 하면 많은 민족들을 파괴하고, 어떻게 하면 그들을 멸망하게 할까' 하는 생각뿐이었다. 8 그는 이런 말도 하였다. "나의 지휘관들은 어디다 내놓아도 다 왕이 될 수 있는 사람들이 아니냐? 9 갈로는 갈그미스처럼 망하지 않았느냐? 하맛도 아르밧처럼 망하지 않았느냐? 사마리아도 다마스쿠스처럼 망하지 않았느냐? 10 내가 이미 우상을 섬기는 나라들을 장악하였다. 예루살렘과 사마리아가 가진 우상보다 더 많은 우상을 섬기는 왕국들을 장악하였다. 11 내가 사마리아와 그 조각한 우상들을 손에 넣었거늘, 예루살렘과 그 우상들을 그렇게 하지 못하겠느냐?"

12 ○ 그러므로 주님께서 시온산과 예루살렘에서 하실 일을 다 이루시고 말씀하실 것이다. "내가 앗시리아 왕을 벌하겠다. 멋

앗시리아에 재앙이 내린 이유가 궁금합니다. 하나님의 손에 들린 몽둥이(5절)로서 역할이 끝났기 때문인가요, 아니면 그 임금이 교만한(12절) 탓인가요? 앗시리아 사람들은 자신들의 멸망이 이스라엘의 하나님으로부터 비롯되었다고는 결코 상상조차 하지 않겠지만, 이사야는 자신들의 나라를 위협하고 유린하는 앗시리아의 미래를 이와 같이 증언하며 선포합니다. 이스라엘의 죄악으로 인해 하나님께서 앗시리아를 하나님의 몽둥이처럼 사용하셔서 이스라엘을 치신 것인데, 앗시리아는 마치 자신들이 대단하고 능력 있으며 하나님과 같은 존재라고 오만에 빠져 있습니다. 그 어떤 것이라도 하나님의 자리를 대신하려 할 때, 하나님께서는 그 세력을 심판하십니다. 비록 유다와 이스라엘이 앗시리아보다 약소국이지만, 이사야서는 그 강대국을 떠받들지 않고 그들의 멸망을 내다보며 하나님 아닌 것에 머리 숙이지 않는 모습을 보여줍니다.

대로 거드름을 피우며, 모든 사람을 업신여기는 그 교만을 벌하겠다." 13 그는 말한다. "내가 민족들의 경계선을 옮겼고, 그들의 재물도 탈취하였으며, 용맹스럽게 주민을 진압하였다. 나는 내 손의 힘과 내 지혜로 이것을 하였다. 참으로 나는 현명한 사람이다. 14 내 손이 민족들의 재물을 새의 보금자리를 옮기듯 움켰고, 온 땅을 버려진 알들을 모으듯 차지하였으나, 날개를 치거나, 입을 벌리거나, 소리를 내는 자가 없었다." 15 도끼가 어찌 찍는 사람에게 뽐내며, 톱이 어찌 켜는 사람에게 으스대겠느냐? 이것은 마치 막대기가 막대기를 잡은 사람을 움직이려 하고, 몽둥이가 나무 아닌 사람을 들어 올리려 하는 것과 같지 않으냐! 16 그러므로 만군의 주 하나님께서 질병을 보내어 살진 자들을 파리하게 하실 것이다. 생사람의 가슴에 불을 질러 화병에 걸려 죽게 하실 것이다. 그의 재물은 화염 속에 태워버리실 것이다. 17 이스라엘의 빛은 불이 되며 '이스라엘의 거룩하신 분'은 불꽃이 되셔서, 가시나무와 찔레나무를 하루에 태워서 사르실 것이다. 18 그 울창한 숲과 기름진 옥토를 모조리 태워서, 폐허로 만드실 것이다. 마치 병자가

그냥 하나님, 또는 주님이라고 적는 편이 더 간단하고 분명할 텐데 '이스라엘의 거룩하신 분'(17절)처럼 장황한 표현을 쓰는 이유는 무엇입니까? 이사야서는 모두 25번이나 하나님을 '이스라엘의 거룩하신 분'으로 표현했지만, 이 표현이 이사야서를 제외한 구약성경에는 모두 합쳐 5번밖에는 쓰이지 않았습니다. 그래서 이 구절은 이사야가 특별히 좋아했던 표현임을 알 수 있습니다. '거룩'은 '구별, 분리'를 뜻합니다. 하나님께서 거룩하시다는 것은 사람과는 다른 존재, 초월하신 존재임을 뜻합니다. '이스라엘의 거룩하신 분'이라는 표현은 하나님께서는 이스라엘의 하나님이시되 이스라엘로부터 초월해 존재하시는, 그래서 그 백성의 죄악을 묻고 심판하시는 분임을 뜻한다고 볼 수 있습니다.

기력을 잃는 것과 같게 하실 것이다. 19 숲속에는 겨우 몇 그루의 나무만 남아서, 어린아이도 그 수를 기록할 수 있을 것이다.

살아남은 소수가 돌아올 것이다

20 그날이 오면, 이스라엘 가운데서 남은 사람들과 야곱 겨레 가운데서 살아남은 사람들이 다시는 그들을 친 자를 의뢰하지 않고, 오직 '이스라엘의 거룩하신 분'인 주님만을 진심으로 의지할 것이다. 21 남은 사람들이 돌아올 것이다. 야곱의 자손 가운데서 남은 사람들이 전능하신 하나님께 돌아올 것이다. 22 이스라엘아, 네 백성이 바다의 모래처럼 많다고 하여도, 그들 가운데서 오직 남은 사람들만이 돌아올 것이다. 너의 파멸이 공의로운 판결에 따라서 이미 결정되었다. 23 파멸이 이미 결정되었으니, 주님, 곧 만군의 주님께서 온 땅 안에서 심판을 강행하실 것이다.

하나님은 앗시리아에 대해서는 분노를 풀지 않고 이스라엘에게는 노여움을 거두겠다고 합니다(24-25절). 앗시리아의 죄가 상대적으로 더 컸기 때문인가요? 무엇보다도 이스라엘은 하나님의 백성이기 때문입니다. 겉으로 보기에 앗시리아는 고대세계 전역을 장악하고 지배했던 어마어마한 강대국이자 제국인 반면, 이스라엘은 그들의 한 줌도 안 되는 미미한 약소국에 불과합니다. 앗시리아 같은 제국에게 이스라엘 같은 약소국이 정복당하고 짓밟히는 것이 세상의 순리겠지만, 이사야를 비롯한 예언자들은 앗시리아는 그 백성 이스라엘을 위한 하나님의 도구에 불과하다고 봅니다. 앗시리아는 그들의 교만 때문에 하나님께서 멸망시키시되, 이스라엘이 당하는 어려움은 하나님의 백성을 바로잡기 위한 징계의 과정이라 선언합니다. 예언자를 통해 드러나는 구약성경에는 이처럼 강대국 중심의 세상을 전혀 다르게 바라보는 세계관이 들어 있습니다.

주님께서 앗시리아를 벌하신다

24 그러므로 주 만군의 하나님께서 이렇게 말씀하신다. "시온에 사는 나의 백성아, 앗시리아가 몽둥이를 들어 너를 때리고, 이집트가 그랬듯이 철퇴를 들어 너에게 내리친다 하여도, 두려워하지 말아라. 25 너에게는 머지않아 내가 분노를 풀겠으나, 그들에게는 내가 분노를 풀지 않고, 그들을 멸망시키겠다." 26 만군의 주님께서 오렙 바위에서 미디안 사람을 치신 것같이 채찍을 들어 앗시리아를 치시며, 또한 이집트에서 바다를 치신 것같이 몽둥이를 들어서 그들을 치실 것이다. 27 그날이 오면, 주님께서, 앗시리아가 지워준 무거운 짐을 너의 어깨에서 벗기시고, 앗시리아의 멍에를 너의 목에서 벗기실 것이다. 네가 살이 쪄서 멍에가 부러질 것이다.

침략자들의 공격

28 앗시리아 왕이 리몬에서부터 올라가서 그가 아얏으로 들어

앗시리아가 심판을 당하리라는 예언 끝에 난데없이 '레바논'(34절)이 등장하는 까닭은 무엇입니까? 28–34절은 앗시리아 왕이 이끄는 대군이 팔레스타인 땅을 향해 진격해가는 여정을 다룹니다. 그들이 거치는 곳마다, 머무는 곳마다 천지를 진동케 하는 두려움과 공포가 밀어닥칩니다. 여기에 거론된 지명은 모두 북왕국 지역에 속합니다. 특히 레바논은 북왕국 북쪽에 있던 산악 지역의 이름이기도 했고, 그 산맥에서 자라는 백향목의 이름이기도 합니다. 레바논 백향목은 가장 좋은 나무를 상징합니다. 앗시리아의 거칠 것 없는 진격이 레바논 백향목이 완전히 베어지는 것으로 비유되었습니다. 하나님을 두려워하지 않고 죄악을 행하던 북왕국 백성들에게 마침내 두렵고도 무서운 심판이 임할 것입니다.

갔다. 미그론을 지나서, 믹마스에다가 그의 군수품을 보관하였다. 29 험한 길을 지나서, 게바에서 하룻밤을 묵겠다고 하니, 라마 사람들은 떨고, 사울의 고향 기브아 사람들은 도망하였다. 30 딸 갈림아, 큰 소리로 외쳐라. 라이사야, 귀를 기울여라. 가련한 아나돗아, 대답하여라. 31 맛메나 사람이 도망친다. 게빔 주민이 그 뒤를 따른다. 32 바로 그날, 벌써 적들이 놉 마을에 들어왔다. 딸 시온산에서, 예루살렘 성 안에서 주먹을 휘두른다. 33 그러나 주님, 곧 만군의 주님께서 그들을 나뭇가지 치시듯 요란하게 치실 것이니, 큰 나무들이 찍히듯, 우뚝 솟은 나무들이 쓰러지듯, 그들이 그렇게 쓰러질 것이다. 34 빽빽한 삼림의 나무를 도끼로 찍듯이, 그들을 찍으실 것이다. 레바논이 전능하신 분 앞에서 쓰러질 것이다.

제11장

평화의 나라

1 이새의 줄기에서 한 싹이 나며 그 뿌리에서 한 가지가 자라서 열매를 맺는다. 2 주님의 영이 그에게 내려오신다. 지혜와 총명의 영, 모략과 권능의 영, 지식과 주님을 경외하게 하는 영이 그에게 내려오시니, 3 그는 주님을 경외하는 것을 즐거움으로 삼는다. 그는 눈에 보이는 대로만 재판하지 않으며, 귀에 들리는 대로만 판결하지 않는다. 4 가난한 사람들을 공의로 재판하고, 세상에서 억눌린 사람들을 바르게 논죄한다. 그가 하는 말은 몽둥이가 되어 잔인한 자를 치고, 그가 내리는 선고는 사악한 자를 사형에 처한다. 5 그는 정의로 허리를 동여매고 성실로 그의 몸의 띠를 삼는다. 6 그때에는, 이리가 어린 양과 함께 살며, 표범이 새끼 염소와 함께 누우며, 송아지와 새끼 사자와 살진 짐승이 함께 풀을 뜯고, 어린아이가 그것들을 이끌고 다닌다. 7 암소와 곰이 서로 벗이 되며, 그것들의 새끼가 함께 눕고, 사자가 소처럼 풀을 먹는다. 8 젖 먹는 아이가 독

1-5절이 설명하는 '그'는 누구입니까? 1절과 10절은 모두 이새를 언급하는데, 이새는 다윗의 아버지입니다. 그래서 이새의 줄기 혹은 뿌리에서 나는 싹은 '새로운 다윗'을 가리킨다는 것을 알 수 있습니다. 지금 존재하는 다윗의 나라가 아닌, 하나님께서 훗날 일으키실 '새로운 다윗'을 가리킵니다. 이와 같은 표현은 현재 존재하는 다윗의 후손의 나라를 강력하게 부정하면서, 동시에 힘겨운 현실을 체념하는 것이 아니라 하나님께서 행하실 새롭고도 놀라운 미래를 사모하며 꿈꾸게 합니다. 신약 시대의 그리스도인들은 이 본문에서 다윗의 자손으로 이 땅에 오신 예수 그리스도를 발견하기도 했습니다.

사의 구멍 곁에서 장난하고, 젖 뗀 아이가 살무사의 굴에 손을 넣는다. 9 "나의 거룩한 산 모든 곳에서, 서로 해치거나 파괴하는 일이 없다." 물이 바다를 채우듯, 주님을 아는 지식이 땅에 가득하기 때문이다.

포로 된 백성이 돌아올 것이다

10 ○ 그날이 오면, 이새의 뿌리에서 한 싹이 나서, 만민의 깃발로 세워질 것이며, 민족들이 그를 찾아 모여들어서, 그가 있는 곳이 영광스럽게 될 것이다.

11 ○ 그날이 오면, 주님께서 다시 손을 펴시어서, 그의 남은 백성들, 곧 앗시리아와 하 이집트와 상 이집트와 에티오피아와 엘람과 바빌로니아와 하맛과 바다 섬들에서 남은 사람들을, 자기의 소유로 삼으실 것이다. 12 주님께서, 뭇 나라가 볼 수 있도록 깃발을 세우시고, 쫓겨난 이스라엘 사람들이 그 깃발을 보고 찾아오게 하시며, 흩어진 유다 사람들이 땅의 사방에서 그 깃발을 찾아오도록 하실 것이다. 13 그때에는 에브라

6-8절은 이상적인 세계를 설명하는 은유적인 표현이겠죠? 정말 이런 일들이 일어날 리가 없잖아요. 정말 이런 세상은 비현실적입니다. 그렇지만 구약성경이 이러한 세상을 제시했다는 사실은 중요합니다. 이 본문과 같은 구약성경은 죽은 다음의 어떤 세상이 아니라 지금 우리가 살아가는 세상에 평화의 왕국이 이루어질 것임을 이처럼 눈부시고 찬란하게 증언합니다. 구약성경을 읽고 믿는다는 것은 이러한 일이 불가능하며 비현실적이라며 진즉 포기하고 체념하는 것이 아니라, 그러한 날이 이루어질 수 있음을 믿고 오늘의 한 걸음을 걸어간다는 것을 의미합니다. 사자가 양을 돌보는 세상이 아니라 사자는 사자대로, 양은 양대로 자신의 모습대로 살아갈 수 있는 세상이 이사야서가 증언하는 평화의 왕국입니다.

임의 증오가 사라지고, 유다의 적개심이 없어질 것이니, 에브라임이 유다를 증오하지 않고, 유다도 에브라임에게 적개심을 품지 않을 것이다. 14 그들이 서쪽으로는 블레셋을 공격하고, 함께 동쪽 백성을 약탈하며, 에돔과 모압을 장악할 것이다. 암몬 사람들도 굴복시킬 것이다. 15 주님께서 이집트 바다의 큰 물굽이를 말리시고, 뜨거운 바람을 일으키셔서, 유프라테스강 물을 말리실 것이다. 주님께서 그것을 쳐서 일곱 개울을 만드실 것이니, 누구나 신을 신고 건널 수 있을 것이다. 16 주님께서, 남은 백성 곧 앗시리아에 남은 자들이 돌아오도록 큰길을 내실 것이니, 이스라엘이 이집트 땅에서 올라오던 날과 같게 하실 것이다.

'그가 있는 곳'(10절)은 구체적으로 어디를 가리킵니까? 예루살렘이나 이스라엘 땅 어느 곳입니까? 본문에서는 특정한 장소를 언급하지 않지만, 이어지는 11–16절은 흩어진 이스라엘 백성이 다시 모여올 것을 이야기한다는 점에서 이스라엘 땅, 좁게는 예루살렘이라고 볼 수 있습니다. 예루살렘에서 이루어질 평화의 세상에 대한 말씀은 2장 2–5절에서도 볼 수 있는데, 그 본문에서는 '칼을 쳐서 보습으로, 창을 쳐서 낫으로 만드는 곳'으로 그 나라가 표현되었습니다. 여기서 예루살렘은 지금도 비행기를 타면 갈 수 있는 실제의 예루살렘을 가리키는 것이 아니라, 하나님의 말씀을 따라 평화의 왕국이 이루어지는 장소를 가리킨다는 점에서 상징적인 장소입니다. 우리 사는 곳 어디에서든 이러한 평화의 왕국을 꿈꾸며 살아갈 때 그곳이 이사야서가 증언하는 예루살렘입니다.

{ 제12장 }

감사 찬송

1 그날이 오면, 너는 이렇게 찬송할 것이다. "주님, 전에는 주님께서 나에게 진노하셨으나, 이제는 주님의 진노를 거두시고, 나를 위로하여주시니, 주님께 감사드립니다. 2 하나님은 나의 구원이시다. 나는 주님을 의지한다. 나에게 두려움 없다. 주 하나님은 나의 힘, 나의 노래, 나의 구원이시다." 3 너희가 구원의 우물에서 기쁨으로 물을 길을 것이다. 4 그날이 오면, 너희는 또 이렇게 찬송할 것이다. "주님께 감사하여라. 그의 이름을 불러라. 그가 하신 일을 만민에게 알리며, 그의 높은 이름을 선포하여라. 5 주님께서 영광스러운 일을 하셨으니, 주님을 찬송하여라. 이것을 온 세계에 알려라. 6 시온의 주민아! 소리를 높여서 노래하여라. 너희 가운데 계시는 이스라엘의 거룩하신 분은 참으로 위대하시다."

'시온의 주민'(6절)은 어떤 이들을 말합니까? 11장에서 말하는 '남은 백성'(11, 16절)과는 어떤 관계가 있습니까? 시온은 예루살렘을 가리키는 다른 이름입니다. 11장과 12장은 죄악으로 인해 예루살렘이 심판을 겪은 후에 하나님께서 회복하실 것을 선포합니다. 11장이 말하는 '남은 백성'은 '심판 이후의 백성'을 가리킵니다. 12장이 말하는 '시온의 주민' 역시 같은 내용을 가리킨다고 볼 수 있습니다. 하나님께서 이스라엘을 비롯한 세상을 심판하시는 것은 죄악을 저지른 이들을 없애버리고 제거해버리려는 목적이 아니라, 그들에게 있는 악을 제거하고 바로잡아 정결하게 하는 데 목적이 있습니다. 그래서 이사야서 1-39장에는 일관되게 심판에 관한 말씀이 선포되지만, 곳곳에 그 이후에 올 회복의 말씀이 놓여 있기도 합니다.

{ 제13장 }

하나님께서 바빌론을 벌하실 것이다

1 다음은 아모스의 아들 이사야가 바빌론을 두고 받은 엄한
경고의 예언이다. 2 "너희는 벌거숭이가 된 산 위에 공격 신호
깃발을 세우고, 소리를 높여서 용사들을 소집하여라. 바빌론
의 존귀한 자들이 사는 문들로 그 용사들이 쳐들어가도록, 손
을 들어 공격 신호를 보내라. 3 나는 이미 내가 거룩히 구별한
사람들에게 명령을 내렸고, 나의 분노를 원수들에게 쏟아놓
으려고, 사기가 충천한 나의 용사들을 불렀다." 4 저 소리를
들어보아라. 산 위에서 웅성거리는 소리다. 저 소리를 들어보
아라. 무리가 떠드는 소리다. 저 소리를 들어보아라. 나라들
이 소리치고 나라들이 모여서 떠드는 소리다. 만군의 주님께
서, 공격을 앞두고, 군대를 검열하실 것이다. 5 주님의 군대
가 먼 나라에서 온다. 하늘 끝 저 너머에서 온다. 그들이 주님
과 함께 그 진노의 무기로 온 땅을 멸하러 온다. 6 슬피 울어

하나님이 부른 '용사들'과 '거룩히 구별한 사람'(2–3절)은 누굴 가리킵니까? 이스라
엘을 둘러싼 열방에 대한 하나님의 뜻이 무엇인지 이 본문에서 다루어지는데, 13장
과 14장은 바빌론에 임할 심판을 다룹니다. 이사야 시대 이스라엘을 위협하던 강
대국은 앞부분 1–10장에서 보듯 앗시리아였고, 앗시리아는 바빌론에게 멸망당합
니다. 바빌론은 그야말로 최강국이라 할 수 있는 강력한 제국이지만, 본문은 그 바
빌론이 멸망할 것이라고 증언합니다. 그들이 다른 나라를 짓밟았듯이, 여러 나라
가 몰려와서 바빌론을 멸망시킬 것입니다. 13장은 그렇게 바빌론을 멸망시킬 여러
나라를 '용사', '거룩히 구별한 사람'이라 표현하면서, 그렇게 몰려온 나라가 사실은
하나님께서 바빌론을 멸하기 위해 부르신 집단이라고 증언합니다.

라! 주님께서 오실 날이 가깝다. 전능하신 분께서 오시는 날, 파멸의 날이 곧 이른다. 7 날이 가까이 올수록, 사람들의 손이 축 늘어지고, 간담이 녹을 것이다. 8 그들이 공포에 사로잡히고 괴로워하고 아파하는 것이, 해산하는 여인이 몸부림치듯 할 것이다. 그들은 놀라 서로 쳐다보며, 공포에 질릴 것이다. 9 주님의 날이 온다. 무자비한 날, 진노와 맹렬한 분노의 날, 땅을 황폐하게 하고 그 땅에서 죄인들을 멸절시키는, 주님의 날이 온다. 10 하늘의 별들과 그 성좌들이 빛을 내지 못하며, 해가 떠도 어둡고, 달 또한 그 빛을 비치지 못할 것이다. 11 "내가 세상의 악과 흉악한 자들의 악행을 벌하겠다. 교만한 자들의 오만을 꺾어놓고, 포학한 자들의 거만을 낮추어놓겠다. 12 내가 사람들의 수를 순금보다 희귀하게 만들고, 오빌의 금보다도 드물게 만들겠다. 13 하늘이 진동하고 땅이 흔들리게 하겠다." 만군의 주님께서 진노하시는 날에 그 분노가 맹렬히 불타는 날에 이 일이 이루어질 것이다. 14 바빌론에 사는 외국 사람들은 마치 쫓기는 노루와 같이, 모으는 이 없는 양 떼와 같이, 각기 제 민족에게로 돌아가고, 제 나라로 도망칠 것이다. 15 그러나 눈에 띄는 자마다 모두 창에 찔리

'메대'(17절)는 어느 나라, 또는 민족을 뜻합니까? 메대는 세계사에서 '메디아'(Media)로 불리는 나라로, 주전 7세기에서 6세기에 위세를 떨쳤습니다. 안산이라는 작은 나라의 왕이었던 고레스는 메대 왕국의 사위가 되었고, 훗날 메대의 왕위까지 차지합니다. 이후 고레스는 그 세력을 계속해서 확장했고, 마침내 바빌론을 멸망시키고 고대 오리엔트 전역을 장악합니다. 이 나라가 바로 페르시아입니다. 구약성경은 종종 메대와 페르시아를 하나로 묶어 표현합니다(예, 단 6:8, 15). 본문 17-20절은 그토록 힘과 영광을 자랑하던 바빌론이 메대에 의해 멸망당하고 들짐승의 거처가 될 것이라 선언합니다.

고, 잡히는 자마다 모두 칼에 쓰러질 것이다. 16 그들의 어린 아이들은 그들이 보는 데서 메어쳐져 갈기갈기 찢어지고, 그들의 집은 약탈을 당하며, 그들의 아내는 강제로 추행을 당할 것이다. 17 "내가 메대 사람들을 불러다가 바빌론을 공격하게 하겠다. 메대 군인들은 은 따위에는 관심도 없고, 금 같은 것도 좋아하지 않는다. 18 그들은 활로 젊은이들을 쏘아 갈기갈기 찢어 죽이며, 갓난아기를 가엾게 여기지 않고, 아이들을 불쌍히 여기지 않는다." 19 나라들 가운데서 가장 찬란한 바빌론, 바빌로니아 사람의 영예요 자랑거리인 바빌론은, 하나님께서 멸망시키실 때에, 마치 소돔과 고모라처럼 될 것이다. 20 그곳에는 영원토록 사람이 살지 못하며, 오고 오는 세대에도 사는 사람이 없을 것이다. 떠돌아다니는 아랍 사람도 거기에는 장막을 치지 않으며, 목자들도 거기에서는 양 떼에게 풀을 뜯기지 않을 것이다. 21 거기에는 다만 들짐승들이나 뒹굴며, 사람이 살던 집에는 부르짖는 짐승들이 가득하며, 타조들이 거기에 깃들이며, 산양들이 그 폐허에서 뛰어놀 것이다. 22 화려하던 궁전에서는 승냥이가 울부짖고, 화려하던 신전에서는 늑대가 울 것이다.

포로에서 돌아오다

그때가 다가오고 있다. 그날은 절대로 연기되지 않는다.

{ 제14장 }

1 주님께서 야곱을 불쌍하게 여기셔서, 이스라엘을 다시 한 번 선택하시고, 그들을 고향 땅에서 살게 하실 것이다. 그때에 외국 사람들도 그들에게 와서, 야곱의 겨레와 함께 살 것이다. 2 여러 민족이 이스라엘 사람의 귀향을 도울 것이며, 이스라엘 백성은, 주님께서 주신 땅에서 외국 사람을 남종과 여종으로 부릴 것이다. 이스라엘은 자기들을 사로잡았던 자들을 사로잡고, 자기들을 억누르던 자들을 다스릴 것이다.

적어도 2절의 예언은 오류임에 틀림없습니다. 앗시리아와 바빌로니아에 멸망당한 뒤로, 이스라엘이 2절 후반처럼 강력해진 적이 있던가요? 구약성경의 예언을 다가올 앞일을 미리 알고 말하는 것으로 이해하는 것은 적절하지 않습니다. 앞일을 미리 아는 것은 사실 '점치는 행위'에 가깝습니다. 예언자들이 전한 예언은 오늘의 현실에서 어떻게 살아야 할지를 가르치고 촉구하기 위한 것입니다. 이대로 살면 반드시 미래에 죽을 것이라고 심판을 선포하기도 하고, 너무 무섭고 두려운 현실이지만 계속 믿음으로 걸어갈 때 하나님께서 반드시 건지실 것이라고 구원을 약속하기도 합니다. 미래를 말하지만 모든 목적은 지금, 오늘에 있습니다. 2절은 강대국 중심의 질서가 뒤집어지는 날이 올 것임을 전하면서, 지금 그 힘에 굴복하지 말고 변화된 미래를 꿈꾸며 살아갈 것을 촉구하기 위한 말씀입니다. 그런 점에서 예언은 현실을 바라보는 세계관이라 말할 수 있습니다.

지하로 내려간 바빌론 왕

3 ○ 주님께서 너희에게서 고통과 불안을 없애주시고, 강제 노동에서 벗어나서 안식하게 하실 때에, 4 너희는 바빌론 왕을 조롱하는, 이런 노래를 부를 것이다. "웬일이냐, 폭군이 꼬꾸라지다니! 그의 분노가 그치다니! 5 주님께서 악한 통치자의 권세를 꺾으셨구나. 악한 통치자의 지팡이를 꺾으셨구나. 6 화를 내며 백성들을 억누르고, 또 억눌러 억압을 그칠 줄 모르더니, 정복한 민족들을 억압해도 막을 사람이 없더니, 7 마침내 온 세상이 안식과 평화를 누리게 되었구나. 모두들 기뻐하며 노래 부른다. 8 향나무와 레바논의 백향목도 네가 망한 것을 보고 이르기를 '네가 엎어졌으니, 이제는 우리를 베러 올라올 자가 없겠구나' 하며 기뻐한다. 9 땅 밑의 스올이, 네가 오는 것을 반겨 맞으려고 들떠 있고, 죽어서 거기에 잠든 세상 모든 통치자의 망령을 깨우며, 한때 세상을 주름잡던 그 왕들을 깨운다. 10 그 망령들이 너에게 한마디씩 할 것이다. '너도 별수 없이 우리처럼 무력해졌구나. 우리와 똑같은 신세가 되었구나.' 11 너의 영화가 너의 거문고 소리와 함께 스올로 떨

5절의 지팡이는 무얼 의미합니까? 막강한 통치자와 노인들이 짚고 다니는 지팡이는 서로 어울리지 않아 보입니다. 한자로 '홀'(笏)이라고 종종 표현하기도 합니다. 이스라엘과 고대 세계에서 '지팡이'는 왕권을 비롯한 어떤 권세나 지위를 상징합니다. 이스라엘 열두 지파를 이끄는 지도자에게도 이와 같은 지팡이가 있었고(민 17:2, 3, 6), 지도자의 권위나 위치(모세의 지팡이, 출 4:17, 20), 그리고 예언자의 권위를 상징하는 지팡이도 있었습니다(왕하 4:29). 특히 임금의 권위를 상징하는 수단으로 빈번히 언급된 것이 임금의 지팡이입니다(민 24:17; 시 110:2; 겔 19:11). 하나님께서는 유다 지파가 하나님의 왕권을 드러내는 지팡이라고 말씀하시기도 했습니다(시 60:7).

어졌으니, 구더기를 요로 깔고, 지렁이를 이불로 덮고 있구나! 12 웬일이냐, 너, 아침의 아들, 새벽별아, 네가 하늘에서 떨어지다니! 민족들을 짓밟아 맥도 못 추게 하던 네가, 통나무처럼 찍혀서 땅바닥에 나뒹굴다니! 13 네가 평소에 늘 장담하더니 '내가 가장 높은 하늘로 올라가겠다. 하나님의 별들보다 더 높은 곳에 나의 보좌를 두고, 저 멀리 북쪽 끝에 있는 산 위에, 신들이 모여 있는 그 산 위에 자리 잡고 앉겠다. 14 내가 저 구름 위에 올라가서, 가장 높으신 분과 같아지겠다' 하더니, 15 그렇게 말하던 네가 스올로, 땅 밑 구덩이에서도 맨 밑바닥으로 떨어졌구나. 16 너를 보는 사람마다, 한때 왕 노릇 하던 너를 두고 생각에 잠길 것이다. '이 자가 바로 세상을 뒤흔들고, 여러 나라들을 떨게 하며, 17 땅을 황폐하게 만들며, 성읍을 파괴하며, 사로잡힌 사람들을 제 나라로 돌려보내지 않던 그자인가?' 할 것이다. 18 다른 나라의 왕들은 모두 화려한 무덤에 누워 있는데, 19 너는 무덤도 없이 오물처럼 버려져, 칼에 찔려 죽은 군인들의 시체 더미 밑에 깔려 있다가, 지하 세계의 밑바닥으로 내려갈 것이다. 너의 시체를 사람들이 짓밟을 것이다.

바빌론 왕이 말하는 '저 멀리 북쪽 끝에 있는 산, 신들이 모여 있는 그 산'(13절)은 어딜 가리킵니까? 그 산은 히브리어로 '짜폰' 산으로, 번역하면 '북쪽' 산을 뜻합니다. 고대 이스라엘에서 북쪽은 강하고 대단한 세력이 사는 곳을 상징합니다. 그래서 재앙이 임할 때 종종 '북쪽에서 내려오는 재앙'으로 표현하기도 합니다(예. 렘 1:14; 겔 39:2). 가나안 지역에서 인기 있던 신 바알은 바로 이 '북쪽 산'에 앉아서 다스린다고 여겨졌는데, 시편의 한 구절은 주 하나님이야말로 북쪽 산에 앉으셨다고 선언하며 그 산을 시온산이라 선포하기도 합니다(시 48:2, 새번역 성경은 "자폰산의 봉우리 같은 시온산"이라 번역했습니다). 그래서 바빌론이 이 북쪽 산에 앉겠다는 표현은 바빌론이야말로 온 세상의 왕이고 주인이라는 오만하기 짝이 없는 선언입니다.

20 네가 너의 나라를 황폐하게 하고, 너의 백성을 죽였으니, 너는 왕들과 함께 묻히지 못할 것이다. 너의 자손도 이 세상에서 살아남지 못할 것이다. 21 사람들아, 조상들의 죄를 물어야 하니, 그 자손을 학살할 준비를 하여라. 그들이 일어나 땅을 차지하지 못하도록 막아라. 그들이 이 땅 위에 성읍의 기초를 놓지 못하도록 막아라."

하나님께서 바빌론을 멸하실 것이다

22 만군의 주님께서 말씀하신다. "내가 일어나 바빌론을 치겠다. 내가 바빌론을 멸하겠다. 그 명성도 없애고, 살아남아서 바빌론의 이름을 이어갈 자도 하나도 남기지 않고 멸종시키겠다." 주님께서 하신 말씀이다. 23 "또 내가 그 도성 바빌론을 고슴도치의 거처가 되게 하고, 물웅덩이로 만들며, 멸망의 빗자루로 말끔히 쓸어버리겠다. 만군의 주님께서 하신 말씀이다."

26절은 마치 하나님이 세계의 역사를 계획하고 실행하는 것처럼 설명합니다. 그렇다면 장기판의 말이나 다름없는 인간의 노력은 무슨 의미가 있습니까? 이사야서의 중요한 표현 가운데 하나가 바로 '계획'입니다. 이를 통해 이사야 예언자는 현존하는 세상의 겉으로 보이는 모습이 전부가 아님을 증언합니다. 하나님께서 열방을 향해 두신 뜻이 있다는 표현은 하나님께서 모든 것을 다 정해두어 사람이 할 것이 없다는 의미가 아닙니다. 지금 존재하며 모든 것을 제멋대로 좌우하는 저 강력한 제국이라 해도 하나님께서 정하신 뜻에 따라 반드시 멸하실 것임을 선언하는 표현입니다. 하나님의 계획은 인간을 장기판의 돌로 만드는 것이 아닙니다. 현존하는 강하고 압도적인 세력 위에 계신 하나님을 바라보도록 촉구하면서 구약성경은 전능의 하나님, 계획을 따라 이루시는 하나님을 증언합니다. 그래서 신앙을 가진다는 것은 세상을 다르게 보는 것이라 할 수 있습니다.

하나님께서 앗시리아를 치실 것이다

24 만군의 주님께서 맹세하여 말씀하신다. "내가 계획한 것을 그대로 실행하며, 내가 뜻한 것을 그대로 이루겠다. 25 내가 나의 땅에서 앗시리아 사람들을 으스러뜨리고, 나의 산 위에서 그들을 밟아버리겠다. 그들이 나의 백성에게 매운 멍에를 내가 벗겨주겠다." 그가 씌운 멍에가 그들에게서 벗겨지고 그가 지운 짐이 그들의 어깨에서 벗겨질 것이다. 26 이것이 주님께서 온 세계를 보시고 세우신 계획이다. 주님께서 모든 민족을 심판하시려고 팔을 펴셨다. 27 만군의 주님께서 계획하셨는데, 누가 감히 그것을 못 하게 하겠느냐? 심판하시려고 팔을 펴셨는데, 누가 그 팔을 막겠느냐?

하나님께서 블레셋을 치실 것이다

28 ○ 아하스 왕이 죽던 해에 주님께서 다음과 같은 경고의 말씀을 하셨다. 29 "모든 블레셋 사람들아, 너를 치던 몽둥이가

블레셋 사람들을 치던 몽둥이(29절)는 누구를 이르는 말입니까? 앞 단락 24~27절은 앗시리아를 향한 심판 예언입니다. 앗시리아는 강력했고, 그에 맞서고자 했던 시리아나 북왕국과 달리 아하스는 앗시리아에 협력해 조공을 바치며 살아남았습니다(7장). 반면 블레셋은 앗시리아에 맞섰다가 재앙을 겪은 나라 가운데 하나였습니다. 아하스 왕이 죽던 시기, 앗시리아의 왕 살만에셀이 죽으면서 팔레스타인 땅에서 반(反)앗시리아 움직임이 있었던 것을 29절이 반영한다고 볼 수 있습니다. 그런 점에서 여기서의 '몽둥이'는 앗시리아 왕을 가리킨다고 보는 것이 자연스러울 것 같습니다. 블레셋과 같은 나라는 이제 살 길이 열린다고 기뻐했을 수 있지만, 열방을 향한 하나님의 심판은 여기가 끝이 아니었습니다.

부러졌다고 기뻐하지 말아라. 뱀이 죽은 자리에서 독사가 나오기도 하고, 그것이 낳은 알이, 날아다니는 불뱀이 되기도 한다. 30 나의 땅에서는 가난한 사람들이 배불리 먹고, 불쌍한 사람들이 평안히 누워 쉴 것이다. 그러나 내가 너희 블레셋 사람을 모조리 굶어 죽게 하고, 너희 가운데서 남은 자는 내가 칼에 죽게 하겠다." 31 성문아, 슬피 울어라! 성읍아, 울부짖어라! 너 블레셋아, 녹아 없어져라! 북쪽에서부터 강한 군대가 진군하여올 것이니, 너희 군인 가운데서 그것을 피하여 벗어날 자가 없을 것이다. 32 블레셋 특사들에게는 무엇이라고 답변할 것인가? '주님께서 시온을 세우셨으니, 고통당하던 그의 백성이 그리로 피한다' 하고 답변하여라.

{ 제15장 }

하나님께서 모압을 치실 것이다

1 이것은 모압을 두고 내리신 엄한 경고의 말씀이다. 알이 망하는 그 밤에 모압이 망한다. 길이 망하는 그 밤에 모압이 망한다. 2 바잇과 디본 사람들이 산당에 올라가 통곡하고, 모압 사람들이 느보와 메드바의 멸망을 보고 통곡한다. 모두 머리를 밀고, 수염을 깎는다. 3 그들이 굵은 베로 허리를 동이고, 길거리에 나앉아 울고, 지붕 위에 올라가 통곡하며, 광장에서도 통곡하니, 볼에 눈물이 마를 날이 없다. 4 헤스본과 엘르알레에서 부르짖는 소리가 저 멀리 야하스에까지 들리니, 모압의 용사들이 두려워 떨며 넋을 잃는다. 5 가련한 모압아, 너를 보니, 나의 마음까지 아프구나. 사람들이 저 멀리 소알과 에글랏슬리시야까지 도망치고, 그들이 슬피 울면서 루힛 고개로 오르는 비탈길을 올라가고, 호로나임 길에서 소리 높여 통곡하니, 그들이 이렇게 망하는구나. 6 니므림 샘들이 말라서 메마른 땅으로 바뀌고, 풀이 시들고, 초목이 모조리 사라지고,

'알'과 '길'(1절)은 각각 무얼 가리키는 이름입니까? 15장에는 여러 지명이 등장합니다. 구약성경에 등장하는 지명들이 종종 그렇듯이, 1절에 언급된 알과 길의 정확한 위치를 오늘날에는 알지 못합니다. 알과 길만이 아니라 이 본문에 언급된 다른 많은 도시의 정확한 위치 역시 현대에는 정확하게 판정하기 어렵습니다. 모압은 요단강 동편 지역, 특히 사해 동편 지역에 있었던 민족이고 나라입니다. 이스라엘과 끊임없이 전투를 치르며 세력 다툼을 했고, 이스라엘과 마찬가지로 앗시리아와 같은 강대국의 진격 앞에 굴복하기도 했습니다. 15장은 장차 이 모압에 임할 재앙을 선포합니다.

푸른 것이라고는 하나도 볼 수가 없구나. 7 그러므로 그들이 남겨놓은 것과 쌓아놓은 재물을 가지고, 버드나무 개울을 건넌다. 8 그 곡하는 소리가 모압 땅 사방에 울려 퍼지고, 그 슬피 우는 소리가 에글라임에까지 들리며, 그 울부짖는 소리가 브엘엘림에까지 이른다. 9 디몬의 물이 피로 변하였다. "내가 또 다른 재앙 하나를 더 내리겠다. 모압에서 도피한 자들과 그 땅의 남은 자들에게 사자를 보내어서, 그들을 찢게 하겠다."

'산당'(2절)이란 무엇입니까? 모압 사람들은 어째서 거기 올라가 통곡합니까? 2절에서 '바잇'으로 옮긴 단어는 대개 고대 중동 세계에서 '신전'으로 옮겨졌던 단어입니다. '산당'은 고대 팔레스타인 지역에서 산의 높은 곳마다 자리하고 있던 일종의 지역 신당을 가리킵니다. 옛날 우리나라에 있었던 성황당과 얼추 비슷하기도 합니다. 높은 산마다 이와 같은 산당이 있었고, 그곳에서 이런저런 종교적 의식이 치러졌습니다. 신전과 산당으로 모압 사람이 통곡하며 찾아다닌다는 것은 모압에 임하는 재앙을 상징적으로 표현합니다. 재앙과 멸망이 임박하자 그들의 신을 향해 통곡하며 부르짖지만 멸망만이 그들을 기다리고 있을 따름입니다.

{ 제16장 }

모압의 절망 상태

1 모압 백성아, 예루살렘의 통치자에게 어린 양들을 조공으로 보내라. 셀라에서 광야를 거쳐, 나의 딸 시온산으로 조공을 보내라. 2 있을 곳이 없어 날아다니는 새들처럼, 털린 둥지에서 흩어진 새끼 새들처럼, 모압의 여인들이 아르논의 나루터에서 헤맨다. 3 그들이 유다 백성에게 애원한다. '우리가 어떻게 하여야 할지 말하여주십시오. 우리를 위하여 중재하여주십시오. 뜨거운 대낮에 시원한 그늘을 드리우는 나무처럼, 우리가 그대의 그늘에서 쉴 수 있도록 보호하여주십시오. 우리는 피난민입니다. 아무도 우리를 해치지 못할 곳에 우리를 숨겨주십시오. 4 우리가 이 땅에서 살도록 허락하여주십시오. 우리를 죽이려고 하는 자들에게서 우리를 보호하여주십시오.' (폭력이 사라지고, 파괴가 그치고, 압제자들이 이 땅에서 자취를 감출 것이다. 5 다윗의 가문에서 왕이 나와 신실과 사랑으로 그 백

괄호 안의 구절(4-5절)은 누가 누구에게 내놓는 선언입니까? 15장에 이어 16장 역시 모압에 임할 재앙이 배경입니다. 그 재앙의 날에 모압은 도움을 청하러 예루살렘으로 찾아올 것입니다. 예루살렘을 향한 모압의 도움 요청이 3-4절에 나타납니다. 훗날 흩어지고 쫓겨날 모압 사람들은 예루살렘에서 안전히 머무를 곳을 찾게 해달라 청하고, 이 요청은 예루살렘에서 이루어질 올바른 세상에 대한 묘사로 이어집니다. 4-5절 괄호로 표현된 말은 모압이 하는 말일 수도 있고, 예언자가 덧붙이는 말일 수도 있습니다. 중요한 것은 모압처럼 난민이 된 이들의 도움 요청은 다윗 가문에서 일어날 영광스러운 왕과 연관된다는 점입니다. 옳은 일을 하고 정의를 행하는 왕의 통치와 모압처럼 흩어진 이들의 안전은 마치 동전의 양면 같습니다.

성을 다스릴 것이다. 옳은 일이면 지체하지 않고 하고, 정의가 이루어지는 것을 보여줄 것이다.) 6 유다 백성이 대답한다. '우리는 모압이 교만하다는 소문을 들었다. 그들이 매우 교만하고 오만하고 거만하여 화를 잘 내지만, 사실 그들은 허풍뿐이라는 것도 들어서 알고 있다.' 7 그러면 모압 백성은 그들이 당하는 고통을 못 이겨서 통곡할 것이다. 길하레셋에서 늘 먹던 건포도빵을 그리워하며, 슬피 울 것이다. 8 헤스본의 밭과 십마의 포도원이 황무지가 되다니! 여러 나라의 군주들이 즐겨마시던 포도주의 산지가 아니던가! 한때는 포도나무 가지가저 멀리 야스엘에까지 뻗어나가고, 동쪽으로는 광야에까지 퍼져나가고, 서쪽으로는 그 싹이 자라서 사해 너머로까지 뻗어가더니! 9 야스엘이 울듯이, 내가 통곡한다. 말라비틀어진 십마의 포도나무를 두고 통곡한다. 헤스본아, 엘르알레야, 나의 눈물이 너를 적신다. 여름 과일과 농작물을 거두는 너의 흥겨운 소리가 너에게서 그쳤구나. 10 "이제 기름진 밭에서 기쁨도 사라지고 즐거움도 사라졌다. 포도원에서 노랫소리가 나지 않

하나님이 모압의 멸망을 두고 3년이라는 정확한 시간표를 제시하는(14절) 이유는 무엇입니까? 역사적으로 이 예언은 성취되었습니까? 2–4절은 모압 사람이 둥지에서 흩어진 새끼 새와 같은 처지가 되어 도움을 청하는 내용을 다루지만, 모압이 이러한 재앙을 당하게 된 까닭은 '교만함과 오만함' 때문이었습니다(6–8절). 당대에 번성한 나라였던 모압은 그만큼 오만했습니다. 자세한 내용은 나오지 않지만, 자신들의 번성으로 인해 다른 사람이나 나라에 교만하게 행했을 것입니다. 모든 오만한 이들을 하나님께서는 반드시 낮추실 것이며, 모압도 예외가 아니었습니다. '3년의 기한'은 이제 곧 닥칠 심판을 상징합니다. 아쉽게도 이와 연관된 역사적 자료는 남아 있지 않아서 그 사실 여부를 확인하지 못합니다. 아마도 앗시리아 진격 시기에 모압은 사실상 이스라엘에 통합되었으리라 여겨집니다.

고, 기뻐 떠드는 소리도 나지 않고, 포도주 틀에는 포도를 밟는 사람도 없다. 내가 그 흥겨운 소리를 그치게 하였다." 11 모압을 생각하니, 나의 심장이 수금 줄이 튀듯 떨리고, 길하레셋을 생각하니, 나의 창자가 뒤틀린다. 12 모압 백성이 산당에 올라가서 제사를 드리고, 그 성소에 들어가서 기도해도, 아무 소용이 없을 것이다.

13 ㅇ 이것이 전에 주님께서 모압을 두고 하신 말씀이다. 14 그러나 이제 주님께서 다시 이렇게 말씀하신다. "삼 년 기한으로 머슴살이를 하게 된 머슴이 그 햇수를 세듯이, 이제 내가 삼 년을 센다. 삼 년 안에 모압의 영화가 그 큰 무리와 함께 모두 능욕을 당할 것이며, 남은 사람이라야 얼마 되지 않아, 보잘 것이 없을 것이다."

{ 제17장 }

하나님이 시리아와 이스라엘을 치시리라

1 이것은 다마스쿠스를 두고 하신 엄한 경고의 말씀이다. "다
마스쿠스는 성읍 축에도 들지 못하고, 허물어진 무더기가 될
것이다. 2 또한 아로엘의 성읍들이 황무지가 될 것이다." 그
성읍들은 양 떼의 차지가 되며, 양 떼가 누워도 그들을 놀라
게 할 자가 하나도 없을 것이다. 3 "에브라임은 무방비 상태
가 되고, 다마스쿠스는 주권을 잃을 것이다. 이스라엘 자손
에게서 영광이 사라지듯이, 시리아의 남은 백성도 수치를 당
할 것이다." 만군의 주님께서 하신 말씀이다. 4 "그날이 오면,
야곱의 영화가 시들고, 건강하던 몸이 야월 것이다. 5 그들은
곡식을 거두고 난 텅 빈 들처럼 될 것이다. 곡식을 거두는 자
가 곡식을 다 거두어버린 그 들판, 사람들이 이삭마저 다 줍
고 내버린 그 들판, 이삭을 다 줍고 난 르바임 들판처럼 될 것

다마스쿠스의 멸망을 경고하는 대목에서 에브라임과 이스라엘, 야곱의 운명이 함께
논의되는(3~4절) 까닭은 무엇입니까? 다마스쿠스는 시리아의 수도입니다. 앗시리
아의 위협 앞에서 시리아와 에브라임으로 표현되는 북왕국은 서로 동맹을 맺어 맞
서고자 했고, 이 과정에서 유다를 자신의 세력으로 끌어들이기 위해 '시리아-에브
라임 전쟁'을 일으킵니다(7장 참고). 그렇지만 그들의 노력은 그리 성공적이지 못했
습니다. 앗시리아의 진격과 더불어 시리아는 신속히 멸망했고, 에브라임 역시 그리
얼마 되지 않아 최종적으로 멸망하고 말았습니다. 이후 시리아와 에브라임은 역사
에서 완전히 사라지고 맙니다. 8~10절에서 알 수 있듯이, 에브라임은 그들의 하나
님을 의지하기는커녕, 견고한 성읍을 지녔다는 시리아와 힘을 모았고, 우상을 섬기
며 제멋대로 제단을 만들었습니다. 그 결과는 완전한 멸망이었습니다.

이다. 6 그들은 열매를 따고 난 올리브나무처럼 될 것이다. 마치 올리브나무를 흔들 때에, 가장 높은 가지에 있는 두세 개의 열매나, 무성한 나무의 가장 먼 가지에 남은 네다섯 개의 열매와 같이 될 것이다." 주 이스라엘의 하나님께서 하신 말씀이다. 7 "그날이 오면, 사람들은 자기들을 지으신 분에게 눈길을 돌리고 '이스라엘의 거룩하신 분'을 바라볼 것이다. 8 자기들의 손으로 만든 제단들은 거들떠보지도 않고, 자기들의 손가락으로 만든 아세라 상들과 태양 신상은 생각도 하지 않을 것이다." 9 그날이 오면, 그 견고한 성읍들이 폐허가 될 것이다. 마치 이스라엘 자손 앞에서 도망친 히위 족과 아모리 족의 성읍들처럼, 황폐하게 될 것이다. 10 이스라엘아, 네가 하나님 너의 구원자를 잊어버리고, 네가 피할 견고한 반석을 기억하지 않고, 이방 신을 섬기려고 이방의 묘목으로 '신성한 동산'을 만들었구나. 11 나무를 심는 그날로 네가 울타리를 두르고, 그다음 날 아침에 네가 심은 씨에서 싹이 났다 하여도, 네가 그것을 거두어들일 무렵에는 흉작이 되어, 너의 슬픔이 클 것이다.

하나님은 이스라엘의 최후를 네댓 개 남은 열매에 빗댑니다(6-7절). 다 떨어져 없어졌다는 편이 비참한 말로를 더 극적으로 드러내지 않을까요? 맞아요, 그럴 것 같습니다. 다 떨어져 없어진 것이 아니라 꼭대기 가지에 몇 개 남은 모습으로 그린 장면 역시 이스라엘의 비참함을 다른 방식으로 표현한 것으로 보입니다. 앗시리아로 대표되는 세력이 올리브나무로 상징되는 이스라엘을 떨다가 꼭대기에 몇 개는 그냥 내버려두었습니다. 더 떨어버릴 것도 없다 생각한 것이겠지요. 이방 나라가 쳐들어와서 마구 짓밟되, 다 밟아버릴 필요조차 없다 여겼을 정도로 이스라엘이 비참한 지경에 처했음을 이와 같은 비유가 보여줍니다.

적국이 멸망하다

12 가련하다! 저 많은 민족의 요란한 소리가 마치 바다에 파도치는 소리처럼 요란하고, 많은 백성들이 몰려오는 소리가 마치 거대한 물결이 밀려오는 소리 같구나. 13 비록 많은 백성이, 거대한 물결이 밀려오는 것같이 소리를 내어도, 주님께서 그들을 꾸짖으시리니, 그들이 멀리 도망칠 것이다. 그들은 산에서 바람에 흩어지는 겨와 같고, 폭풍 앞에 흩날리는 티끌과 같을 것이다. 14 그들이 저녁때에 두려운 일을 당하고, 아침이 오기 전에 사라질 것이니, 이것이 바로 우리를 노략한 자가 받을 몫이고, 우리를 약탈한 자가 받을 마땅한 값이다.

{ 제18장 }

하나님께서 에티오피아를 벌하실 것이다

1 에티오피아의 강 건너편, 벌레들이 날개 치는 소리가 나는
땅에 재앙이 닥칠 것이다. 2 그들이 갈대배를 물에 띄우고, 뱃
길로 사절단을 보낸다. 너희 민첩한 사절들아, 가거라. 강물이
여러 갈래로 나뉘어 흐르는 땅으로 가거라. 거기에 사는 민족,
곧 키가 매우 크고 근육이 매끄러운 백성, 멀리서도 두려움을
주고 적을 짓밟는 강대국 백성에게로 가거라. 3 이 세상 사람
들아, 땅에 사는 주민들아, 산 위에 깃발이 세워지면 너희가
보게 되고, 또 나팔 소리가 나면 너희가 듣게 될 것이다. 4 주
님께서 나에게 이렇게 말씀하신다. "내가 나의 처소에서 조용
히 내려다보겠다." 추수철 더운 밤에 이슬이 조용히 내려앉듯
이, 한여름 폭염 속에서 뙤약볕이 고요히 내리쬐듯이, 5 곡식
을 거두기 전에, 꽃이 지고 신 포도가 영글 때에, 주님께서 연

1절에 등장하는 에티오피아는 지금의 에티오피아와 같은 뿌리를 가진 나라입니까?
'벌레들이 날개 치는 소리가 나는 땅'은 또 어느 곳입니까? 구약에 등장하는 에티오
피아는 이집트 남쪽 지역을 가리킵니다. 이집트는 라암셋, 헬리오폴리스를 중심으
로 한 상부 지역과 테베를 중심으로 하는 하부 지역 사이에 늘 세력 다툼이 있었고,
이러한 다툼에 에티오피아 지역이 종종 끼어들어 전체를 장악하기도 했습니다. 특
히 이사야서와 연관되는 주전 8세기 후반에는 에티오피아에 기반을 둔 왕조가 이
집트 전역에 강력한 영향력을 행사하기도 했습니다. 오늘날의 에티오피아와는 지
역적으로 거의 일치하지만, 민족적으로 일치하는지는 알 수 없습니다. '날개 치는
소리가 나는 땅'은 나일강 상류의 수많은 곤충을 가리키는 것일 수도 있고, 그곳에
있던 무수히 많은 배를 가리키는 표현일 수도 있습니다.

한 가지들을 낫으로 자르시고, 뻗은 가지들을 찍어버리실 것이다. 6 산의 독수리들과 땅의 짐승들이 배불리 먹도록 그것들을 버려두실 것이니, 독수리가 그것으로 여름을 나고, 땅의 모든 짐승이 그것으로 겨울을 날 것이다. 7 그때에 만군의 주님께서 예물을 받으실 것이다. 강물이 여러 갈래로 나뉘어 흐르는 땅, 거기에 사는 민족, 곧 키가 매우 크고 근육이 매끄러운 백성, 멀리서도 두려움을 주고 적을 짓밟는 강대국 백성이 만군의 주님께 드릴 예물을 가지고, 만군의 주님의 이름으로 일컫는 곳 시온산으로 올 것이다.

2절은 누구에게 어디로 가라는 명령입니까? '사절'은 누구이며 '여러 갈래로 나뉘어 흐르는 땅'은 어디를 가리킵니까? 이 본문의 정확한 의미와 배경이 무엇인지 확정해서 말하기는 어렵습니다. 에티오피아가 언급된다는 점에서 18장은 20장과 연관됩니다. 앗시리아가 진격해올 때 블레셋의 아스돗을 비롯해 유다와 같은 나라는 이집트와 에티오피아를 의지했다는 내용이 20장에 있습니다. 이를 생각하면, 18장 2절은 에티오피아에 대한 묘사라고 볼 수 있습니다. 유다와 여러 나라는 이집트까지 힘을 떨치는 에티오피아를 목격했고, 앗시리아의 위협을 앞둔 상황에서 에티오피아를 향한 그들의 마음이 2절의 기다란 찬사에 실려 있습니다. 그러나 하나님 아닌 그 어떤 세력도 결코 구원이 되지 못합니다. 놀랍게도 18장 마지막에서는 그렇게 강해 보이던 에티오피아 역시 만군의 주님께 나아올 것이라 선언합니다.

{ 제19장 }

하나님께서 이집트를 벌하실 것이다

1 이것은 이집트를 두고 하신 엄한 경고의 말씀이다. 주님께서 빠른 구름을 타고 이집트로 가실 것이니, 이집트의 우상들이 그 앞에서 떨고, 이집트 사람들의 간담이 녹을 것이다. 2 "내가 이집트 사람들을 부추겨서, 서로 맞서 싸우게 하겠다. 형제와 형제가, 이웃과 이웃이, 성읍과 성읍이, 왕권과 왕권이, 서로 싸우게 하겠다. 3 그래서 이집트 사람들의 기를 죽여놓겠다. 내가 그들의 계획을 무산시켜버리면, 그들은 우상과 마술사와 신접한 자와 무당을 찾아가 물을 것이다. 4 내가 이집트를 잔인한 군주의 손에 넘길 것이니, 폭군이 그들을 다스릴 것이다." 주님, 곧 만군의 주님께서 하신 말씀이다. 5 나일강이 마를 것이다. 강바닥이 바싹 마를 것이다. 6 강에서는 악취가 나며, 이집트 시냇물의 물 깊이가 얕아져 마르겠고, 파피루스

하나님이 이집트와 주변 국가들을 벌하는 정확한 이유를 모르겠습니다. 이스라엘에 적대적이었기 때문인가요? 하지만 이스라엘에게도 벌을 내렸잖아요. 19장에서는 명확하게 언급하지 않지만, 하나님께서 예언자를 통해 이방 나라에 심판을 선포하시는 주된 이유는 대부분 '교만'입니다. 그리고 그 교만의 근거는 그 나라의 군사력, 경제력과 같은 국력입니다. '교만'이라는 말이 개인의 어떤 특징이나 태도를 표현한 것 같지만, 이와 같은 맥락에서 교만은 강한 힘에 기반을 두고 인근의 약한 나라를 위협하고 모욕하며 짓밟는 행태를 가리킵니다. 19장의 경우, 지도자와 현인을 언급하는 11~13절에서 이집트의 자신감과 오만함을 엿볼 수 있습니다. 이스라엘은 역사 내내 거의 대부분 약소국이었습니다. 따라서 이스라엘을 위협하고 거만하게 행한 것에 대한 심판은 이스라엘이라는 특정 민족을 넘어 '약자를 향한 교만과 폭력' 때문이라고 이해할 수도 있습니다.

와 갈대도 시들어버릴 것이다. 7 나일강 가와 어귀의 풀밭과 강변에 심은 모든 나무가 말라서, 바람에 날려 사라지고 말 것이다. 8 나일강에서 고기를 잡는 어부들이 슬퍼하며 통곡하고, 나일강에 낚시를 던지는 모든 낚시꾼과 강에 그물을 치는 사람들이 잡히는 것이 없어서 고달파할 것이다. 9 가는 베를 짜는 사람이 베 짜는 일을 그만두고, 흰 천을 짜는 사람도 실망하여 천 짜는 일을 그칠 것이다. 10 옷 만드는 사람들이 낙심하니, 모든 품꾼의 마음에도 병이 들 것이다. 11 소안의 지도자인 너희는 어리석기만 하고, 지혜롭다고 하는 바로의 참모인 너희도 어리석은 제안만을 하고 있으니, 어찌 바로에게 너희가 옛 현인들과 옛 왕들의 후예라고 감히 말할 수 있겠느냐? 12 이집트의 임금아, 너를 섬기는 현인이 어디에 있느냐? 그들을 시켜서, 만군의 주님께서 이집트에 대하여 무엇을 계획하셨는지를 알게 하여 너에게 보이라고 하여라. 13 소안의 지도자들은 어리석은 사람들이다. 멤피스의 지도자들은 제 꾀에 속고 있다. 이집트의 주춧돌들인 지파들이 이집트를 그릇된

'소안의 지도자'(11, 13절)는 어떤 이들을 가리킵니까? 소안은 이집트의 도시 타니스를 가리키는 옛 이름입니다. 시편에서는 하나님께서 과거에 이스라엘을 위해 놀라운 일을 행하셨던 장소로 소안을 언급하기도 합니다(시 78:12, 43). 본문 13절에 등장하는 멤피스 역시 이집트의 도시로 구약성경에 종종 언급됩니다(렘 2:16; 겔 30:13, 16; 호 9:6). 타니스가 이집트의 지혜와 연관되어 이사야서에 언급되었다면, 멤피스는 그곳에 세워진 우상과 연관해 에스겔서에 언급되었습니다(겔 30:13, 16). 그래서 이사야서 본문에 쓰인 소안과 멤피스는 이집트를 상징하고 대표하는 도시라 볼 수 있습니다. 소안의 지도자, 즉 이집트를 다스리는 이들은 스스로를 세상에서 가장 지혜로운 이들이며 고대로부터 이어진 자손이라 큰소리치지만, 하나님께서는 이들의 계획을 헛되게 하실 것입니다.

길로 이끌었다. 14 주님께서 친히 그들에게 마음을 혼란시키는 영을 부으셔서, 그들이 이집트를 잘못 다스리게 하셨다. 그래서 마치 취한 자가 토하면서 비틀거리듯, 이집트를 그 꼴로 만들었다. 15 그러므로 이집트에서는 되는 일이 없고, 우두머리나 말단에 있는 사람이나 종려나무처럼 귀한 자나 갈대처럼 천한 자나 가릴 것 없이, 모두 쓸모가 없이 될 것이다.

이집트 사람이 주님께 경배할 것이다

16 그날이 오면, 이집트 사람이 마치 겁 많은 여인처럼 되어, 만군의 주님께서 그들 위에 팔을 펴서 휘두르시며 심판하시는 것을 보고서, 두려워하며 떨 것이다. 17 이집트 사람은 유다 땅을 무서워할 것이다. 만군의 주님께서 그들을 치려고 세우신 계획을 상기할 때마다 '유다'라는 이름만 들어도 모두 무서워할 것이다. 18 그날이 오면, 이집트 땅의 다섯 성읍에서는 사람들이 가나안 말을 하며, 만군의 주님만을 섬기기로 충

18절이 의미하는 바를 모르겠습니다. 주민들이 '가나안 말'을 하는 게 이집트인들이 '유다'라는 이름을 두려워하는 것과 무슨 상관이죠? 18-19절은 이집트 땅에 만군의 주님을 예배하며 따르는 이들이 있을 것이라 전합니다. 그리고 18절부터 마지막 25절까지는 하나님께서 이집트 땅에 행하실 구원과 회복을 증언합니다. 그런 점에서 16-17절이 말하는 이집트 사람들의 두려움도 나쁜 의미가 아님을 알 수 있습니다. 이집트 땅에 임한 심판을 통해 만군의 주님을 두려워하고 그 땅에서 주님을 예배하는 자들이 있을 것이며(18절), 그들을 통해 이집트 사람들은 만군의 주님께 부르짖게 될 것이고(20절), 하나님께서 그들을 건지실 것입니다(21-22절). 그래서 이 본문은 이방 나라를 향한 하나님의 심판이 그들을 완전히 없애버리기 위해서가 아니라, 궁극적인 회복과 변화를 위해서라는 것을 알려줍니다.

성을 맹세할 것이다. 그 다섯 성읍 가운데서 한 성읍은 '멸망의 성읍'이라고 불릴 것이다. 19 그날이 오면, 이집트 땅 한가운데 주님을 섬기는 제단 하나가 세워지겠고, 이집트 국경지대에는 주님께 바치는 돌기둥 하나가 세워질 것이다. 20 이 제단과 이 돌기둥이, 만군의 주님께서 이집트 땅에 계시다는 징표와 증거가 될 것이다. 그래서 그곳 백성이 압박을 받을 때에, 주님께 부르짖어서 살려주실 것을 간구하면, 주님께서 한 구원자를 보내시고, 억압하는 자들과 싸우게 하셔서, 백성을 구원하실 것이다. 21 주님께서는 이렇게 자신을 이집트 사람에게 알리실 것이며, 그날로 이집트 사람은 주님을 올바로 알고, 희생제물과 번제를 드려서, 주님께 예배하고, 또 주님께 서원하고 그대로 실천할 것이다. 22 주님께서 이집트를 치시겠으나, 치시고 나서는 곧바로 어루만져 낫게 하실 것이므로, 그들이 주님께로 돌아오고, 주님께서는 그들의 간구를 들으시고, 그들을 고쳐주실 것이다. 23 그날이 오면, 이집트에서 앗시리아로 통하는 큰길이 생겨, 앗시리아 사람은 이집트로 가고 이

21-25절은 이집트와 앗시리아, 이스라엘이 하나님을 섬기고 복을 받을 것이라고 말하지만, 오늘의 현실은 딴판입니다. 이 예언은 언제쯤 성취될까요? 앗시리아와 이집트는 고대의 강력한 제국이며, 이스라엘은 그 틈바구니에서 평화롭게 지내기 어려웠던 약소국입니다. 23절은 이집트와 앗시리아 사이에 끝없는 정복 전쟁이 아니라, 평화롭고 자유로운 왕래가 있을 것이라 증언합니다. 구약성경에서 하나님께서는 언제나 이스라엘만 '나의 백성'이라 부르셨지만, 오직 이 구절에서는 놀랍게도 이집트를 향해 그렇게 부르십니다. 그래서 이 단락은 만군의 주님이 이스라엘만의 하나님이 아니라 온 세상의 하나님이심을 선포합니다. 그럴 때 강대국이니 약소국이니 하는 것은 모두 사라지고, 모든 인류가 하나님 백성으로 함께 살아갈 것입니다. 지금 당장 이루어지지는 않을지라도, 신앙을 가진다는 것은 이러한 세상을 끝까지 꿈꾸고 기다리고 소망하며 한 걸음 걸어가는 것입니다.

집트 사람은 앗시리아로 갈 것이며, 이집트 사람이 앗시리아 사람과 함께 주님을 경배할 것이다. **24** 그날이 오면, 이스라엘과 이집트와 앗시리아, 이 세 나라가 이 세상 모든 나라에 복을 주게 될 것이다. **25** 만군의 주님께서 이 세 나라에 복을 주며 이르시기를 "나의 백성 이집트야, 나의 손으로 지은 앗시리아야, 나의 소유 이스라엘아, 복을 받아라" 하실 것이다.

{ 제20장 }

벌거벗은 예언자의 징조

1 앗시리아 왕 사르곤이 보낸 다르단 장군이 아스돗으로 와서, 아스돗을 점령하였다. 2 그해에 주님께서 아모스의 아들 이사야를 시켜서 말씀하셨다. 주님께서 이사야에게 말씀하시기를, 허리에 두른 베옷을 벗고, 발에서 신을 벗으라고 하셨다. 그래서 이사야는, 말씀대로, 옷을 벗고 맨발로 다녔다.

3 ○ 그때에 주님께서 말씀하셨다.

○ "나의 종 이사야가 삼 년 동안 벗은 몸과 맨발로 다니면서, 이집트와 에티오피아에게 표징과 징조가 된 것처럼, 4 앗시리아 왕이, 이집트에서 잡은 포로와 에티오피아에서 잡은 포로를, 젊은이나 늙은이 할 것 없이 모두 벗은 몸과 맨발로 끌고 갈 것이니, 이집트 사람이 수치스럽게도 그들의 엉덩이까지 드러낸 채로 끌려갈 것이다." 5 그리하여 에티오피아를 의지하던

하나님은 왜 이사야에게 이런 '고행'까지 시킨 걸까요? 그것도 3년씩이나(3절). 말만으로도 얼마든지 메시지를 전할 수 있지 않을까요? 이와 같은 것을 가리켜 '예언자의 상징 행위'라고 표현합니다. 오늘날에는 파워포인트를 비롯한 그래픽 프로그램이나 사진, 동영상 등 시각 자료를 활용해 생생하게 보여줄 수 있지만, 고대에는 그렇지 못했기에 예언자의 상징 행위는 하나님의 말씀을 전달하기에 매우 강력하고 효과적인 수단이었을 겁니다. 예언자의 말에서 그치지 않고 이와 같은 행동이 수반되었을 때, 이스라엘은 하나님께서 반드시 그렇게 행하실 것임을 유념해야 했습니다. 아스돗을 비롯해 유다 역시 앗시리아의 진격 앞에서 이집트나 에티오피아의 힘을 빌려 살 길을 찾아보려 했지만, 하나님께서는 이사야를 통해 그렇게 의지하고 희망하던 이집트와 에티오피아가 벗은 몸과 벗은 발로 끌려갈 것이라 선포하십니다. 강대국은 결코 의지하거나 희망을 둘 대상이 아닙니다.

자들과, 이집트를 그들의 자랑으로 여기던 자들이, 두려워하고 부끄러워할 것이다. 6 그날이 오면, 이 해변에 사는 백성이 이렇게 말할 것이다. "우리가 의지하던 나라, 앗시리아 왕에게서 구해달라고, 우리를 살려달라고, 도움을 청한 나라가 이렇게 되었으니, 이제 우리가 어디로 피해야 한단 말이냐?"

21장 1절의 '해변 광야'는 어디를 가리킵니까? 20장 6절의 '해변'과는 어떻게 다릅니까? 20장 6절에 쓰인 해변이라는 단어는 말 그대로 진짜 '해변', 즉 팔레스타인의 서쪽 해안가, 지중해에 닿은 연안을 가리킵니다. 이 지역은 대대로 블레셋이 살던 지역입니다. 블레셋의 아스돗이 이집트와 에티오피아를 의지했다가 망하게 된 것을 6절이 표현합니다. 반면 21장 1절에서 '해변'으로 옮겨진 단어는 '바다'를 의미하는 단어입니다. '바다 광야'라는 말 자체가 어디를 가리키는지 알 수 없지만, 9절을 통해 이 본문에서는 바빌론을 가리킨다는 것을 알 수 있습니다. 21장 1~10절은 바빌론의 멸망을 예언하는 말씀입니다.

{ 제21장 }

바빌론의 멸망에 관한 환상

1 이것은 해변 광야를 두고 하신 엄한 경고의 말씀이다. 남쪽 광야에서 불어오는 회오리바람처럼 침략자가 광야에서 쳐들어온다. 저 무서운 땅에서 몰아쳐온다. 2 나는 끔찍한 계시를 보았다. 배신하는 자가 배신하고 파괴하는 자가 파괴한다! 엘람아, 공격하여라! 메대야, 에워싸거라! "내가 바빌론의 횡포를 그치게 하고 억압받는 사람들의 탄식 소리를 그치게 하겠다." 3 그러자 나는, 허리가 끊어지는 것처럼 아팠다. 아기를 낳는 산모의 고통이 이런 것일까? 온몸이 견딜 수 없이 아팠다. 그 말씀을 듣고 귀가 멀었으며, 그 광경을 보고 눈이 멀었다. 4 나의 마음은 갈피를 잡지 못하고, 공포에 질려 떨었다. 내가 그처럼 보고 싶어 한 희망찬 새벽빛은, 도리어 나를 무서워 떨게 하였다. 5 내가 보니, 사람들이 잔칫상을 차려놓고, 방석을 깔고 앉아서, 먹고 마신다. 갑자기 누가 명령한다. "너희

'엘람'과 '메대'는(2절) 각각 어떤 나라, 어느 민족을 말합니까? 4절이 묘사하듯 그 시대를 주름잡았던 두려운 존재들이었습니까? 엘람과 메대는 지금의 이란 고원에 자리했던 고대의 왕국들입니다. 그들에 관한 기록이 많지 않아서 과거의 역사를 정확히 파악하는 것은 불가능합니다. 엘람에 대한 언급은 22장 6절에서도 볼 수 있는데, 거기에서도 군사력이 강했던 나라로 등장합니다. 메대는 훗날 바빌론을 멸망시키는 페르시아의 고레스가 왕위를 차지했던 나라이기도 합니다. 더 이상 명확하게 말할 수는 없지만, 1~9절은 바빌론이 엘람과 메대를 포함한 군대의 공격을 받고 마침내 함락되었음을 전합니다. 히스기야 시대에 유다 왕국은 바빌론과도 협력해 앗시리아에 맞서고자 했는데, 아마도 이 본문은 그렇게 바빌론을 의지하는 것에 대한 강력한 경고라고 볼 수도 있습니다.

지휘관들아, 일어나거라. 방패를 들어라." 6 주님께서 나에게 이렇게 말씀하셨다. "너는 가서 파수꾼을 세우고 그가 보는 대로 보고하라고 하여라. 7 기마병과 함께 오는 병거를 보거나, 나귀나 낙타를 탄 사람이 나타나면, 주의하여 살펴보라고 하여라." 8 파수꾼이 외친다. "지휘관님, 제가 온종일 망대 위에서 있었습니다. 밤새 경계 구역을 계속 지키고 있었습니다." 9 그런데, 갑자기 병거가 몰려오고, 기마병이 무리를 지어 온다. 누가 소리친다. "바빌론이 함락되었다! 바빌론이 함락되었다! 조각한 신상들이 모두 땅에 떨어져서 박살났다!" 10 아, 짓밟히던 나의 겨레여, 타작마당에서 으깨지던 나의 동포여, 이스라엘의 하나님 만군의 주님께서 나에게 말씀하신 것을, 이렇게 내가 그대들에게 전한다.

에돔에 대한 경고

11 ○ 이것은 두마를 두고 하신 엄한 경고의 말씀이다. 세일에서 누가 나를 부른다. "파수꾼아, 밤이 얼마나 지났느냐? 파수꾼아, 날이 새려면 얼마나 더 남았느냐?" 12 파수꾼이 대답한

'두마'(11절)는 처음 듣는 이름입니다. 두마가 어디를 가리키는지는 알지 못합니다. 다만 뒤이어 등장하는 '세일'이 에돔을 가리키는 이름이라는 점에서, 두마가 에돔과 연관되었다고 말할 수 있습니다. 특히 '두마'는 '침묵'을 뜻하는 명사이기에(시 94:17; 115:17), 여기에 에돔과 발음이 비슷한 두마를 의도적으로 사용해서 에돔에 임할 죽음을 침묵이라는 상징적 단어로 표현한 것이라 볼 수 있습니다. 신약 시대 무렵에 이르면, 이 지역은 '이두매'라고 불려서 '두마'와 더 비슷해지기도 합니다. 이제나저제나 밤이 지나고 날이 밝아질 것을 기다리지만, 아침이 곧 올 것이나 또다시 밤이 온다는 파수꾼의 대답은 에돔에 임할 죽음 같은 재앙과 멸망을 가리킵니다.

다. "아침이 곧 온다. 그러나 또다시 밤이 온다. 묻고 싶거든, 물어보아라. 다시 와서 물어보아라."

아라비아에 대한 경고

13 ○ 이것은 아라비아를 두고 하신 엄한 경고의 말씀이다. 드단 사람들아, 아라비아의 메마른 덤불 속에서 밤을 지새우는 드단의 행상들아, 14 목마른 피난민들에게 마실 물을 주어라. 데마 땅에 사는 사람들아, 아라비아의 피난민들에게 먹거리를 가져다주어라. 15 그들은 칼을 피하여 도망 다니는 사람들이다. 칼이 그들을 치려 하고, 화살이 그들을 꿰뚫으려 하고, 전쟁이 그들의 목숨을 노리므로, 도망 다니는 신세가 되었다. 16 주님께서 나에게 이렇게 말씀하셨다. "일 년 기한으로 머슴살이를 하게 된 머슴이 날수를 세듯이, 이제 내가 일 년을 센다. 일 년 만에 게달의 모든 허세가 사라질 것이다. 17 게달의 자손 가운데서 활 쏘는 용사들이 얼마 남는다고 하여도, 그 수는 매우 적을 것이다." 주 이스라엘의 하나님께서 이렇게 말씀하셨다.

여기저기 다니면서 물건을 팔아야 할 행상(13절)이 메마른 덤불에서 밤을 지새우는 까닭은 무엇입니까? 13-17절은 아라비아 지역에 임할 심판을 전합니다. 드단, 데마, 게달은 모두 그 지역에 속한 성읍을 가리킨다고 여겨집니다. 이 지역도 전쟁의 참상을 피할 수 없었고, 그로 인해 황폐해지고 흩어져버린 현실이 표현되었습니다. 장사하는 이들이 광야 덤불 사이에 거하게 된 것이나 목마름과 굶주림 가득한 사람들에 대한 언급은 전쟁을 겪은 지역을 표현합니다. 전쟁이 일어나면 모두 칼을 피해 도망 다니는 신세가 됩니다. 이 지역 역시 자신들의 어떤 힘을 믿고 전쟁에 가담했겠지만, 산산이 부서지고 파괴되었으며 그 나라 사람들은 도망자 신세로 전락하고 말았습니다. 전쟁은 결코 평화를 가져올 수 없습니다.

{ 제22장 }

예루살렘에 대한 경고

1 이것은 '환상 골짜기'를 두고 하신 엄한 경고의 말씀이다. 너희가 무슨 변을 당하였기에, 모두 지붕에 올라가 있느냐? 2 폭동으로 가득 찬 성읍, 시끄러움과 소동으로 가득 찬 도성아, 이번 전쟁에 죽은 사람들은 칼을 맞아 죽은 것도 아니고, 싸우다가 죽은 것도 아니다. 3 너희 지도자들은 다 도망치기에 바빴고, 활도 한 번 쏘아보지 못하고 사로잡혔다. 사로잡힌 너희들도, 아직 적군이 멀리 있는데도, 지레 겁을 먹고 도망가다가 붙잡혀서 포로가 되었다. 4 그러므로 내가 통곡한다. 다들 비켜라! 혼자서 통곡할 터이니, 나를 내버려두어라! 내 딸 내 백성이 망하였다고, 나를 위로하려고 애쓰지 말아라. 5 주 만군의 하나님께서 친히 '환상 골짜기'에, 혼란과 학대와 소란을 일으키시는 날을 이르게 하셨다. 성벽이 헐리고, 살려달라고 아우성치는 소리가 산에까지 사무쳤다. 6 엘람 군대는 화살통을 메고

'환상 골짜기'(1절)는 무슨 뜻입니까? 환상을 보는 골짜기입니까, 아니면 환상적으로 아름다운 계곡인가요? 이러한 이름이 성경의 다른 곳에는 쓰인 적이 없어서 명확히 판단하기는 어렵습니다. 22장은 1~14절과 15~25절 두 단락으로 나뉘는데, 첫 번째 단락에 등장하는 예루살렘은 자신들에게 임하는 재앙을 알지 못한 채 흥청망청하는 모습(13절)을 보였고, 두 번째 단락의 중심인물인 셉나는 자신의 권세를 마구 휘둘렀습니다(16~17절). 환상 속에서 이사야는 예루살렘 동편 기드론 골짜기에 이방나라가 쳐들어와 그들의 병거로 가득한 모습을 봅니다(7절). 재앙을 모른 체 오만하게 행하는 이들에 대해 하나님께서 보여주신 환상이 이 본문에 제시됩니다. 이를 고려하면 '환상 골짜기의 경고'라는 표현을 이해할 수 있지 않을까요?

왔고, 기마대와 병거대가 그들과 함께 왔으며, 기르 군대는 방패를 들고 왔다. 7 너의 기름진 골짜기들은 병거부대의 주둔지가 되었고, 예루살렘 성문 앞 광장은 기마부대의 주둔지가 되었다. 8 유다의 방어선이 뚫렸다. 그때에, 너희는 '수풀 궁'에 있는 무기를 꺼내어오고, 9 '다윗 성'에 뚫린 곳이 많은 것을 보았고, '아랫못'에는 물을 저장하였다. 10 예루살렘에 있는 집의 수를 세어보고는, 더러는 허물어다가, 뚫린 성벽을 막았다. 11 또한 '옛 못'에 물을 대려고 두 성벽 사이에 저수지를 만들기도 하였다. 그러나 너희는 일이 이렇게 되도록 하신 분을 의지하지 않고, 이 일을 옛적부터 계획하신 분에게는 관심도 없었다. 12 그날에, 주 만군의 하나님께서 너희에게 통곡하고 슬피 울라고 하셨다. 머리털을 밀고, 상복을 몸에 두르라고 하셨다. 13 그런데 너희가 어떻게 하였느냐? 너희는 오히려 흥청망청 소를 잡고 양을 잡고, 고기를 먹고 포도주를 마시며 "내일 죽을 것이니, 오늘은 먹고 마시자" 하였다. 14 그래서 만군의 주님께서 나의 귀에 대고 말씀하셨다. "이 죄는 너희가 죽기까지 용서받지 못한다." 주 만군의 하나님께서 이렇게 말씀하셨다.

'수풀 궁'(8절)과 '아랫못'(9절), '옛 못'(11절)은 무엇이며 전쟁 준비와 어떤 연관이 있는지 알고 싶습니다. '수풀 궁'은 아마도 솔로몬이 지은 '레바논 수풀 궁'을 가리키는 것 같습니다(왕상 7:2). 솔로몬은 방패를 이 궁에 두기도 했습니다(왕상 10:17). 이사야서 22장은 예루살렘에 앗시리아가 쳐들어온 사건을 배경으로 하는데, 아마도 이 시기에 수풀 궁이 무기고로 쓰였던 것 같습니다. 아랫못과 옛 못은 히스기야가 건설했던 예루살렘 성의 수로와 연관된 언급이라 여겨집니다(왕하 20:20). 특히 앗시리아가 예루살렘을 공격할 때 히스기야의 유다는 각종 대비를 할 뿐 아니라, 앗시리아가 물을 얻지 못하게 하려고 애쓰기도 했습니다(대하 32:1-5). 이사야서 22장 8-11절은 그러한 대비를 언급합니다. 그러나 그들은 정작 그들을 지키고 보호하시는 하나님을 신뢰하지 않았고, 그분의 뜻에 귀를 기울이지 않았습니다(11절).

셉나에게 경고하시다

15 주 만군의 하나님께서 이렇게 말씀하신다. "너는 궁중의 일을 책임진 총책임자 셉나에게 가서, 나의 말을 전하여라. 16 '네가 이곳과 무슨 상관이 있기에, 이곳에 누가 있기에, 여기에다 너의 무덤을 팠느냐?'" 높은 곳에 무덤을 파는 자야, 바위에 누울 자리를 쪼아내는 자야! 17 그렇다! 너는 권세가 있는 자다. 그러나 주님께서 너를 단단히 묶어서 너를 세차게 내던지신다. 18 너를 공처럼 둥글게 말아서, 넓고 아득한 땅으로 굴려버리신다. 네가 거기에서 죽을 것이다. 네가 자랑하던 그 화려한 병거들 옆에서 네가 죽을 것이다. 그리하여 너는 너의 상전의 집에 수칫거리가 될 것이다. 19 내가 너를 너의 관직에서 쫓아내겠다. 그가 너를 그 높은 자리에서 끌어내릴 것이다. 20 ○ 그날이 오면, 내가 힐기야의 아들인 나의 종 엘리야김을 불러서, 21 너의 관복을 그에게 입히고, 너의 띠를 그에게 띠게 하고, 너의 권력을 그의 손에 맡길 것이니, 그가 예루살

예루살렘과 유다는 결국 멸망하고 말았습니다. 경고를 받고 태도를 바꿨더라면 비극적인 결말을 피할 수 있었을까요? 우리도 살면서 "그때 그렇게 하지 말았어야 하는데…"라고 한탄하는 일들이 수도 없지 않습니까? 역사에는 '가정'이라는 것이 있을 수 없습니다. 그렇지만 역사와 관련된 글을 읽으면서 그때를 최대한 객관적인 눈으로 다시 보고, 오늘 우리가 어떻게 살아야 할지를 곰곰이 돌아볼 수 있습니다. 우리의 행동이 의미 없다고 여기면, 우리는 미래를 아무것도 바꿀 수 없을 것입니다. 그러나 이사야는 끊임없이 하나님의 뜻을 전하며 그분을 신뢰하라고 촉구합니다. 그렇다면 아무리 작은 삶과 행동이라도 한 걸음 달리 걸어가고 바꿔 살아가려는 노력이 필요합니다. 우리의 걸음은 작아도 하나님께서 행하시고 인도하실 것이기 때문입니다. 그래서 하나님을 신뢰하는 것은 특정한 종교를 가지는 것이 아니라, 우리의 작은 한 걸음을 소중히 여기겠다는 의미이기도 합니다.

렘에 사는 사람들과 유다 집안의 아버지가 될 것이다. 22 내가 또 다윗 집의 열쇠를 그의 어깨에 둘 것이니, 그가 열면 닫을 자가 없고, 그가 닫으면 열 자가 없을 것이다. 23 단단한 곳에 잘 박힌 못같이, 내가 그를 견고하게 하겠으니, 그가 가문의 영예를 빛낼 것이다. 24 그의 가문의 영광이 그에게 걸릴 것이다. 종지에서 항아리에 이르기까지, 모든 작은 그릇들과 같은 그 자손과 족속의 영광이, 모두 그에게 걸릴 것이다.

25 ○ 만군의 주님의 말씀이다. "그날이 오면, 단단한 곳에 잘 박힌 못이 삭아서 부러져 떨어질 것이니, 그 위에 걸어둔 것들이 산산조각이 날 것이다." 이것은 주님께서 하신 말씀이다.

"다윗 집의 열쇠를 그(엘리야김)의 어깨에 둔다"(22절)는 건 무슨 뜻입니까? 다윗 집의 열쇠를 맡긴다는 것은 다윗의 집을 관리하고 돌보는 중책을 맡긴다는 의미로 볼 수 있습니다. 이 중요한 직책을 맡은 셉나는 자신의 권력과 권세를 제멋대로 휘둘렀습니다. 그것을 보여주는 단적인 표현으로 '높은 곳에 무덤을 파는 자', '바위에 누울 자리를 쪼아내는 자'가 쓰였습니다(16절). 자신의 무덤을 특별하고 눈에 띄는 자리에 마련했다는 이 표현을 통해 셉나가 자신의 명예와 영달을 위해 권세를 휘두르고 과시하며 사용했음을 보여줍니다. 권세는 오직 한 가지, 섬기고 돌보기 위해 주어진 것입니다. 그런데 그것을 자신의 영광을 위해 사용한다면, 하나님께서는 반드시 그 어떤 권력이라도 거두어들여 다른 이에게 넘기실 것입니다.

{ 제23장 }

베니게에 대한 경고

1 이것은 두로를 두고 하신 엄한 경고의 말씀이다. 다시스의 배들아, 너희는 슬피 울어라. 두로가 파멸되었으니, 들어갈 집도 없고, 닻을 내릴 항구도 없다. 키프로스에서 너희가 이 소식을 들었다. 2 항해자들이 부유하게 만들어준 너희 섬 백성들아, 시돈의 상인들아, 잠잠하여라! 3 시홀의 곡식 곧 나일의 수확을 배로 실어 들였으니, 두로는 곧 뭇 나라의 시장이 되었다. 4 그러나 너 시돈아, 너 바다의 요새야, 네가 수치를 당하였다. 너의 어머니인 바다가 너를 버리고 이렇게 말한다. "나는 산고를 겪지도 않았고, 아이를 낳지도 못하였다. 아들들을 기른 일도 없고, 딸들을 키운 일도 없다." 5 두로가 파멸되었다는 소식이 이집트에 전해지면, 이집트마저도 충격을 받고 낙심할 것이다. 6 베니게의 주민아, 스페인으로 건너가거라. 섬

'두로'와 '다시스'(1절), '시돈'(4절), '베니게'(6절)는 각각 어느 지역을 가리킵니까? 두로와 시돈은 팔레스타인 서쪽 해변 지역에 인접한 항구 도시입니다. 두로와 시돈이 있는 해안가를 중심으로 '페니키아'라는 고대 도시국가가 존재했습니다. 이 페니키아를 한글 성경에서는 '베니게'로 부릅니다. 이 지역 인근에 레바논 산맥이 있었고, 그 산악 지역에서 '레바논의 백향목'이 자랐는데, 이 나무로 만든 배가 아주 튼튼하고 우수했습니다. 그래서 일찍부터 두로와 시돈은 무역항으로 상당히 번성했고, 그 세력이 강성했습니다. 심지어 에스겔은 두로가 에덴동산에 존재했다고 표현했을 정도입니다(겔 28:13). 다시스는 북아프리카의 카르타고라고도 하고, 저 멀리 스페인을 가리킨다고도 하지만, 정확히 알지 못합니다. '다시스의 배'는 굉장히 크고 호화로운 배를 가리키는 말로도 쓰입니다. 두로와 다시스의 관계는 두로의 번성을 상징합니다.

나라 백성아, 슬피 울어라. 7 이것이 너희가 그렇게 좋아하던 도성 두로냐? 그토록 오랜 역사를 가지고 저 먼 곳에까지 가서 식민지를 세우던 도성이냐? 8 빛나는 왕관을 쓰고 있던 두로, 그 상인들은 귀족들이요, 그 무역상들은 세상이 우러러보던 사람들이었는데, 두로를 두고 누가 이런 일을 계획하였겠느냐? 9 그 일을 계획하신 분은 만군의 주님이시다. 온갖 영화를 누리며 으스대던 교만한 자들을 비천하게 만드시고, 이 세상에서 유명하다는 자들을 보잘것없이 만드시려고, 이런 계획을 세우셨다. 10 스페인의 딸아, 너의 땅으로 돌아가서 땅이나 갈아라. 이제 너에게는 항구가 없다. 11 주님께서 바다 위에 팔을 펴셔서, 왕국들을 뒤흔드시고, 베니게의 요새들을 허물라고 명하셨다. 12 그래서 주님께서 이렇게 말씀하셨다. "처녀, 딸 시돈아, 너는 망했다. 네가 다시는 우쭐대지 못할 것이다. 일어나서 키프로스로 건너가 보아라. 그러나 거기에서도 네가 평안하지 못할 것이다." 13 (바빌로니아 사람의 땅을 보아라. 백성이 없어졌다. 앗시리아 사람이 그곳을 들짐승이 사

9절에 따르면 두로는 하나님의 계획에 따라 멸망했습니다. 어느 나라든 흥망성쇠가 있게 마련인데, 어떻게 그걸 하나님의 계획이라 장담할 수 있습니까? 두로뿐만 아니라 이스라엘의 멸망 역시 구약성경, 특히 예언자는 하나님의 뜻이라고 선포합니다. 결국 이것은 앞에 놓인 역사에 대한 해석입니다. 두로와 이스라엘의 멸망을 하나님의 계획이요 뜻이라 바라볼 때, 우리는 그 멸망의 원인을 찾게 되고 그를 통해 지금의 일상을 어떻게 살아야 할지 돌아보고 다가올 회복을 기대하게 됩니다. 이것을 그저 그런 과거의 사실로만 여긴다면, 그런 이해와 사고방식이 어떻게 우리의 현실에 영향을 줄 수 있겠습니까? 국력만 키우면 다 되는 문제일까요? 그렇다면 약소국은 영영 살 길이 없는 것일까요? 예언자의 시각은 두로의 번성에도 현혹되지 않게 하며, 우리의 연약함에도 절망하지 않도록 합니다.

는 곳으로 만들었다. 그들이 도성 바깥에 흙 언덕을 쌓고, 성을 공격하여, 궁전을 헐어 황폐하게 하였다.) 14 다시스의 배들아, 너희는 슬피 울어라. 너희의 요새가 파괴되었다. 15 그 날이 오면, 한 왕의 수명과 같은 칠십 년 동안 두로가 잊혀지겠으나, 칠십 년이 지난 뒤에는, 두로가 창녀의 노래에 나오는 주인공처럼 될 것이다. 16 망각 속으로 사라졌던 너 가련한 창녀야, 수금을 들고 성읍을 두루 다니며, 감미롭게 수금을 타고 노래나 실컷 불러라. 남자들마다 네 노랫소리를 듣고, 다시 너를 기억하여 모여들게 하여라. 17 칠십 년이 지나가면, 주님께서 두로를 돌보아주셔서 옛날처럼 다시 해상무역을 하게 하실 것이다. 그때에 두로는 다시 제 몸을 팔아서, 땅 위에 있는 세상의 모든 나라의 돈을 끌어들일 것이다. 18 그러나 두로가 장사를 해서 벌어들인 소득은 주님의 몫이 될 것이다. 두로가 제 몫으로 간직하거나 쌓아두지 못할 것이다. 주님을 섬기며 사는 사람들이, 두로가 벌어놓은 것으로, 배불리 먹을 양식과 좋은 옷감을 살 것이다.

15절이 말하는 '70년'은 실질적인 시간인가요, 아니면 상징적인 숫자인가요? 구약성경에서 숫자 7은 '하나님의 행하심'을 가리키는 상징적인 숫자입니다. 70 역시 마찬가지라고 볼 수 있습니다. 그래서 두로가 70년간 잊혀진다는 것은 두로의 멸망이 그저 국력의 쇠퇴나 불운 때문이 아니라 하나님께서 그들을 심판하고 벌하셨다는 것, 그렇기에 두로의 회복 역시 하나님의 뜻 가운데 이루어진다는 것을 의미합니다. 예언자 예레미야는 유다의 멸망에도 이 특별한 숫자를 적용합니다(렘 25:9-14). 70년이 상징적인 숫자이기에, 그 기간만큼 무조건 손 놓고 기다릴 것이 아니라, 하나님 앞에 나와 우리 민족의 지난 과거를 돌아보고 무엇이 잘못되었는지, 또 어떻게 살아가야 하는지 반성하며 살피는 것이 필요합니다.

{ 제24장 }

주님께서 땅을 벌하실 것이다

1 주님께서 땅을 텅 비게 하시며, 황폐하게 하시며, 땅의 표면을 뒤엎으시며, 그 주민을 흩으실 것이니, 2 이 일이 백성과 제사장에게 똑같이 미칠 것이며, 종과 그 주인에게, 하녀와 그 안주인에게, 사는 자와 파는 자에게, 빌려주는 자와 빌리는 자에게, 이자를 받는 자와 이자를 내는 자에게, 똑같이 미칠 것이다. 3 땅이 완전히 텅 비며, 완전히 황무하게 될 것이다. 주님께서 그렇게 된다고 선언하셨기 때문이다. 4 땅이 메마르며 시든다. 세상이 생기가 없고 시든다. 땅에서 높은 자리를 차지한 자들도 생기가 없다. 5 땅이 사람 때문에 더럽혀진다. 사람이 율법을 어기고 법령을 거슬러서, 영원한 언약을 깨뜨렸기 때문이다. 6 그러므로 땅은 저주를 받고, 거기에서 사는 사람이 형벌을 받는다. 그러므로 땅의 주민들이 불에 타서, 살아남는 자가 얼마 되지 않을 것이다. 7 새 포도주가 마르며, 포도나무가 시든다. 마음에 기쁨이 가득 찼던 사람들이 모두 탄식한다. 8 소

'영원한 언약'(5절)은 어떤 약속을 뜻합니까? 구약성경에는 '영원한 언약'이라는 표현이 여러 번 나옵니다. 이 땅은 사람의 죄악으로 인해 더러워지는데, 이를 가리켜 땅에 '스며든 피', '살해당한 사람들'이라고 표현합니다(26:21). 사람을 함부로 죽이고 억울하게 죽임당하는 일이 온 세상에 무수하게 많아졌음을 알 수 있습니다. 사람을 함부로 죽이지 말라는 명령이 온 인류에게 주어진 시기가 노아의 홍수 이후였다는 점에서(창 9:5-6), 여기서의 '영원한 언약'은 노아 언약을 가리킨다고 볼 수 있습니다. 또 심판과 재앙이 이스라엘과 인근 지역을 넘어 온 세상에 임할 것이라는 점 역시, 이스라엘을 향한 율법인 모세 언약과는 다른 노아 언약의 특징이라고 볼 수 있습니다.

구를 치는 흥겨움도 그치고, 기뻐 뛰는 소리도 멎고, 수금 타는 기쁨도 그친다. 9 그들이 다시는 노래하며 포도주를 마시지 못할 것이고, 독한 술은 그 마시는 자에게 쓰디쓸 것이다. 10 무너진 성읍은 황폐한 그대로 있고, 집들은 모두 닫혀 있으며, 들어가는 사람이 하나도 없을 것이다. 11 거리에서는 포도주를 찾아 아우성치고, 모든 기쁨은 슬픔으로 바뀌고, 땅에서는 즐거움이 사라진다. 12 성읍은 폐허가 된 채로 버려져 있고, 성문은 파괴되어 조각난다. 13 이 땅에 이러한 일이 일어나고 거기에 사는 백성에게 이러한 일이 일어날 것이니, 마치 올리브나무를 떤 다음과 같고, 포도나무에서 포도를 걷은 뒤에 남은 것을 주울 때와 같을 것이다. 14 살아남은 사람들은 소리를 높이고, 기뻐서 외칠 것이다. 서쪽에서는 사람들이 주님의 크신 위엄을 말하고, 15 동쪽에서는 사람들이 주님께 영광을 돌릴 것이다. 바다의 모든 섬에서는 사람들이 주 이스라엘의 하나님의 이름을 찬양할 것이다. 16 땅끝에서부터 노래하는 소리 "의로우신 분께 영광을 돌리세!" 하는 찬양을 우리가 들을 것이다. 그러나 갑자기 나는 절망에 사로잡혔다. 이런 변이 있나! 이런 변이 또

예언자는 구체적인 지명을 밝히지 않고 '땅'이 저주를 받는다고 말합니다(6절). 여기서 지적하는 '땅'은 어느 지역을 가리킵니까? 이전의 13-23장에서는 이스라엘을 둘러싼 이방 나라를 향한 하나님의 심판을 다룹니다. 반면 24-27장은 특정한 지역이 아니라 그야말로 '온 땅'에 임하는 심판을 다룬다는 점에서 앞부분과 확연히 구별됩니다. 그리고 약간의 변화 정도가 아니라 땅 전체가 완전히 황폐해지고 뒤엎어진다는 점에서, 궁극적이면서 전면적으로 온 땅에 임하는 변화를 이 장들이 다룬다는 것을 알 수 있습니다. 그래서 사람들은 흔히 이사야서 24-27장을 '이사야 묵시록'이라고도 부릅니다. 신약성경 가장 마지막 책인 요한계시록처럼, 이사야서의 이 부분 역시 특정 지역이 아닌 모든 세상에 임하는 근본적인 변화를 다루기 때문입니다.

어디에 있단 말인가! 나에게 재앙이 닥쳤구나! 약탈자들이 약탈한다. 약탈자들이 마구 약탈한다. 17 땅에 사는 사람들아, 무서운 일과 함정과 올가미가 너를 기다리고 있다. 18 무서운 소리를 피하여 달아나는 사람은 함정에 빠지고, 함정 속에서 기어 나온 사람은 올가미에 걸릴 것이다. 하늘의 홍수 문들이 열리고, 땅의 기초가 흔들린다. 19 땅덩이가 여지없이 부스러지며, 땅이 아주 갈라지고, 땅이 몹시 흔들린다. 20 땅이 술 취한 자처럼 몹시 비틀거린다. 폭풍 속의 오두막처럼 흔들린다. 세상은 자기가 지은 죄의 무게에 짓눌릴 것이니, 쓰러져서 다시는 일어나지 못할 것이다. 21 그날이 오면, 주님께서, 위로는 하늘의 군대를 벌하시고, 아래로는 땅에 있는 세상의 군왕들을 벌하실 것이다. 22 주님께서 군왕들을 죄수처럼 토굴 속에 모으시고, 오랫동안 감옥에 가두어두셨다가 처형하실 것이다. 23 만군의 주님께서 왕이 되실 터이니, 달은 볼 낯이 없어 하고, 해는 부끄러워할 것이다. 주님께서 시온산에 앉으셔서 예루살렘을 다스릴 것이며, 장로들은 그 영광을 볼 것이다.

하나님이 직접 다스리는 세상(23절)이 과연 올까요? 수천 년이 지나도록 이뤄지지 않았다면 그저 꿈같은 얘기로 치부해야 하는 게 아닐까요? 앞에서도 이야기했지만, 하나님을 믿고 하나님께서 이르신 예언의 말씀을 믿는다는 것은 특정한 종교를 선택하는 수준을 넘어 세상과 역사를 바라보는 시각의 근본적인 변화를 의미합니다. 이스라엘은 이집트와 바빌론-페르시아라는 그야말로 유례없는 초강대국에 둘러싸여 있는 참 작은 나라입니다. 그렇지만 그들의 하나님께서 온 세상을 지으셨고 이집트와 바빌론까지 도구로 사용하신다는 그 믿음이 그들로 하여금 강대국에 굴복하지 않고 자신들의 삶과 역사를 이어가게 했습니다. 이사야서 24–27장이 증언하는 궁극적인 변화에 대한 믿음은 지금 존재하는 강력한 세력, 도무지 사라지지도 쇠하지도 않을 것만 같은 강한 세력에 좌우되거나 체념하지 않도록 그 백성을 이끕니다. 그것을 꿈이라 여기고 사는 게 나을까요, 아니면 그 영광의 나라가 올 것을 꿈꾸며 사는 게 나을까요?

{ 제25장 }

찬양

1 주님, 주님은 나의 하나님이십니다. 내가 주님을 높이며, 주님의 이름을 찬양하겠습니다. 주님께서는 놀라운 일들을 이루시고, 예전에 세우신 계획대로 신실하고 진실하게 이루셨습니다. 2 주님께서는 성읍들을 돌무더기로 만드셨고, 견고한 성읍들을 폐허로 만드셨습니다. 우리의 대적들이 지은 도성들을 더 이상 도성이라고 할 수 없게 만드셨으니, 아무도 그것을 재건하지 못할 것입니다. 3 그러므로 강한 민족이 주님을 영화롭게 할 것이며, 포악한 민족들의 성읍이 주님을 경외할 것입니다. 4 참으로 주님께서는 가난한 사람들의 요새이시며, 곤경에 빠진 불쌍한 사람들의 요새이시며, 폭풍우를 피할 피난처이시며, 뙤약볕을 막는 그늘이십니다. 흉악한 자들의 기세는 성벽을 뒤흔드는 폭풍과 같고, 5 사막의 열기와 같습니다. 그러나 주님께서는 이방 사람의 함성을 잠잠하게 하셨습니다. 구름

1-2절은 과거형으로 되어 있습니다. 이사야는 무얼 보고 "주님께서 놀라운 일들을 … 계획대로 이루셨다"고 고백하는 걸까요? 우리말로는 파악하기 어렵지만, 4절 역시 2절과 같은 과거형으로 표현되어 있습니다. 그렇다면 하나님께서 예전에 세우신 계획을 따라 신실하고 진실하게 행하신 놀라운 일은 한편으로는 견고한 성읍과 도성을 황폐하게 만드신 것이며, 다른 한편으로는 가난하고 불쌍한 이들에게 하나님께서 친히 요새와 피난처가 되어주신 것입니다. 24-27장에서 '견고한 성읍'은 자신들의 힘과 권세를 휘두르는 세상 제국을 가리키는 상징입니다. 하나님께서는 그 모든 견고함을 완전히 허물어버리시되, 아무런 보호조차 받지 못하는 하찮고 보잘것없어 보이는 가난한 이들을 구원하고 회복하시며 친히 그들의 보호자가 되십니다.

그늘이 뙤약볕의 열기를 식히듯이, 포악한 자들의 노랫소리를 그치게 하셨습니다.

하나님께서 잔치를 베푸시다

6 만군의 주님께서 이 세상 모든 민족을 여기 시온산으로 부르셔서, 풍성한 잔치를 베푸실 것이다. 기름진 것들과 오래된 포도주, 제일 좋은 살코기와 잘 익은 포도주로 잔치를 베푸실 것이다. 7 또 주님께서 이 산에서 모든 백성이 걸친 수의를 찢어서 벗기시고, 모든 민족이 입은 수의를 벗겨서 없애실 것이다. 8 주님께서 죽음을 영원히 멸하신다. 주 하나님께서 모든 사람의 얼굴에서 눈물을 말끔히 닦아주신다. 그의 백성이 온 세상에서 당한 수치를 없애주신다. 이것은 주님께서 하신 말씀이다. 9 그날이 오면, 사람들은 이런 말을 할 것이다. 바로 이분이 우리의 하나님이시다. 우리가 하나님을 의지하였으니, 하나님께서 우리를 구원하신다. 바로 이분이 주님이시다. 우리가 주님을 의지한다. 우리를 구원하여주셨으니 기뻐하며 즐거워하자.

하나님이 베푸시는 잔치 자리에 초대받은 이들이 모두 수의 차림인(7절) 까닭은 무엇입니까? 히브리어로는 '덮개'인데 새번역 성경이 좀 더 강조해서 죄수가 입는 옷인 '수의'로 옮겼습니다. 죄수는 갇힌 사람입니다. 그처럼 사람들은 앞날이 두렵고 자신의 약함이 두려워서 옳은 것을 옳다 하지 못하고, 세력에 눌리고 힘에 눌려 지내는가 하면, 그 힘으로 상대를 누르고 압제하기도 합니다. 이것은 근본적으로 '죽음'에 대한 두려움, 갑작스럽게 닥쳐오는 죽음에 대한 두려움이라 할 수 있습니다. 결국 이 땅에서의 삶은 죽음을 두려워하며 그에 매여 있는 삶이라는 점에서 감옥에 갇힌 삶, 수의를 입은 삶이라 볼 수 있습니다.

하나님께서 모압을 벌하실 것이다

10 주님께서 시온산은 보호하시겠지만, 모압은, 마치 지푸라기가 거름 물구덩이에서 짓밟히듯이, 제자리에서 짓밟히게 하실 것이다. 11 헤엄치는 사람이 팔을 휘저어서 헤엄을 치듯이, 모압이 그 거름 물구덩이에서 두 팔을 휘저어 빠져나오려고 하여도, 주님께서는 모압의 팔을 그의 교만과 함께 가라앉게 하실 것이다. 12 튼튼한 모압의 성벽을 헐어내셔서, 땅의 먼지 바닥에 폭삭 주저앉게 하실 것이다.

8절에서 말하는 '그의 백성'이 되려면 어떤 자격을 갖춰야 하나요? 유대인이어야 할까요? 하나님께서 행하시는 날에 죽음을 없애버리실 것입니다(8절). 영원히 죽지 않는다는 의미라기보다는, 하나님으로 인해 죽음을 두려워하지 않는 삶을 살게 된다는 의미라고 볼 수 있습니다. 예언자는 하나님께서 '모든 백성과 모든 민족'의 수의를 벗겨 없애실 것이라고(7절), 즉 모든 사람의 죽음을 멸하시고 모든 사람의 눈물을 닦으실 것이라고(8절) 선언합니다. 이런 점을 볼 때 여기에 참여하는 하나님의 백성은 유대인을 넘어 모든 사람임을 분명히 알 수 있습니다. 민족이나 혈통과 상관없이, 자신의 세력과 힘을 휘두르지 않고 오직 하나님을 의지하는 사람(9절), 그가 하나님의 백성입니다.

{ 제26장 }

하나님이 백성에게 승리를 주시리라

1 그날이 오면, 유다 땅에서 이런 노래를 부를 것이다. 우리의 성은 견고하다. 주님께서 친히 성벽과 방어벽이 되셔서 우리를 구원하셨다. 2 성문들을 열어라. 믿음을 지키는 의로운 나라가 들어오게 하여라. 3 주님, 주님께 의지하는 사람들은 늘 한결같은 마음을 가진 사람들이니, 그들에게 평화에 평화를 더하여주시기 바랍니다. 4 너희는 영원토록 주님을 의지하여라. 주 하나님만이 너희를 보호하는 영원한 반석이시다. 5 주님께서는 교만한 자들을 비천하게 만드신다. 교만한 자들이 사는 견고한 성을 허무신다. 먼지 바닥에 폭삭 주저앉게 하신다. 6 전에 억압받던 사람들이 이제는 무너진 그 성을 밟고 다닌다. 가난한 사람들이 그 성을 밟고 다닌다. 7 주님, 주님께서는 의로운 사람의 길을 곧게 트이게 하십니다. 의로우신 주님, 주님께서는 의로운 사람의 길을 평탄하게 하십니다. 8 주

'의로운 나라'(2절), '의로운 사람'(7절), '의로우신 주님'(7절)에 쓰인 '의로운'이란 어떤 의미입니까? 성경에서 '의롭다' 혹은 '공의롭다'라고 옮겨진 표현은 기본적으로 '올바른 관계'를 뜻합니다(1:21 해설 참고). 그리고 그런 올바른 관계는 '상대방과 마음을 같이하는 것'을 가리킵니다. 이웃의 슬픔을 내 기쁨으로 삼지 않고 마치 내 일처럼 슬퍼하는 이가 의롭습니다. 자신과 세상의 모습으로 인해 절망하지 않고, 우리를 향한 하나님의 마음을 알고 그 마음에 같이하는 이가 의롭습니다. 그래서 의로운 이는 자신의 힘과 가능성에 매여 교만하거나 절망하지 않고, 이웃을 돌아보며 하나님을 신뢰하는 사람입니다. 무엇보다 주님이야말로 우리의 아픔과 슬픔에 마음을 같이하시니, 의로우십니다.

님, 우리는 주님의 율법을 따르며, 주님께 우리의 희망을 걸겠습니다. 우리가 주님의 이름을 사모하고 주님을 기억하겠습니다. 9 나의 영혼이 밤에 주님을 사모합니다. 나의 마음이 주님을 간절하게 찾습니다. 주님께서 땅을 심판하실 때에, 세상에 사는 사람들이 비로소 의가 무엇인지 배우게 될 것입니다. 10 비록 주님께서 악인에게 은혜를 베푸셔도, 악인들은 옳은 일 하는 것을 배우려 하지 않습니다. 의인들이 사는 땅에 살면서도, 여전히 옳지 않은 일만 합니다. 주님의 위엄 따위는 안중에도 두지 않습니다. 11 주님, 주님께서 심판하시려고 팔을 높이 들어 올리셨으나, 주님의 대적은 그것을 모릅니다. 주님께서 주님의 백성을 얼마나 뜨겁게 사랑하시는지를 주님의 대적에게 보여주셔서, 그들로 부끄러움을 당하게 하여주십시오. 주님께서 예비하신 심판의 불로 그들을 없애주십시오. 12 주님, 주님께서 우리에게 평화를 주실 것을 확신합니다. 우리가 성취한 모든 일은 모두 주님께서 우리에게 하여주신 것입니다. 13 주 우리의 하나님, 이제까지는 주님 말고 다른 권세자들이 우리를 다스렸습니다. 그러나 앞으로는 우리가 오직 주님의 이름만을 기억하겠습니다. 14 주님께서 그들을 벌하시어

'다른 권세자'(13절)는 이스라엘과 주변 강대국의 임금들을 말합니까? 그렇습니다. 24-27장의 '이사야 묵시록'은 두 부류의 사람들을 대조합니다. 하나는 강력한 힘과 권세를 자랑하며 '견고한 성읍'으로 대표되는 세력이고, 반대 부류는 가난하고 곤고하지만 하나님을 신뢰하는 의로운 이들입니다. 하나님께서 행하시는 그날에 모든 권세자들, 이방 나라들과 세력을 상징하는 성읍은 완전히 허물어질 것이며, 가난한 이들이 그 흔적을 밟고 다닐 것입니다(5-6절). 이처럼 24-27장은 현존하는 제국, 지금 살아서 온 세상을 주름잡는 힘센 세력에 대한 강력한 반대를 증언하며, 마침내 임할 심판을 선포합니다.

멸망시키시고, 그들을 모두 기억에서 사라지게 하셨으니, 죽은 그들은 다시 살아나지 못하고, 사망한 그들은 다시 일어나지 못할 것입니다. 15 주님, 주님께서 이 민족을 큰 민족으로 만드셨습니다. 주님께서 이 나라를 큰 나라로 만드셨습니다. 주님께서 이 땅의 모든 경계를 확장하셨습니다. 이 일로 주님께서는 영광을 받으셨습니다. 16 그러나 주님, 주님께서 그들을 징계하실 때에, 주님의 백성이 환난 가운데서 주님을 간절히 찾았습니다. 그들이 간절히 주님께 기도하였습니다. 17 마치 임신한 여인이 해산할 때가 닥쳐와서, 고통 때문에 몸부림치며 소리 지르듯이, 주님, 우리도 주님 앞에서 그렇게 괴로워하였습니다. 18 우리가 임신하여 산고를 치렀어도, 아무것도 낳지 못하였습니다. 우리는 이 땅에 구원을 베풀지 못하였고, 이 땅에서 살 주민을 낳지도 못하였습니다. 19 그러나 주님의 백성들 가운데서 죽은 사람들이 다시 살아날 것이며, 그들의 시체가 다시 일어날 것입니다. 무덤 속에서 잠자던 사람들이 깨어나서, 즐겁게 소리칠 것입니다. 주님의 이슬은 생기를 불

19절은 언젠가 죽은 이들이 살아나리라고 말합니다. 설마요. 아마도 그날이 오면 온 세상에 기쁨이 가득하리라는 비유적인, 또는 상징적인 표현이겠죠? 맞습니다. 가난한 이들의 회복을 죽은 자와 시체가 일어나는 모습으로 표현했습니다. 이처럼 이 땅에서 죽은 자와 같은 이들, 도무지 가능성 없는 이들이 하나님으로 인해 회복되는 모습은 에스겔서 37장에서도 표현합니다. 거기에서는 죽은 지 오래되어 마른 뼈가 돼버린 자들이 하나님의 생기로 다시 살아나서 하나님의 큰 군대가 되는 광경을 환상으로 보여줍니다. 견고한 성읍으로 대표되는 강력한 세력에 의해 짓밟히고 눌려 완전히 죽은 자와 같지만, 하나님을 부르며 구할 때 하나님께서는 그들을 죽음 가운데서 다시 일으키실 것입니다. 하나님을 믿는다는 것은 우리의 초라한 현실에도 결코 절망하지 않는 것이며, 강력한 제국 앞에서도 결코 체념하지 않는 것입니다.

어넣는 이슬이므로, 이슬을 머금은 땅이 오래전에 죽은 사람들을 다시 내놓을 것입니다. 땅이 죽은 자들을 다시 내놓을 것입니다.

심판과 회복

20 "나의 백성아! 집으로 가서, 방 안으로 들어가거라. 들어가서 문을 닫고, 나의 진노가 풀릴 때까지 잠시 숨어 있어라."
21 주님께서 그 처소에서 나오셔서 땅 위에 사는 사람들의 죄악을 벌하실 것이니, 그때에 땅은 그 속에 스며든 피를 드러낼 것이며, 살해당한 사람들을 더 이상 숨기지 않을 것이다.

{ 제27장 }

1 그날이 오면, 주님께서 좁고 예리한 큰 칼로 벌하실 것이다. 매끄러운 뱀 리워야단, 꼬불꼬불한 뱀 리워야단을 처치하실 것이다. 곧 바다의 괴물을 죽이실 것이다. 2 그날이 오면, 저 아름다운 포도원을 두고, 너희는 이런 노래를 불러라. 3 "나 주는 포도나무를 돌보는 포도원지기다. 나는 때를 맞추어서 포도나무에 물을 주며, 아무도 포도나무를 해치지 못하도록 밤낮으로 돌본다. 4 나는 포도원에 노여워할 일이 전혀 없다. 거기에서 찔레와 가시덤불이 자라서, 나를 대항하여 싸우려고 한다면, 나는 그것들에게 달려들어, 그것들을 모조리 불살라버릴 것이다. 5 그러나 나의 대적들이 내가 보호하여주기를 원한다면, 나와 화친하여야 할 것이다. 그렇다. 나와 화친하여야 할 것이다." 6 앞으로 야곱이 뿌리를 내릴 것이다. 이스라엘이 싹을 내고 꽃을 피울 것이니, 그 열매가 땅 위에 가득 찰 것이다. 7 야곱을 친 자들을 치신 것처럼, 주님께서 그렇게 혹독하게 야곱을 치셨겠느냐? 야곱을 살육하던 자들을 살

'리워야단'(1절)이라는 뱀은 처음 들어봅니다. 리워야단은 27장에서처럼 뱀으로 여겨지는가 하면, 다른 본문에서는 악어 같기도 합니다(욥 3:8; 41:1). 본문 1절 마지막에 나온 '바다의 괴물'(또한 시 148:7)은 뱀(출 7:9)으로 옮겨지기도 하고, 용(사 51:9)이나 악어(겔 29:3), 커다란 바다짐승(창 1:21), 혹은 히브리어 그대로 '타닌'(시 74:13)으로 옮겨지기도 합니다. 고대 사람은 이러한 일종의 전설적인 괴물이 세상의 처음, 까마득한 옛날에 존재했다고 여겼습니다. 특히 구약성경은 하나님께서 이 괴물을 무찌르고 세상을 지으셨다고 표현합니다(시 74:13-14; 사 51:9). 이사야서 27장 1절은 앞으로 임할 하나님의 회복과 영광의 그날을 주님께서 다시금 리워야단 같은 세상의 견고한 성읍을 허물고 죽이시는 날이라 표현합니다.

육하신 것처럼, 주님께서 그렇게 많이 야곱을 살육하셨겠느냐? 8 그렇지 않다. 주님께서 이스라엘을 포로로 보내셔서 적절히 견책하셨고, 거센 동풍이 불 때에, 거기에 좀 더 거센 바람을 보내셔서 이스라엘을 쫓아내셨을 뿐이다. 9 그렇게 해서 야곱의 죄악이 사함을 얻으며, 이렇게 함으로써 죄를 용서받게 될 것이니, 곧 야곱이 이교 제단의 모든 돌을 헐어 흰 가루로 만들고, 아세라 여신상과 분향단을 다시는 세우지 않을 것이다. 10 견고한 성읍이 적막해지고 집터는 버려져서 아무도 살지 않으니, 마치 사막과 같을 것이다. 거기에서는 송아지가 풀을 뜯을 것이며, 송아지가 거기에 누워서, 나뭇가지들을 모두 먹어치울 것이다. 11 나뭇가지가 말라 꺾어지면, 여인들이 와서, 그것들을 땔감으로 주워다가 불을 피울 것이다. 이 백성이 이렇게 지각이 없으니, 그들을 만드신 조성자 하나님께서 그들을 불쌍히 여기지 않으실 것이며, 그들을 지으신 창조주 하나님께서 그들에게 은혜를 베풀지 않으실 것이다. 12 너희 이스라엘 자손아. 그날이 오면, 주님께서 유프라테스강으로부터 이집트강에 이르기까지, 너희를 알곡처럼 일일이 거두어들

4절은 아무래도 거짓말 같습니다. 지금껏 본 하나님의 모습은 화가 잔뜩 난 채로 회초리를 들고 있는 쪽에 가까웠거든요. 사람에게 축복과 존귀한 삶을 주셨음에도 불구하고 그 모든 것을 내팽개치고 우상에게 절하고 강한 나라에 굽신거리며 사는 모습을 보시는 하나님께서 어찌 편하실 수 있을까요? 세상 나라의 힘과 권세는 하나님께서 주신 것인데, 그것으로 가난한 자와 약한 자를 짓밟고 유린하는 강대국을 볼 때 어찌 하나님의 마음이 잔잔할 수 있겠습니까? 그 백성을 심판하려고 내미시는 하나님 손바닥의 뒷면은 그들을 향한 하나님의 사랑이라고 누군가 말했습니다. 하나님의 심판과 하나님의 사랑은 결국 인간을 향한 하나님의 긍휼, 그것의 양쪽 면이지 않을까요?

이실 것이다. 13 그날이 오면, 큰 나팔 소리가 울릴 것이니, 앗시리아 땅에서 망할 뻔한 사람들과 이집트 땅으로 쫓겨났던 사람들이 돌아온다. 그들이 예루살렘의 거룩한 산에서 주님을 경배할 것이다.

{ 제28장 }

북왕국을 두고서 한 경고

1 술 취한 자, 에브라임의 교만한 면류관인 너 사마리아야, 너
에게 재앙이 닥칠 것이다. 술에 빠진 주정꾼의 도성, 기름진
평야의 높은 언덕에, 화려한 왕관처럼 우뚝 솟은 사마리아야,
시들어가는 꽃 같은 너에게 재앙이 닥칠 것이다. 2 주님께서
강하고 힘 있는 이를 보내신다. 그가 마치 쏟아지는 우박처럼,
파괴하는 광풍처럼, 거센 물결을 일으키는 폭풍우처럼, 너를
잡아 땅에 쓰러뜨리실 것이다. 3 술 취한 자, 에브라임의 교만
한 면류관인 너 사마리아야, 네가 짓밟힐 것이다. 4 기름진 평
야의 제일 윗자리에 화려하게 피어 있는 꽃과 같은 사마리아
야, 시들어가는 꽃과 같은 사마리아야, 너는 여름이 오기 전에
맨 먼저 익은 무화과와 같아서, 사람들이 너를 보자마자 얼른
따 먹는구나. 5 그날이 오면, 만군의 주님께서 친히 주님의 남
은 백성에게 아름다운 면류관이 되시며, 영화로운 왕관이 되

예언자는 왜 사마리아를 '술 취한 자'이자 '술에 빠진 주정꾼의 도성'(1절)에 빗댈까
요? '면류관', '기름진 평야', '화려한 왕관'과 같은 표현은 사마리아, 즉 북왕국의
번성과 영광을 반영합니다. 나라든 개인이든 언제나 그렇듯이, 잘나가고 번성하면
교만하기 마련입니다. 1~4절은 북왕국의 오만함을 고발합니다. 이와 같은 사마리
아의 상태를 달리 '술 취한 자'에 비유합니다. 성경은 술을 금지하거나 반대하는 책
이 전혀 아닙니다. 성경에서 술을 사용하는 경우는 "제정신을 잃고 자신의 위치를
잊은 채 하나님을 두려워하지 않고 함께 살아가는 이웃을 돌아보지 않는 상태"를
고발하기 위해서입니다. 그래서 한 방울의 술도 먹지 않았지만 가난한 이웃에게 함
부로 행한다면 그 사람이야말로 '술에 빠진 자'입니다.

실 것이다. 6 주님께서는 재판관이 된 사람들에게 공평의 영을
주시고, 용사들에게는 성읍 문으로 쳐들어온 적을 막는 용기
를 주실 것이다.

독한 술에 취한 예언자들

7 유다 사람이 포도주에 취하여 비틀거리고, 독한 술에 취하
여 휘청거린다. 제사장과 예언자가 독한 술에 취하여 비틀거리
고, 포도주 항아리에 빠졌다. 독한 술에 취하여 휘청거리니, 환
상을 제대로 못 보며, 판결을 올바로 하지 못한다. 8 술상마다
토한 것이 가득하여, 더럽지 않은 곳이 없다. 9 제사장들이 나
에게 빈정거린다. "저자가 누구를 가르친다는 건가? 저자의 말
을 들어야 할 사람이 누구란 말인가? 젖 뗀 아이들이나 가르치
라고 하여라. 젖을 먹지 않는 어린아이들이나 가르치라고 하여
라. 10 저자는 우리에게, 한 자 한 자, 한 절 한 절, 한 장 한 장
가르치려고 한다." 11 그러므로 주님께서는 알아듣지 못할 말씨
와 다른 나라 말로 이 백성을 가르치실 것이다. 12 주님께서 전

제사장들이 빈정거리는 대상은 누구입니까? 예언자인 것 같기도 하고, 11절을 보면
하나님을 향한 듯도 합니다. 일차적으로 제사장들이 빈정거리는 대상은 예언자입
니다. 그렇지만 예언자를 빈정거리면서 그들이 실제로 반대하고 맞서고 싶은 대상
은 하나님이겠지요. 하나님께서는 예언자를 보내셔서 그들의 죄악을 고발하고, 그
들의 번성을 도리어 교만함이라 책망하셨습니다. 그러니 제사장으로 대표되는 기
득권 세력은 예언자를 비웃고, 나아가 하나님을 비웃고 반대합니다. 제사장이 현존
하는 권력을 옹호하고 정당화하기 쉬운 자리였지만, 특히 북왕국에서는 왕이 제사
장을 세웠기에(왕상 12:31) 더더욱 제사장은 왕과 결탁해 사실상 그 하수인 노릇을
하는 경우가 많았습니다(예. 암 7:10-13).

에 백성에게 말씀하셨다. "이곳은 평안히 쉴 곳이다. 고달픈 사람들은 편히 쉬어라. 이곳은 평안히 쉴 곳이다." 그러나 그들은 들으려 하지 않았다. 13 그래서 주님께서는 그들에게 말씀하신다. "차브 라차브, 차브 라차브, 카브 라카브, 카브 라카브, 제에르 샴, 제에르 샴." 그래서 그들이 가다가 뒤로 넘어져서 다치게 하시고, 덫에 걸려서 잡히게 하려 하신 것이다.

시온의 모퉁잇돌

14 그러므로 주님의 말씀을 들어라. 너희, 조롱하기를 좋아하는 자들아, 예루살렘에 사는 이 백성을 다스리는 지도자들아, 15 너희는 자랑하기를 "우리는 죽음과 언약을 맺었고 스올과 협약을 맺었다. 거짓말을 하여 위기를 모면할 수도 있고, 속임수를 써서 몸을 감출 수도 있으니, 재난이 닥쳐와도 우리에게는 절대로 미치지 않는다." 16 그러므로 주 하나님께서 이렇게 말씀하신다. "내가 시온에 주춧돌을 놓는다. 얼마나 견고한지 시험하여본 돌이다. 이 귀한 돌을 모퉁이에 놓아서, 기초를 튼

"차브 라차브, 차브 라차브, 카브 라카브, 카브 라카브, 제에르 샴, 제에르 샴"(13절)은 무슨 뜻입니까? 11절에서 이야기한 '알아듣지 못할 말'인가요? 이 말은 히브리어를 소리 나는 그대로 적은 것인데, 같은 표현을 10절에서는 '한 자 한 자, 한 절 한 절, 한 장, 한 장'이라고 옮겼습니다. 그렇지만 저 히브리어가 무슨 뜻인지는 정확히 알 수 없고, 10절의 번역은 어림짐작한 표현입니다. 아마도 아주 어린 아이에게 말을 가르칠 때 하는 소리, 혹은 아주 어린 아이가 처음 말을 배우면서 내는 소리를 가리킨다고 여겨집니다. 하나님께서 참으로 원하고 찾으시는 것이 무엇이며 그분의 계획이 무엇인지 예언자가 백성에게 전하자, 백성들은 "이 사람이 우리를 어린애 취급하는 것인가" 하면서 반발하는 장면을 떠올려볼 수 있습니다.

튼히 세울 것이니, 이것을 의지하는 사람은 불안하지 않을 것이다. 17 내가 공평으로 줄자를 삼고, 공의로 저울을 삼을 것이니, 거짓말로 위기를 모면한 사람은 우박이 휩쓸어가고, 속임수로 몸을 감춘 사람은 물에 떠내려갈 것이다. 18 그래서 죽음과 맺은 너희의 언약은 깨지고, 스올과 맺은 너희의 협약은 파기될 것이다. 재앙이 닥쳐올 때에, 너희가 그것을 피하지 못하고, 꼼짝없이 당하고 말 것이다. 19 재난이 유행병처럼 퍼질 때에, 너희가 피하지 못할 것이다. 그 재난이 아침마다 너희를 치고, 밤낮을 가리지 않고 너희를 엄습할 것이다." 이 말씀을 알아듣는 것이 오히려 두려움이 될 것이다. 20 너희는 마치 침대가 짧아서 다리를 펴지 못하는 것같이 되고, 이불이 작아서 몸을 덮지 못하는 것같이 될 것이다. 21 주님께서는 계획하신 일, 그 신기한 일을 하시려고, 브라심산에서 싸우신 것처럼 싸우실 것이다. 작정하신 일, 그 신비한 일을 하시려고, 기브온 골짜기에서 진노하신 것처럼 진노하실 것이다. 22 그러니 너희는, 내가 경고할 때에 비웃지 말아라. 그렇게 하다가는 더욱

'주춧돌', '모퉁이에 놓은 귀한 돌'(16절)은 무얼 가리킵니까? 죽음, 스올과 언약을 맺었다(15절)는 것은 자신들은 멸망하지 않는다는 자신감을 표현합니다. 아마도 그 배경에는 하나님께서 예루살렘의 자신들을 지키신다는 단단한 확신도 있고, 이방 나라와 맺은 언약도 있을 것입니다. 그러나 이사야는 그들의 견고해 보이는 신앙이 절대 그들을 건지지 못하리라 선언합니다. 이것은 하나님을 믿는다면서 공평과 공의가 없는 그들의 종교심을 고발한 것이라 볼 수 있습니다. 반면 하나님께서 시온에 두신 견고한 기초석, 그 위에 세워질 때 정말로 탄탄할 수 있는 기초석은 공평의 줄자와 공의의 저울(17절)로 재어놓은 것입니다. "하나님은 우리를 지키실 거야"라는 허황된 종교심이 아니라, 올바른 관계를 맺고 가난한 자를 돌아보는 것이야말로 약해 보이지만 참으로 견고한 주춧돌입니다. 17절의 '공평과 공의'는 1장 27절과 5장 7절에서도 언급되었던 '정의와 공의'입니다.

더 궁지에 몰리고 말 것이다. 만군의 주님께서 온 세상을 멸하시기로 결정하셨다는 말씀을, 내가 들었다.

하나님의 지혜

23 너희는 귀를 기울여서, 나의 목소리를 들어라. 주의 깊게 내가 하는 말을 들어라. 24 씨를 뿌리려고 밭을 가는 농부가, 날마다 밭만 갈고 있겠느냐? 흙을 뒤집고 써레질만 하겠느냐? 25 밭을 고르고 나면, 소회향 씨를 뿌리거나 대회향 씨를 뿌리지 않겠느냐? 밀을 줄줄이 심고, 적당한 자리에 보리를 심지 않겠느냐? 밭 가장자리에는 귀리도 심지 않겠느냐? 26 농부에게 밭농사를 이렇게 짓도록 일러주시고 가르쳐주신 분은, 바로 하나님이시다. 27 소회향을 도리깨로 쳐서 떨지 않는다. 대회향 위로는 수레바퀴를 굴리지 않는다. 소회향은 작대기로 가볍게 두드려서 떨고, 대회향도 막대기로 가볍게 두드려서

'브라심산에서 싸우신 것처럼'과 '기브온 골짜기에서 진노하신 것처럼'(21절)은 각각 어떤 사건을 말합니까? 앞선 사건은 사무엘기하 5장 17~21절에서 볼 수 있습니다. 블레셋이 침공했을 때 하나님께서 다윗을 통해 블레셋을 '휩쓸어버리셨고', 사람들은 '휩쓸어버리다'를 의미하는 단어 '바라스'를 넣어 그 전투 장소를 '바알브라심'이라 불렀습니다. 여호수아기 10장에는 하나님께서 태양이 중천에 머물게 하셔서 기브온에서 여호수아의 군대가 아모리 사람을 무찌르게 하신 사건이 있는데, '기브온 골짜기의 진노'는 이와 연관된다 볼 수 있습니다. 두 경우 모두 하나님께서 이스라엘을 위해 이방을 크게 무찌르고 흩어버리신 구원 사건입니다. 그런데 이제 하나님께서는 브라심에서처럼 기브온에서처럼 행하시되, 하나님의 백성 이스라엘을 치실 것입니다! 21절에서 '신기하다, 신비하다'로 옮긴 단어들은 '낯설다'라는 의미를 지닙니다. 바야흐로 이스라엘의 하나님께서 이스라엘을 치시는 낯선 일을 행하실 것입니다. 정의의 삶이 없다면, 그 누구도 하나님 백성이라며 하나님을 독점할 수는 없습니다.

떤다. 28 사람이 곡식을 떨지만, 낟알이 바스러지도록 떨지는 않는다. 수레바퀴를 곡식 위에 굴릴 때에도, 말발굽이 그것을 으깨지는 않는다. 29 이것도 만군의 주님께서 가르쳐주신 것이다. 주님의 모략은 기묘하며, 지혜는 끝없이 넓다.

{ 제29장 }

예루살렘의 운명

1 너에게 재앙이 닥칠 것이다. 아리엘아, 아리엘아, 다윗이 진을 쳤던 성읍아, "해마다 절기들은 돌아오련만, 2 내가 너 아리엘을 포위하고 치겠다. '나의 번제단'이라고 불리던 너를 칠 터이니, 네가 슬퍼하고 통곡할 것이다. 3 내가 너의 사면을 둘러 진을 치며, 너를 삥 둘러서 탑들을 세우고, 흙더미를 쌓아 올려 너의 성을 치겠다." 4 그때에 너는 낮아져서 땅바닥에서 말할 것이며, 너의 말소리는 네가 쓰러진 먼지 바닥에서 나는 개미 소리와 같을 것이다. 너의 목소리는 땅에서 나는 유령의 소리와 같을 것이며, 너의 말은 먼지 바닥 속에서 나는 중얼거리는 소리와 같을 것이다. 5 그러나 너를 친 원수의 무리는 가는 먼지처럼 되어 날아가며, 그 잔인한 무리는 겨처럼 흩날릴 것이다. 갑자기, 예기치 못한 순간에 6 만군의 주님께서 너를 찾

하나님이 아리엘(1절)을 지목해 포위 공격을 예고하는 까닭은 무엇입니까? 심지어 '하나님의 번제단'(2절)이라 불리던 곳이라면서요? 번제단은 성전에 있고, 성전은 예루살렘에 있습니다. 그래서 29장에서 고발하는 '아리엘'은 예루살렘을 가리킨다는 것을 알 수 있습니다. 하나님께 제사드리는 번제단과 같은 곳이 예루살렘인데, 하나님께서 그곳에 임할 재앙과 심판을 선언하십니다. 28장에서도 보았지만, 예루살렘과 유다 백성은 자신들이 하나님 백성이기에 언제나 하나님께서 그들을 지키실 것이라고, 모든 열방을 무찌르고 이스라엘을 언제나 승리하게 하실 것이라 여겼습니다. 그러나 하나님의 백성에 합당하게 하나님을 경외하지 않으면서, 가난한 이를 돌아보지 않으면서 하나님의 지키심을 확신하는 것은 종교심에 불과할 뿐, 절대 하나님을 신뢰하는 것이 아닙니다. 하나님은 잘못한 제 자식을 무조건 감싸느라 남의 집 귀한 자식을 함부로 죽이는 분이 결코 아닙니다.

아오시되, 우레와 지진과 큰 소리를 일으키시며, 회오리바람과 폭풍과 태워버리는 불길로 찾아오실 것이다. 7 아리엘을 치는 모든 나라의 무리와 그의 요새들을 공격하여 그를 괴롭히는 자들 모두가, 마치 꿈을 꾸는 것처럼, 밤의 환상을 보는 것처럼, 헛수고를 할 것이다. 8 마치 굶주린 자가 꿈에 먹기는 하나, 깨어나면 더욱 허기를 느끼듯이, 목마른 자가 꿈에 마시기는 하나, 깨어나면 더욱 지쳐서 갈증을 느끼듯이, 시온산을 치는 모든 나라의 무리가 그러할 것이다.

무시된 경고

9 너희는 놀라서, 기절할 것이다. 너희는 눈이 멀어서, 앞을 못 보는 사람이 될 것이다. 포도주 한 모금도 마시지 않았는데, 취할 것이다. 독한 술 한 방울도 마시지 않았는데, 비틀거릴 것이다. 10 주님께서는 너희에게 잠드는 영을 보내셔서, 너희를 깊은 잠에 빠지게 하셨다. 너희의 예언자로 너희의 눈 구

하나님은 구원을 약속하면서도(5-8절) 눈을 가려 보지 못하게 하겠노라고 말합니다. 어째서 이렇게 심술궂은 처분을 내리는 걸까요? 만일 정말 하나님께서 눈을 가려 못 보게 하시면서 보지 못했다는 이유로 심판을 내리신다면 앞뒤가 맞지 않을뿐더러 하나님의 성품에도 어긋납니다. 그래서 "앞을 못 보게 하고 잠들게 하겠다"(9-10절)는 말씀은 역설적인 표현으로 유다의 현실을 고발하고 폭로하는 의미라 이해할 수 있습니다. 하나님을 보겠다며 성전에도 나오고 번제단에서 제사도 드리지만, 실상 그들은 하나님이 어떤 분이신지, 그분이 참으로 무엇을 원하시는지 전혀 알지 못한 채 제멋대로 행하며 하나님의 구원만을 노래했습니다. 그러니 그들은 술 한 방울 마시지 않고도 술 취한 자요, 그들에게 하나님을 올바르게 전해야 할 예언자는 잠든 것이나 마찬가지라는 의미입니다.

실을 못하게 하셨으니, 너희의 눈을 멀게 하신 것이요, 너희의 선견자로 앞을 내다보지 못하게 하셨으니, 너희의 얼굴을 가려서 눈을 못 보게 하신 것이다. 11 이 모든 묵시가 너희에게는 마치 밀봉된 두루마리의 글처럼 될 것이다. 너희가 그 두루마리를 유식한 사람에게 가지고 가서 "이것을 좀 읽어주시오" 하고 내주면, 그는 "두루마리가 밀봉되어 있어서 못 읽겠소" 하고 말할 것이다. 12 너희가 그 두루마리를 무식한 사람에게 가지고 가서 "이것을 좀 읽어주시오" 하면, 그는 "나는 글을 읽을 줄 모릅니다" 하고 말할 것이다. 13 주님께서 말씀하신다. "이 백성이 입으로는 나를 가까이하고, 입술로는 나를 영화롭게 하지만, 그 마음으로는 나를 멀리하고 있다. 그들이 나를 경외한다는 말은, 다만, 들은 말을 흉내 내는 것일 뿐이다. 14 그러므로 내가 다시 한번 놀랍고 기이한 일로 이 백성을 놀라게 할 것이다." 지혜로운 사람들에게서 지혜가 없어지고, 총명한 사람들에게서 총명이 사라질 것이다.

하나님은 왜 죄다 말뿐(13절)이라고 몰아세우는 거죠? 이사야는 유다에 신앙회복운동이 한창이던 히스기야 왕 치세에 활동하지 않았던가요? 신앙고백은 입으로 하는 것이 아니라 삶으로 드러나는 것입니다. 이 시기가 히스기야의 치세이고, 위기 때 히스기야가 올바르게 행동하는 모습이 36–38장에 기록되어 있긴 하지만, 이때 전반적인 유다의 상황은 말로는 하나님을 경외한다 하면서 일상의 삶은 그와 거리가 먼 모습이었습니다. 그것을 단적으로 보여주는 것이 21절입니다. 가난한 사람을 억울하게 만드는 세상, 가장 정의로워야 할 법정에서 사람을 억울하게 만드는 세상에서는 제아무리 거룩한 고백을 하나님께 드린다 한들, 그저 말뿐인 고백일 따름입니다. 하나님께서는 말뿐인 그런 고백을 두고 구원을 약속하시는 분이 절대 아닙니다. 말만 신앙인이고 마음은 멀다는 이 표현은 훗날 예수님께서도 유대 땅의 종교인들을 고발하기 위해 인용하십니다(마 15:8).

장래에 대한 희망

15 주님 몰래 음모를 깊이 숨기려는 자들에게 재앙이 닥칠 것이다. 그들은 어두운 곳에서 남 몰래 음모를 꾸미는 자들이다. "누가 우리를 보랴! 누가 우리를 알랴!" 한다. 16 그들은 매사를 거꾸로 뒤집어 생각한다. 진흙으로 옹기를 만드는 사람과 옹기장이가 주무르는 진흙을 어찌 같이 생각할 수 있느냐? 만들어진 물건이 자기를 만든 사람을 두고 "그가 나를 만들지 않았다" 하고 말할 수 있느냐? 빚어진 것이 자기를 빚은 사람을 두고 "그는 기술이 없어!" 하고 말할 수 있느냐? 17 레바논의 밀림이 기름진 밭으로 변하고, 그 기름진 밭이 다시 밀림으로 변하는 것은, 시간문제이다. 18 그날이 오면, 듣지 못하는 사람이 두루마리의 글을 읽는 소리를 듣고, 어둠과 흑암에 싸인 눈먼 사람이 눈을 떠서 볼 것이다. 19 천한 사람들이 주님 안에서 더없이 기뻐하며 사람들 가운데 가난한 사람들이 이스라엘의 거룩하신 분 안에서 즐거워할 것이다. 20 포악한 자는

'주님 몰래 음모를 깊이 숨기려는 자들'(15절)은 누굴 말합니까? 그이들은 무슨 음모를 꾸미고 있었습니까? 29장 전체의 맥락에서 보면, 그들은 입술로는 하나님을 경외하는 이들이면서(13절) 절기를 지키고 번제 드리는 일에 힘쓰는 자들입니다(1~2절). 스스로 지혜롭고 총명하다 하는 이들이기도 합니다(14절). 그러나 그들은 포악한 자요, 비웃는 자, 죄지을 기회를 엿보는 자들입니다(20절). 또 가난한 이들을 억울하게 만들고 짓밟으며 남에게 누명을 씌우는 이들입니다(21절). 하나님께서 이들을 심판하실 때, 천한 사람들과 가난한 사람들이 기뻐할 것입니다(19절). 이상으로 보건대, 주님 몰래 음모를 꾸미는 이들은 예루살렘의 권력자들, 힘과 세력을 지닌 이들, 거기에 종교적인 권세까지 함께 지닌 이들이라 여겨집니다. 열심히 종교 생활을 하면서 하나님께서 자신들을 지키신다 선언하며 가난한 자를 짓밟고 자신들의 지위와 권세를 영원토록 행사하려는 것이 그들의 음모요, 계획이라 할 수 있습니다.

사라질 것이다. 비웃는 사람은 자취를 감출 것이다. 죄지을 기회를 엿보던 자들이 모두 끝장날 것이다. 21 그들은 말 한마디로 사람에게 죄를 뒤집어씌우고, 성문에서 재판하는 사람을 올무에 걸리게 하며, 정당한 이유 없이 의로운 사람의 권리를 박탈하던 자들이다. 22 그러므로 아브라함을 구속하신 주님께서, 곧 야곱 족속의 주 하나님께서 이렇게 말씀하신다. "이제 야곱이 다시는 부끄러움을 당하지 않을 것이고, 이제 그의 얼굴이 다시는 수모 때문에 창백해지지는 않을 것이다. 23 야곱이 자기의 자손 곧 그들 가운데서 내가 친히 만들어준 그 자손을 볼 때, 그들은 내 이름을 거룩하게 할 것이다." '야곱의 거룩한 분'을 거룩하게 받들며, 이스라엘의 하나님을 경외할 것이다. 24 그래서 마음이 혼미하던 사람이 총명해지고, 거스르던 사람이 교훈을 받을 것이다.

{ 제30장 }

이집트와 맺은 쓸모없는 조약

1 주님께서 말씀하신다. "거역하는 자식들아, 너희에게 화가 닥칠 것이다. 너희가 계획을 추진하지만, 그것들은 나에게서 나온 것이 아니며, 동맹을 맺지만, 나의 뜻을 따라 한 것이 아니다. 죄에 죄를 더할 뿐이다. 2 너희가 나에게 물어보지도 않고, 이집트로 내려가서, 바로의 보호를 받아 피신하려 하고, 이집트의 그늘에 숨으려 하는구나." 3 바로의 보호가 오히려 너희에게 수치가 되고, 이집트의 그늘이 오히려 너희에게 치욕이 될 것이다. 4 유다의 고관들이 소안으로 가고, 유다의 사신들이 하네스로 가지만, 5 쓸모없는 백성에게 오히려 수치만 당할 것이다. 너희는 이집트에게서 아무런 도움도 유익도 얻지 못하고, 오히려 수치와 치욕만 얻을 것이다.

6 ㅇ 이것은 네겝의 들짐승들에게 내리신 경고의 말씀이다. 유다의 사절단이 나귀 등에 선물을 싣고, 낙타 등에 보물을 싣

2절은 가부장적인 아버지의 전형을 보는 듯합니다. 그저 미리 물어보지 않았다는 이유로 화가 닥치리라고(1절) 꾸짖는 건 너무 심하지 않은가요? 본문의 배경은 히스기야 시대라고 여겨집니다. 진격해오는 앗시리아에 맞서기로 결정한 히스기야는 이집트의 힘을 의지하려고 노력했습니다. 강대국의 틈바구니에서 한쪽의 힘을 빌려 생존하는 것이 현실이었지만, 주 하나님께서는 이에 대해 강력히 경고하십니다. 하나님께 묻지 않았다는 것은 단순히 제멋대로 했다는 게 아니라, 하나님을 신뢰하지 않고 강한 나라를 의지했다는 데 초점이 있습니다. 언제까지 다른 나라를 의지해서 살 수 있을까요? 하나님을 의지하는 것은 단지 종교 생활이 아니라, 약소국임에도 하나님을 신뢰하며 독자적인 생존의 길을 찾아가겠다는 것과 이어집니다.

고, 거친 광야를 지나서, 이집트로 간다. 암사자와 수사자가 울부짖는 땅, 독사와 날아다니는 불뱀이 날뛰는 땅, 위험하고 곤고한 땅을 지나서, 아무런 도움도 주지 못할 백성에게 선물을 주려고 간다. 7 "이집트가 너희를 도울 수 있다는 생각은 헛된 망상일 뿐이다. 이집트는 '맥 못 쓰는 라합'일 뿐이다."

복종하지 않는 백성

8 이제 너는 가서, 유다 백성이 어떤 백성인지를 백성 앞에 있는 서판에 새기고, 책에 기록하여서, 오고 오는 날에 영원한 증거가 되게 하여라. 9 이 백성은 반역하는 백성이요, 거짓말을 하는 자손으로서, 주님의 율법은 전혀 들으려 하지 않는 자손이다. 10 선견자들에게 이르기를 "미리 앞일을 내다보지 말아라!" 하며, 예언자들에게 이르기를 "우리에게 사실을 예언하지 말아라! 우리를 격려하는 말이나 하여라! 가상현실을 예언하여라! 11 그 길에서 떠나거라! 그 길에서 벗어나거라. '이스라엘의 거룩하신 분' 이야기는 우리 앞에서 제발 그쳐라" 하고 말한다. 12 그러므로 '이스라엘의 거룩하신 분'께서 이렇게

'네겝의 들짐승들'(6절)은 무얼 가리키는 말입니까? 히브리어 '네겝'은 '남쪽'을 뜻하기도 합니다. 그러니까 '네겝의 들짐승'은 이스라엘의 남쪽에 있는 이집트를 가리키는 표현이라 볼 수 있습니다. 이집트와 동맹을 맺고 그 힘을 얻으면 앗시리아로부터 살 수 있을 것 같겠지만, 하나님께서는 이집트를 가리켜 온갖 들짐승으로 가득한 곳이라 이르십니다. 도리어 이스라엘에게 해가 될 것이라 말씀하시는 겁니다. 나아가 그 이집트는 '맥 못 쓰는 라합'(7절)입니다. 라합은 리워야단처럼 고대에 존재했다고 믿었던 괴물입니다. 괴물의 명성은 가졌으되, 실상 아무런 도움도 되지 못하는 존재임을 이와 같이 표현했습니다.

말씀하신다. "너희가 이 말을 업신여기고, 억압과 사악한 일을 옳은 일로 여겨서, 그것에 의지하였으니, 13 이 죄로, 너희가 붕괴될 성벽처럼 될 것이다. 높은 성벽에 금이 가고, 배가, 불룩 튀어나왔으니, 순식간에 갑자기 무너져 내릴 것이다. 14 토기장이의 항아리가 깨져서 산산조각이 나듯이, 너희가 그렇게 무너져 내릴 것이다. 아궁이에서 불을 담아낼 조각 하나 남지 않듯이, 웅덩이에서 물을 퍼낼 조각 하나 남지 않듯이, 너희가 사라질 것이다." 15 주, 이스라엘의 거룩하신 하나님께서 이렇게 말씀하신다. "너희는 회개하고 마음을 편안하게 하여야 구원을 받을 것이며, 잠잠하고 신뢰하여야 힘을 얻을 것이다. 그러나 너희는 그렇게 하기를 바라지 않았다." 16 오히려 너희는 이렇게 말하였다. '그렇게 하지 않겠습니다. 우리는 차라리 말을 타고 도망가겠습니다.' 너희가 이렇게 말하였으니, 정말로, 너희가 도망갈 것이다. 너희는 또 이렇게 말하였다. '우리는 차라리 날랜 말을 타고 달아나겠습니다.' 너희가 이렇게 말하였으니, 너희를 뒤쫓는 자들이 더 날랜 말을 타고 쫓아올 것

15절이 그리는 하나님은 자식들의 믿음을 얻지 못해 안달이 난 부모처럼 보입니다. 우주를 다스린다는 분이 이렇게 인간의 신뢰에 연연하는 까닭은 무엇입니까? 본문이 마치 마음의 평안에 대해 말하는 것 같지만, 실상 그 배경에는 앗시리아의 진격, 이집트와의 동맹 노력과 같은 국제 정치와 외교, 군사적 현실이 놓여 있습니다. 그래서 하나님을 신뢰한다는 것은 단순한 종교가 아니라, 강대국 사이에서 어떻게 약한 나라가 존재할 수 있는가라는 현실과 직접 연관된 문제임을 알 수 있습니다. "잠잠히 신뢰하라"는 말씀은 교회 가서 기도만 하라는 의미가 아닙니다. 강대국에 매달리지 말고, 군사력 증강에 전부를 걸지 말고, 오직 하나님께서 지키고 인도하실 것을 신뢰하며 이제껏 이사야를 통해 이르신 대로 일상에서 가난한 자를 돌아보고 정의롭게 살아가라는 의미에 더 가깝습니다. 하나님은 사람의 신뢰가 필요한 분이 아니시되, 사람이 하나님을 신뢰할 때 참되고 알찬 삶이 시작됩니다.

이다. 17 적군 한 명을 보고서도 너희가 천 명씩이나 도망가니, 적군 다섯 명이 나타나면, 너희는 모두 도망갈 것이다. 너희가 도망가고 나면, 산꼭대기에는 너희의 깃대만 남고, 언덕 위에서는 깃발만이 외롭게 펄럭일 것이다. 18 그러나 주님께서는 너희에게 은혜를 베푸시려고 기다리시며, 너희를 불쌍히 여기시려고 일어나신다. 참으로 주님께서는 공의의 하나님이시다. 주님을 기다리는 모든 사람은 복되다.

하나님께서 백성에게 복을 주실 것이다

19 예루살렘에 사는 시온 백성아, 이제 너희는 울 일이 없을 것이다. 네가 살려달라고 부르짖을 때에, 주님께서 틀림없이 은혜를 베푸실 것이니, 들으시는 대로 너에게 응답하실 것이다. 20 비록 주님께서 너희에게 환난의 빵과 고난의 물을 주셔도, 다시는 너의 스승들을 숨기지 않으실 것이니, 네가 너의 스승들을 직접 뵐 것이다. 21 네가 오른쪽이나 왼쪽으로 치우치려 하면, 너의 뒤에서 '이것이 바른길이니, 이 길로 가거라' 하는 소

백성들의 태도를(16절) 납득하기 어렵습니다. 예언자를 통해 하나님의 선의를 전달받고서도 어떻게 이처럼 완고할 수가 있습니까? 불안하니까요. 보이지 않는 하나님을 신뢰하되 강대국에 굽신거리지 않으며 살아간다는 것이 못내 불안했을 겁니다. 그래서 자기 힘으로 이런저런 노력을 하다가 결국 다 안 되니까 이제라도 서둘러 도망가자는 결론까지 이르렀습니다. 그러나 이것은 고대 이스라엘만의 모습이 아닙니다. 오늘의 우리 역시 불안하고 두려워서, 있어야 할 곳에 있지 않고 도망가 버린 적이 얼마나 많습니까? 완고하고 고집스럽게 우리 생각과 판단만을 밀어붙일 때는 또 얼마나 많은가요? "잠잠히 신뢰하라"는 말씀은 오늘과 같은 격변의 시대에 더욱 귀 기울여야 할 말씀입니다.

리가 너의 귀에 들릴 것이다. 22 그리고 너는, 네가 조각하여 은을 입힌 우상들과, 네가 부어 만들어 금을 입힌 우상들을, 부정하게 여겨, 마치 불결한 물건을 내던지듯 던지면서 '눈앞에서 없어져라' 하고 소리칠 것이다. 23 네가 땅에 씨앗을 뿌려놓으면, 주님께서 비를 내리실 것이니, 그 땅에서 실하고 기름진 곡식이 날 것이다. 그때에 너의 가축은 넓게 트인 목장에서 풀을 뜯을 것이다. 24 밭 가는 소와 나귀도 아무것이나 먹지 않고, 키와 부삽으로 까부르고 간을 맞춘 사료를 먹을 것이다. 25 큰 살육이 일어나고 성의 탑들이 무너지는 날에, 높은 산과 솟은 언덕마다 개울과 시냇물이 흐를 것이다. 26 주님께서 백성의 상처를 싸매어주시고, 매 맞아 생긴 그들의 상처를 고치시는 날에, 달빛은 마치 햇빛처럼 밝아지고, 햇빛은 일곱 배나 밝아져서 마치 일곱 날을 한데 모아놓은 것같이 밝아질 것이다.

하나님께서 앗시리아를 벌하실 것이다

27 주님의 이름 곧 그 권세와 영광이 먼 곳에서도 보인다. 그의

'주님께서는 공의의 하나님'(18절)이라는 선언이 난데없습니다. 앞뒤 맥락을 생각하면 '사랑의 하나님'이라고 해야 마땅하지 않을까요? 다른 사람의 아픔과 기쁨을 나의 아픔과 기쁨처럼 생각하는 태도가 공의와 연결됩니다. 특히 억울한 이의 부르짖음을 듣고 그 억울함을 풀어주는 것이 바로 이 구절에 나오는 '공의'(여기서 '공의'로 번역된 단어는 다른 곳에서는 대개 '정의'라고 번역됩니다)의 의미입니다. 하나님 외에는 달리 도움을 청할 데라고는 없는 약한 자들, 가난한 자들의 부르짖음을 들으시는 정의의 하나님은 당연하고도 마땅히 사랑의 하나님이시겠지요. 그러므로 사랑과 공의는 결코 반대 개념이 아닙니다. 사랑과 공의는 어느 한쪽을 희생시켜야 가능한 것들이 아니라, 사랑이 공의이고 공의가 사랑인 관계입니다.

진노가 불처럼 타오르며, 노기가 치솟는 연기처럼 하늘을 찌른다. 그의 입술은 분노로 가득하고, 혀는 마치 태워버리는 불과 같다. 28 그의 숨은 범람하는 강물 곧 목에까지 차는 물과 같다. 그가 파멸하는 키로 민족들을 까부르시며, 미혹되게 하는 재갈을 백성들의 입에 물리신다. 29 그러나 너희는 거룩한 절기를 지키는 밤처럼, 노래를 부르며, 피리를 불며, 주님의 산으로, 이스라엘의 반석이신 분에게로 나아가는 사람과 같이, 마음이 기쁠 것이다. 30 주님께서 맹렬한 진노와, 태워버리는 불과, 폭풍과 폭우와, 돌덩이 같은 우박을 내리셔서, 주님의 장엄한 음성을 듣게 하시며, 내리치시는 팔을 보게 하실 것이다. 31 주님께서 몽둥이로 치실 것이니, 앗시리아는 주님의 목소리에 넋을 잃을 것이다. 32 주님께서 그들을 치시려고 예비하신 그 몽둥이를 그들에게 휘두르실 때에, 주님의 백성은 소구 소리와 수금 소리로 장단을 맞출 것이니, 주님께서 친히 앗시리아 사람들과 싸우실 것이다. 33 이미 오래전에 '불타는 곳'을 준비하셨다. 바로 앗시리아 왕을 태워 죽일 곳을 마련하셨다. 그 불구덩이가 깊고 넓으며, 불과 땔감이 넉넉하다. 이제 주님께서 내쉬는 숨이 마치 유황의 강물처럼 그것을 사르고 말 것이다.

이스라엘 백성에게 이토록 집착하며 밝은 미래를 약속하는(18~26절) 하나님의 마음을 이해할 수 없습니다. 차라리 망하게 버려두는 편이 낫지 않을까요? 하나님의 책망과 심판은 그들을 정결하게 해서 영광스럽고 아름다운 하나님의 백성으로 세우는 데 목적이 있습니다. 사람은 로봇이 아니기에 하나님께서 기뻐하시는 대로만 행하기는 어렵습니다. 죄도 저지르고 하나님을 거역하기도 합니다. 그래서 하나님의 심판은 그 백성이 점점 진리를 따르도록 그들을 변화시키는 하나님의 사랑의 한 과정이기도 합니다. 마침내 이스라엘은 정금같이 변화되어 하나님과 동행할 것입니다. 이처럼 예언자는 거의 대부분 심판을 전하지만, 그 깊은 곳에서는 영광스럽게 변화될 미래를 향합니다.

{ 제31장 }

1 도움을 청하러 이집트로 내려가는 자들에게 재앙이 닥칠 것이다. 그들은 군마를 의지하고, 많은 병거를 믿고 기마병의 막강한 힘을 믿으면서, 이스라엘의 거룩하신 분은 바라보지도 않고, 주님께 구하지도 않는다. 2 그러나 주님께서는 지혜로우셔서, 재앙을 내리실 것이다. 이미 하신 말씀은 취소하지 않으신다. 주님께서 일어나셔서, 악을 일삼는 자의 집을 치시며, 악한 일을 돕는 자를 치실 것이다. 3 이집트 사람은 사람일 뿐이요, 하나님이 아니며, 그들의 군마 또한 고깃덩이일 뿐이요, 영이 아니다. 주님께서 손을 들고 치시면, 돕던 자가 넘어지고, 도움을 받던 자도 쓰러져서, 모두 함께 멸망하고 말 것이다. 4 주님께서 나에게 이런 말씀을 하셨다. "사자가 으르렁거릴 때에, 힘센 사자가 먹이를 잡고 으르렁거릴 때에, 목동들이 떼 지어 몰려와서 소리친다고 그 사자가 놀라느냐? 목동들이 몰려와서 고함친다고 그 사자가 먹이를 버리고 도망가느냐?" 그렇듯, 만군의 주님께서도 그렇게 시온산과 언덕들을 보호하

이집트에 도움을 청한 걸 하나님은 거듭 책망합니다(1~2절, 30:7). 이스라엘 백성들이 이집트에 손을 내민 이유는 무엇입니까? 이집트는 고대 중동 지역의 전통적인 강호입니다. 나일강으로 대표되는 풍성한 수량과 비옥한 땅 덕분에 부강한 나라였습니다. 이집트의 말과 병거는 예로부터 유명해서 솔로몬의 이스라엘이 이집트에서 이를 수입하기도 했습니다(왕상 10:28~29). 그렇기에 강하고 힘센 이집트와 같은 세력은 이스라엘에게 끊임없는 유혹이 되었습니다. 이스라엘은 자신들의 평화를 그 나라의 말과 병거, 군대로 지키려고 했습니다. 그렇지만 신명기는 왕이 유념해야 할 가장 중요한 사항 가운데 하나는 병거와 기마병을 얻기 위해 이집트로 가지 않는 것이라고 경고합니다(신 17:16). 예언자는 이 흐름을 잇습니다.

신다. 5 새가 날개를 펴고 둥지의 새끼를 보호하듯이, 만군의 주님께서 예루살렘을 보호하신다. 감싸주고 건져주며, 다치지 않게 뛰어넘어서, 그 도성을 살리신다. 6 이스라엘의 자손아, 너희가 그토록 거역하던 그분께로 돌이켜라. 7 너희 각 사람이 너희 손으로 직접 은 우상과 금 우상을 만들어 죄를 지었으나, 그날이 오면, 그 우상을 다 내던져야 할 것이다. 8 "앗시리아가 칼에 쓰러지겠으나, 사람의 칼에 쓰러지는 것이 아니고, 칼에 멸망하겠으나, 인간의 칼에 멸망하는 것이 아니다. 그가 칼 앞에서 도망할 것이요, 그 장정들이 강제 노동을 하는 신세가 될 것이다. 9 그의 왕은 두려워서 달아나고, 겁에 질린 그의 지휘관들은 부대기를 버리고 도망할 것이다." 시온에 불을 가지고 계시며 예루살렘에 화덕을 가지고 계신 주님께서, 이렇게 말씀하셨다.

2절은 하나님이 재앙을 취소하지 않으리라고 말합니다. 하지만 5절에서는 예루살렘을 살린다고 합니다. 어느 편이 진실입니까? 이집트와 동맹을 맺고 그 그늘에서 안전을 얻으려는 것을 하나님께서는 허사로 만드시고 재앙이 닥치게 하실 것입니다. 그렇지만 이것은 이스라엘을 없애려는 뜻이 아니라 그들을 고치고 바로잡기 위한 과정입니다. 강대한 나라들이 힘을 휘둘러 약소국을 제멋대로 지배하는 것은 결코 하나님께서 기뻐하시는 모습이 아닙니다. 그래서 우리는 약한 나라니까 강대국에 기대 살자는 식의 사고, 예를 들어 조선 시대의 중화사상이나 오늘날 우리나라에 있는 친미적 사고 모두 하나님께서 세상에 두신 질서와는 거리가 아주 멉니다. 하나님의 재앙은 올바른 삶을 깨닫고 그 길로 걸어가도록 이끄는 과정입니다. 그럴 때 예루살렘에는 하나님께서 부으시는 평화와 안전이 있을 것이며, 그토록 두렵던 앗시리아는 멸망당할 것입니다.

{ 제32장 }

공의로 다스릴 왕

1 "장차 한 왕이 나와서 공의로 통치하고, 통치자들이 공평으로 다스릴 것이다." 2 통치자들마다 광풍을 피하는 곳과 같고, 폭우를 막는 곳과 같게 될 것입니다. 메마른 땅에서 흐르는 냇물과 같을 것이며, 사막에 있는 큰 바위 그늘과 같을 것입니다. 3 "백성을 돌보는 통치자의 눈이 멀지 않을 것이며, 백성의 요구를 듣는 통치자의 귀가 막히지 않을 것이다. 4 그들은 경솔하지 않을 것이며, 사려 깊게 행동할 것이며, 그들이 의도한 것을 분명하게 말할 것이다." 5 아무도 어리석은 사람을 더이상 고상한 사람이라고 부르지 않을 것이며, 간교한 사람을 존귀한 사람이라고 말하지 않을 것입니다. 6 어리석은 사람은 어리석은 말을 하며, 그 마음으로 악을 좋아하여 불경건한 일을 하며, 주님께 함부로 말을 하고, 굶주린 사람에게 먹거리를 주지 않고, 목마른 사람에게 마실 물을 주지 않습니다. 7 우둔

1-4절은 어떤 임금과 통치자들을 염두에 둔 예언입니까? 심판 이후 임할 세상의 모습을 말하며, 이 내용은 15절 이하에서도 다루어집니다. 변화될 세상을 묘사하면서, 동시에 지금 사는 현실에서도 임금은 마땅히 그러해야 한다고 주장하는 내용이기도 합니다. 통치자에게 가장 중요한 사항은 정의와 공의의 통치입니다. 정의와 공의로 다스린다는 것은 백성의 소리에 귀 기울인다는 의미이고(3절), 사막과 같은 메마른 삶을 살아가는 백성에게 기대고 쉴 수 있는 '큰 바위 그늘'이 된다는 의미이기도 합니다(2절). 예언자 이사야는 주전 8세기를 배경으로 하나님 말씀을 선포하면서, 이처럼 임금이 실천해야 할 정의를 여러 번 강조했습니다(1:10-17; 5:1-7). 가난한 자를 세우는 정의를 행하지 않는다면 임금은 더 이상 존재 이유가 없습니다.

한 사람은 악해서, 간계나 꾸미며, 힘없는 사람들이 정당한 권리를 주장해도, 거짓말로 그 가난한 사람들을 파멸시킵니다. 8 그러나 고귀한 사람은 고귀한 일을 계획하고, 그 고귀한 뜻을 펼치며 삽니다.

심판과 회복

9 안일하게 사는 여인들아, 일어나서 나의 목소리를 들어라. 걱정거리가 없이 사는 딸들아, 내가 하는 말에 귀를 기울여라. 10 걱정거리가 없이 사는 딸들아, 일 년이 채 되지 못하여 몸서리칠 일이 생길 것이다. 포도농사가 망하여 거둘 것이 없을 것이다. 11 안일하게 사는 여인들아, 몸부림쳐라. 걱정거리가 없이 사는 여인들아, 몸서리쳐라. 맨몸이 되도록 옷을 다 벗어버리고 베로 허리를 둘러라. 12 밭농사와 포도농사를 망쳤으니, 가슴을 쳐라. 13 나의 백성이 사는 땅에 가시덤불과 찔레나무가 자랄 것이니, 가슴을 쳐라. 기쁨이 넘치던 모든 집과 흥겨운 소리 그치지 않던 성읍을 기억하고, 가슴을 쳐라.

"주님께서 저 높은 곳에서부터 다시 우리에게 영을 보내주시면"(15절)은 무슨 뜻입니까? 하나님은 어떤 영을 보내줄까? 하나님께서 하나님께로부터 사람들에게 그분의 영을 보내신다는 뜻입니다. 하나님께서 영을 보내신다는 것은 우리 마음과 생각을 새롭게 하신다는 의미로 이해할 수 있습니다. 그동안 사람들이 자기만 편하다고 안일하게 살며, 악을 보고도 악이라 하지 않았던 모습으로 인해 이제 곧 하나님의 재앙이 임할 것이라고 32장이 증언합니다. 그 후에야 사람들은 하나님께로 돌이킬 것이며, 이를 두고 예언자는 하나님께서 하늘에서 영을 보내신다고 표현합니다. 하나님의 영이 임하면, 즉 우리 마음과 생각이 새로워지면, 공평과 의가 온 세상에 가득해지고 평화가 임할 것입니다.

14 요새는 파괴되고, 붐비던 도성은 텅 비고, 망대와 탑이 영원히 돌무더기가 되어서, 들나귀들이 즐거이 뛰노는 곳, 양 떼가 풀을 뜯는 곳이 될 것이다. 15 그러나 주님께서 저 높은 곳에서부터 다시 우리에게 영을 보내주시면, 황무지는 기름진 땅이 되고, 광야는 온갖 곡식을 풍성하게 내는 곡창지대가 될 것이다. 16 그때에는, 광야에 공평이 자리 잡고, 기름진 땅에 의가 머물 것이다. 17 의의 열매는 평화요, 의의 결실은 영원한 평안과 안전이다. 18 나의 백성은 평화로운 집에서 살며, 안전한 거처, 평온히 쉴 수 있는 곳에서 살 것이다. 19 (비록 삼림이 우박에 쓰러지고 성읍이 완전히 무너져 내려도,) 20 씨를 뿌리는 곳마다 댈 물이 넉넉하고, 어디에서나 안심하고 소와 나귀를 놓아 키울 수 있으니, 너희는 복이 있다.

{ 제33장 }

도움을 구하는 기도

1 약탈 한 번 당하지 않고, 남을 약탈하기만 한 자야, 너에게 재앙이 닥칠 것이다. 배반 한 번 당하지 않고, 남을 배반하기만 한 자야, 너에게 재앙이 닥칠 것이다. 너의 약탈이 끝나면, 이제 네가 약탈을 당할 것이며, 너의 배반이 끝나면, 이제 네가 배반을 당할 것이다. 2 주님, 우리에게 은혜를 베풀어주십시오. 우리가 주님을 기다립니다. 아침마다 우리의 능력이 되어주시고, 어려울 때에 우리의 구원이 되어주십시오. 3 주님의 우렁찬 소리에 백성이 도망치며, 주님께서 일어나셔서 우리 편이 되어 싸우시니, 민족들이 흩어집니다. 4 민족들아, 사람들이 황충이 떼처럼 몰려들어서, 너희가 약탈한 전리품을 빼앗을 것이다. 메뚜기 떼가 뛰어오르듯, 사람들이 그 탈취물 위에 달려들 것이다. 5 주님은 참으로 위대하시다! 저 높은 곳에 계시면서도, 시온을 공평과 의로 충만하게 하실 것이다. 6 주

1절에서 이사야는 누구를 향해 재앙을 선포하고 있습니까? 본문에서 정확히 파악하기는 어렵지만, 하나님의 백성을 위협하고 억압하는 모든 세력을 가리킨다고 볼 수 있습니다. 그들은 약탈당하지 않고 약탈하는 자, 그리고 배반당한 적 없되 배반하는 자로 표현됩니다. 현실을 과장해서 표현한 것일 텐데, 부유하면서도 대단한 세력을 갖춘 이들을 생각해볼 수 있습니다. 그 누구도 그들을 약탈하거나 거역할 수 없을 만큼 대단한 세력이지만, 이러한 강대국은 다른 나라를 업신여기고 장기판의 졸처럼 다룰 때가 많지 않습니까? 예언자는 이러한 강력한 세력을 향해 하나님의 심판을 선포합니다. 그래서 예언은 단지 미래를 말하는 것이 아니라, 현실 세계를 달리 바라보는 세계관임을 다시금 깨닫게 됩니다.

님께서 너로 안정된 시대를 누리게 하실 것이다. 주님께서 늘 백성을 구원하시고, 지혜와 지식을 주신다. 주님을 경외하는 것이 가장 귀중한 보배다. 7 용사들이 거리에서 살려달라고 울부짖고, 평화 협상에 나섰던 사절이 슬피 운다. 8 큰길마다 위험하여 행인이 끊기며, 적이 평화조약을 파기하며, 증인들이 경멸을 받으며, 아무도 존경을 받지 못한다. 9 땅이 통곡하고 고달파하며, 레바논이 부끄러워하고 메마르며, 샤론은 아라바 사막과 같으며, 바산과 갈멜은 나뭇잎이 모조리 떨어진다.

주님께서 적들에게 경고하시다

10 주님께서 말씀하신다. "이제는 내가 활동을 시작하겠다. 이제는 내가 일어나서, 나의 권능이 얼마나 큰지를 나타내 보이겠다. 11 너희는 겨를 잉태하여 지푸라기를 낳는다. 너희는 제 꾀에 속아 넘어간다. 12 뭇 민족은 불에 탄 석회같이 되며, 찍어다가 태우는 가시덤불같이 될 것이다. 13 너희 먼 곳에 있는

'경외'(6절)는 어떤 마음가짐을 뜻합니까? 두려워하고 겁내는 자세입니까? 경외가 어떻게 가장 귀중한 보배가 될 수 있습니까? '경외'는 쉽게 말해 '두려워하는 마음' 입니다. 우리는 무엇을 두려워하고, 누구를 두려워하고 있습니까? 누군가가 두려울 때 우리는 그 사람 앞에서 떨게 되고 잘 보이기 위해 애쓸 것입니다. 불투명한 미래가 두려울 때는 미래를 위해 끝없이 모아두거나 확 포기해야 할 것입니다. 이사야서를 비롯한 성경은 우리가 두려워할 유일한 대상이 주 하나님이라 증언합니다. 하나님 한 분이야말로 우리가 정말 두려워해야 할 분임을 알 때, 세상 그 어떤 세력이 아무리 강하다 해도 포기하거나 체념하지 않을 수 있습니다. 하나님을 두려워할 때, 불투명한 미래에도 불구하고 믿음으로 정의로운 길을 한 걸음 또 걸어갈 수 있습니다. 그래서 하나님 경외야말로 우리 삶의 보배입니다.

자들아, 내가 무슨 일을 하였는지 들어보아라! 너희 가까운 곳에 있는 자들아, 나의 권능을 깨달아라!" 14 시온에서는 죄인들이 공포에 떨고 경건하지 않은 자들이 두려움에 사로잡힌다. "우리들 가운데 누가 사르는 불을 견디어내겠는가? 우리들 가운데 누가 꺼지지 않는 불덩이를 견디어내겠는가?" 하고 말한다. 15 의롭게 사는 사람, 정직하게 말하는 사람, 권세를 부려 가난한 사람의 재산을 착취하는 일은 아예 생각하지도 않는 사람, 뇌물을 거절하는 사람, 살인자의 음모에 귀를 막는 사람, 악을 꾀하는 것을 보지 않으려고 눈을 감는 사람, 16 바로 이런 사람들이 안전한 곳에 산다. 돌로 쌓은 견고한 산성이 그의 은신처가 될 것이다. 먹거리가 끊어지지 않고, 마실 물이 떨어지지 않는다.

찬란한 미래

17 네가 다시 한번 왕의 장엄한 모습을 볼 것이며, 백성은 사방으로 확장된 영토를 볼 것이다. 18 너는 지난날 무서웠던 일들

악한 자들이 더 잘사는 이 세상을 감안하면 15-16절은 현실과 지극히 동떨어진 이야기입니다. 예언과 현실의 괴리를 성경은 어떻게 설명합니까? 그런 점에서 15-16절뿐 아니라 성경 전체가 현실과 동떨어져 보입니다. 현실을 살아가는 사람들은 올바른 삶, 공의로운 삶을 포기하고 자신의 유익을 위해 악을 행하기 때문입니다. 성경이 증언하는 참된 세상과 현실 사이에 괴리가 생기는 근본적인 까닭은 사실 사람들이 그런 이기적인 선택을 반복하기 때문입니다. 이사야서를 비롯한 성경은 우리에게 15-16절처럼 의롭고 정직한 삶, 가난한 자를 착취하지 않고 그들과 함께 살아가는 삶을 권면하며 그러한 삶으로 초대합니다. 그런 삶을 걸어가는 이들이 바로 그런 삶을 누리게 될 겁니다. 그것이 성경이 줄기차게 증언하고 약속하는 것입니다.

을 돌이켜보며, 격세지감을 느낄 것이다. 서슬이 시퍼렇던 이 방인 총독, 가혹하게 세금을 물리고, 무리하게 재물을 **빼앗던** 이방인 세금 징수관들, 늘 너의 뒤를 밟으며 감시하던 정보원 들, 모두 옛날이야기가 될 것이다. 19 악한 백성, 곧 네가 알아 듣지 못하는 언어로 말을 하며 이해할 수도 없는 언어로 말하 던 그 악한 이방인을, 다시는 더 보지 않을 것이다. 20 우리가 마음껏 절기를 지킬 수 있는 우리의 도성 시온을 보아라. 옮겨 지지 않을 장막, 예루살렘을 보아라. 우리가 살기에 얼마나 안 락한 곳인가? 다시는 옮겨지지 않을 장막과도 같다. 그 말뚝 이 영원히 뽑히지 않을 것이며, 그 줄이 하나도 끊어지지 않을 것이다. 21 거기에서는 주님께서 우리의 능력이 되시니, 그곳 은 마치 드넓은 강과 시내가 흐르는 곳 같겠지만, 대적의 배가 그리로 오지 못하고, 적군의 군함이 들어올 엄두도 못 낼 것이 다. 22 주님께서는 우리의 재판관이시며, 주님께서는 우리에 게 법을 세워주시는 분이시며, 주님께서는 우리의 왕이시니, 우리를 구원하실 분이시다. 23 그리로 들어오는 배마다, 돛대

하나님을 '재판관'이자 '법을 세워주시는 분'(22절)에 빗대는 까닭이 궁금합니다. 고대 세계에서 재판은 통치자가 행하는 가장 근본적이면서도 중요한 업무입니다. 그래서 재판관은 왕이라는 말과 동의어라고 할 수 있습니다. 세상에 살면서 억울 한 일이 없을 순 없겠지만, 관건은 그 억울함을 풀고 해결할 수 있는 재판 혹은 재 판관의 존재입니다. 하나님만이 나의 도움이시라는 고백은 세상 누구도 나를 알아 주지 않고 도리어 억울하게 만들지만, 하나님께서는 내 억울함을 아시고 올바른 판 결로 눈물을 닦아주신다는 의미입니다. 17절 이하 본문은 훌륭한 왕에 대해 말하는 것처럼 보이지만, 22절에서 보듯 이 본문이 정말 증언하는 핵심은 하나님만이 우리 의 진정한 왕이시라는 선포입니다. 이사야서는 또 다른 인간 왕이 아니라, 하나님 이 왕이신 세상을 꿈꿉니다.

줄이 느슨하여 돛대를 똑바로 세우지 못하고, 돛을 펴지도 못할 것이다. 우리는 많은 탈취물을 얻을 것이다. 다리를 저는 사람들까지도 많이 탈취할 것이다. 24 거기에서는 아무도 "내가 병들었다"고 말하지 않겠고, 거기에서 사는 백성은 죄를 용서받을 것이다.

예루살렘으로 들어오는 배마다, "돛대 줄이 느슨하여 돛대를 똑바로 세우지 못하고, 돛을 펴지도 못하는"(23절) 이유는 무엇입니까? 하나님께서 왕으로 임하실 때, 하나님의 백성을 약탈하고 배반하던 강한 세력은 화를 당할 것입니다. 서슬 퍼렇던 이방 관리나 세금을 징수하던 이들은 모두 이제 흔적도 없이 사라져버릴 것입니다 (18절). 23절은 배가 더 이상 제구실을 못하고 움직일 수도 없게 된 모습을 표현하는데, 여기서 배는 강력한 이방 나라를 상징하는 도구라고 볼 수 있습니다. 이제 그 강하던 세력은 스스로 움직일 수도 없는 형편이 되었습니다. 다리를 저는 사람까지 그 배를 약탈할 것이라는 표현은 그 강한 세력이 그렇게도 약한 이들을 수탈하고 학대했지만, 이제는 전세가 완전히 뒤바뀌었음을 증언합니다. 하나님께서 왕으로 임하시면 세상의 모든 질서는 이처럼 완전히 뒤바뀔 것입니다.

{ 제34장 }

하나님께서 원수들을 벌하실 것이다

1 민족들아, 가까이 와서 들어라. 백성들아, 귀를 기울여라. 땅과 거기에 가득한 것들아, 세상과 그 안에서 사는 모든 것들아, 들어라. 2 주님께서 모든 민족에게 진노하시고, 그들의 모든 군대에게 분노하셔서 그들을 진멸시키려고 하신다. 그들이 살해당하도록 버려두시기로 작정하셨다. 3 죽은 자들이 내동댕이쳐져서, 그 시체에서는 악취가 솟아오르며, 홍수처럼 흐르는 피에 산들이 무너져 내릴 것이다. 4 해와 달과 별들이 떨어져서 가루가 되고, 하늘은 마치 두루마리처럼 말릴 것이다. 포도나무의 잎이 말라 떨어지듯이, 무화과나무의 잎이 말라 떨어지듯이, 하늘에 있는 별들이 떨어질 것이다. 5 "나의 칼이 하늘에서 흡족하게 마셨으니, 그 칼이 이제 에돔을 칠 것이다. 내가 나의 칼에게, 에돔을 심판하여 진멸시키라고 명하였

'에돔'은(5절) 어떤 민족입니까? 하나님은 어째서 이들을 철천지원수처럼 대합니까? 이사야서에서는 연관된 내용을 찾아볼 수 없지만, 구약성경의 다른 책들을 보면 예루살렘이 바빌론에게 멸망당하던 때 에돔이 바빌론과 결탁해 예루살렘의 멸망을 비웃고 조롱하며 악탈한 것을 알 수 있습니다(시 137:7; 욜 3:19; 옵 1:10-14). 그로 인해 에돔은 종종 이웃의 고통을 방관하며 조롱한 폭력의 상징으로 쓰입니다. 이사야서 34-35장은 온 세상에 임하는 궁극적인 심판을 다룬다는 점에서 앞선 24-27장처럼 '묵시'라고 여겨집니다. 이러한 묵시에는 항상 하나님 백성을 대적하는 강력한 대적이 등장하는데, 24-27장에는 모압이 언급되었고(25:10-12), 34-35장에는 에돔이 언급되었습니다. 실제로 정확히 어떤 일이 벌어졌는지는 알 수 없지만, 여기서 에돔은 강력한 힘으로 약한 민족을 억압하고 짓밟던 세력을 상징합니다.

다." 6 제물을 잡은 주님의 칼이 어린 양과 염소의 피에 흥건히 젖고, 숫양의 콩팥에서 나온 기름이 그 칼에 엉겨 붙듯이, 주님의 칼이 그들의 피에 흥건히 젖고, 그 기름이 그 칼에 엉겨붙었다. 주님께서 보스라에서 그 백성을 희생제물로 잡으시고 에돔 땅에서 그 백성을 크게 살육하신 것이다. 7 백성이 들소처럼 쓰러질 것이다. 송아지와 황소처럼 쓰러질 것이다. 땅이 핏빛으로 물들고, 흙이 기름에 엉길 것이다. 8 이때가 바로, 주님께서 복수하시는 날이니, 시온을 구하여주시고 대적을 파멸시키시는 해, 보상하여주시는 해이다. 9 에돔의 강들이 역청으로 변하고, 흙이 유황으로 변하고, 온 땅이 역청처럼 타오를 것이다. 10 그 불이 밤낮으로 꺼지지 않고 타서, 그 연기가 끊임없이 치솟으며, 에돔은 영원토록 황폐하여, 영원히 그리로 지나가는 사람이 없을 것이다. 11 펠리컨과 고슴도치가 그 땅을 차지하겠고, 부엉이와 까마귀가 거기에서 자리를 잡을 것이다. 주님께서 에돔을 '혼돈의 줄'과 '황무의 추'로 재실 터이니, 에돔을 창조 전처럼 황무하게 하실 것이다. 12 거기에는,

'혼돈의 줄'과 '황무의 추'로 잰대(11절)는 말은 무슨 뜻입니까? 여기서 '혼돈'과 '황무'로 번역된 단어는 창세기 1장 2절에도 쓰였는데, 하나님의 창조 이전의 상태를 표현합니다. 예레미야서 4장 23절에서도 온통 황폐해진 세상을 가리키는 말로 이 두 단어가 나란히 쓰였습니다. 줄과 추는 사람이 살 곳을 짓기 위해 땅을 측량하는 수단인데, 주님께서 '혼돈의 줄'과 '황무의 추'를 사용하신다는 것은 이제 강한 세력으로 시온을 짓밟던 에돔 땅 전체를 완전히 황폐케 하실 것임을 가리킵니다. 그 결과 에돔 땅은 더 이상 사람이 살 수 없는 곳이 되어, 11-15절에서 보듯 온통 야생 들짐승의 거처로 바뀔 것입니다. 이처럼 '묵시'는 현재 존재하며 세상을 쩌렁쩌렁 울리는 강력한 세력의 땅이 궁극적으로 짐승들의 땅으로 변하고 황폐해질 것을 선언하고 내다본다는 점에서, 현실을 지배하는 힘의 논리나 강대국에 압도되지 않게 하고 새로운 세상을 바라보게 하는 안목 혹은 세계관이라 할 수 있습니다.

나라를 세울 통치자들이 없을 것이며, 백성을 다스릴 지도자도 없을 것이다. 13 궁궐이 있던 곳마다 가시나무가 돋아나고, 그 요새에는 쐐기풀과 엉겅퀴만 무성할 것이다. 그곳은 승냥이 떼의 굴이 되고, 타조들의 집이 될 것이다. 14 거기에서는 들짐승들이 이리 떼와 만나고, 숫염소가 소리를 내어 서로를 찾을 것이다. 밤짐승이 거기에서 머물러 쉴 곳을 찾을 것이다. 15 부엉이가 집을 만들어 거기에 깃들고, 그 알을 낳아 까서, 제 몸으로 그늘을 만들어 덮을 것이다. 솔개들도 제 짝과 함께 그리로 모일 것이다. 16 주님의 책을 자세히 읽어보아라. 이 짐승들 가운데서 어느 것 하나 빠지는 것이 없겠고, 하나도 그 짝이 없는 짐승은 없을 것이다. 주님께서 친히 입을 열어 그렇게 되라고 명하셨고 주님의 영이 친히 그 짐승들을 모으실 것이기 때문이다. 17 주님께서 친히 그 짐승들에게 땅을 나누어주시고, 손수 줄을 그어서 그렇게 나누어주실 것이니, 그 짐승들이 영원히 그 땅을 차지할 것이며, 세세토록 거기에서 살 것이다.

{ 제35장 }

거룩한 길

1 광야와 메마른 땅이 기뻐하며, 사막이 백합화처럼 피어 즐거워할 것이다. 2 사막은 꽃이 무성하게 피어, 크게 기뻐하며, 즐겁게 소리칠 것이다. 레바논의 영광과 갈멜과 샤론의 영화가, 사막에서 꽃피며, 사람들이 주님의 영광을 보며, 우리 하나님의 영화를 볼 것이다. 3 너희는 맥 풀린 손이 힘을 쓰게 하여라. 떨리는 무릎을 굳세게 하여라. 4 두려워하는 사람을 격려하여라. "굳세어라. 두려워하지 말아라. 너희의 하나님께서 복수하러 오신다. 하나님께서 보복하러 오신다. 너희를 구원하여주신다" 하고 말하여라. 5 그때에 눈먼 사람의 눈이 밝아지고, 귀먹은 사람의 귀가 열릴 것이다. 6 그때에 다리를 절던 사람이 사슴처럼 뛰고, 말을 못 하던 혀가 노래를 부를 것이다. 광야에서 물이 솟겠고, 사막에 시냇물이 흐를 것이다. 7 뜨겁

하나님은 거푸 복수를 다짐합니다. 무엇에 대한 복수입니까? 하나님도 상처를 입고 앙갚음을 합니까? 34장과 35장은 한 덩어리의 본문입니다. 34장에도, 35장에도 '복수'가 등장합니다(34:8; 35:4). 34장에서는 하나님께서 시온을 위해 복수하시고, 35장에서는 '맥 풀린 손, 떨리는 무릎, 두려워하는 사람'을 위해 복수하시는데, 그 결과 눈먼 자, 귀먹은 자, 저는 자, 말 못 하는 자가 회복되어 노래하게 됩니다. 그래서 여기서 '시온'은 이렇게 약하고 보잘것없는 이들을 가리킨다는 것을 알 수 있습니다. 현실에서는 에돔과 같은 강력하고 대단한 세력이 시온으로 대표되는 약자를 짓밟고 유린합니다. 이들은 에돔 같은 세력에 복수할 아무런 힘도 능력도 없고, 오직 하나님 외에는 호소하거나 기댈 곳조차 없습니다. 마침내 하나님께서 행하시는 그날에 하나님께서는 그들을 위해 힘 있는 이들에게 보복하실 것입니다. 그래서 하나님의 복수는 그분을 의지하는 약자들에게는 구원의 상징입니다.

게 타오르던 땅은 연못이 되고, 메마른 땅은 물이 쏟아져 나오는 샘이 될 것이다. 승냥이 떼가 뒹굴며 살던 곳에는, 풀 대신에 갈대와 왕골이 날 것이다. 8 거기에는 큰길이 생길 것이니, 그것을 '거룩한 길'이라고 부를 것이다. 깨끗하지 못한 자는 그리로 다닐 수 없다. 그 길은 오직 그리로 다닐 수 있는 사람들의 것이다. 악한 사람은 그 길로 다닐 수 없고, 어리석은 사람은 그 길에서 서성거리지도 못할 것이다. 9 거기에는 사자가 없고, 사나운 짐승도 그리로 지나다니지 않을 것이다. 그 길에는 그런 짐승들은 없을 것이다. 오직 구원받은 사람만이 그 길을 따라 고향으로 갈 것이다. 10 주님께 속량받은 사람들이 예루살렘으로 돌아올 것이다. 그들이 기뻐 노래하며 시온에 이를 것이다. 기쁨이 그들에게 영원히 머물고, 즐거움과 기쁨이 넘칠 것이니, 슬픔과 탄식이 사라질 것이다.

하나님이 내겠다고 예고한 '거룩한 길'(8절)은 무얼 가리킵니까? 그 길 끝에 있는 고향(9절)은 어딜 말합니까? 9절을 보면 그 구원의 길은 시온을 향하는 것을 알 수 있습니다. 하나님께서 베푸신 구원이기에 '거룩한 길'이라 부릅니다. 앞에서도 말했듯이, 34장과 35장은 궁극적인 미래를 알리는 한 덩어리의 본문입니다. 34장이 에돔으로 대표되는 악인에게 임할 심판이라면, 35장은 현실 세계에서 극심한 고통을 겪으며 조롱당하던 하나님 백성의 승리와 구원이라는 점에서 서로 대조됩니다. 악인의 세상은 이제 뜨거운 땅이 되고(34:9–10), 승냥이를 비롯한 온갖 들짐승의 거처가 될 것입니다(34:11–15). 그러나 하나님 백성에게는 뜨거운 땅이 변해 연못과 샘이 되고, 승냥이가 눕던 곳은 갈대와 왕골의 땅, 사람이 살 만한 땅으로 바뀔 것입니다. 이처럼 하나님은 전세를 역전시키시는 분입니다. 그래서 하나님은 가난하고 약한 자의 영원한 희망이 되십니다.

{ 제36장 }

앗시리아가 예루살렘을 협박하다(왕하 18:13-37; 대하 32:1-19)

1 히스기야 왕 제십사 년에, 앗시리아 왕 산헤립이 올라와서, 견고한 유다의 모든 성읍을 공격하여 점령하였다. 2 그래서 앗 시리아 왕은 라기스에서 랍사게에게 많은 병력을 주어, 예루 살렘의 히스기야 왕에게로 보냈다. 그는 빨래터로 가는 큰길 가 윗저수지의 수로 옆에 주둔하였다. 3 그때에, 힐기야의 아 들 궁내대신 엘리야김과 서기관 셉나와 아삽의 아들 역사 기 록관 요아가, 그를 맞으러 나갔다.

4 ○ 랍사게가 그들에게 말하였다. "히스기야에게 전하여라. 위대한 왕이신 앗시리아의 임금님께서 이렇게 말씀하신다. '네가 무엇을 믿고 이렇게 자신만만하냐? 5 전쟁을 할 전술도 없고, 군사력도 없으면서, 입으로만 전쟁을 할 수 있다고 생각 하느냐? 네가 지금 누구를 믿고 나에게 반역하느냐? 6 너는

관직의 이름이 생소합니다. 궁내대신, 서기관, 역사 기록관은(3절) 각각 어떤 역할 을 하는 직책이었습니까? 고대의 직책이라 정확히 파악하기는 어렵습니다. '궁내 대신'은 왕실의 모든 것을 책임지는 자로, 아마도 가장 높은 직책이었던 것 같습니 다. 오늘로 치면 '국무총리'에 비교될 수 있습니다. 반면 서기관은 국내의 모든 상황 에 대한 정확한 통계를 확보하고 확인하는 자(왕하 12:10)로 추측되며, 내무부와 재 무부 수장 역할에 비교될 수 있습니다. '역사 기록관'으로 옮겨진 표현을 그대로 직 역하면 '기억하게 하는 사람'인데, 말 그대로 역사를 기록하는 사관일 수도 있겠고, 왕명이나 예전 법령을 왕과 국민이 기억하도록 하는 사람일 수도 있습니다. 본문과 다른 곳에서 이 직책들이 언급되는 것으로 볼 때(예, 왕상 4:3), 세 직책이 모든 신 하를 대표하는 핵심 직책이었을 것이라 짐작할 수 있습니다.

부러진 갈대 지팡이 같은 이 이집트를 의지한다고 하지만, 그것을 믿고 붙드는 자는 손만 찔리게 될 것이다. 이집트 왕 바로를 신뢰하는 자는 누구나 이와 같이 될 것이다. 7 너는 또 나에게, 너희가 주 너희의 하나님을 의지한다고 말하겠지마는, 유다와 예루살렘에 사는 백성에게, 예루살렘에 있는 이 제단 앞에서만 경배하여야 한다고 하면서, 산당과 제단들을 다 헐어버린 것이, 바로 너 히스기야가 아니냐!' 8 자, 이제 나의 상전이신 앗시리아의 임금님과 겨루어보아라. 내가 너에게 말 이천 필을 준다고 한들, 네가 그 위에 탈 사람을 내놓을 수 있겠느냐? 9 네가 나의 상전의 부하들 가운데서 하찮은 병사 하나라도 물리칠 수 있겠느냐? 그러면서도, 병거와 기병의 지원을 얻으려고 이집트를 의존하느냐? 10 이제 생각하여보아라. 내가 이곳을 멸망시키려고 오면서, 어찌, 너희가 섬기는 주님의 허락도 받지 않고 왔겠느냐? 주님께서 친히 나에게 말씀하시기를, 이 땅을 치러 올라가서, 그곳을 멸망시키라고 이르셨다."

앗시리아는 히스기야 왕의 반역을 빌미로 유다에 쳐들어왔습니다(4-5절). 이들이 문제 삼는 반역의 내용은 무엇입니까? 이사야서 36-39장과 거의 같은 내용이 열왕기하 18장 13절부터 20장 21절에 실려 있습니다. 두 본문은 거의 일치하지만, 적지 않은 차이도 존재합니다. 열왕기하 본문에 따르면 앗시리아의 산헤립이 침공했을 때, 히스기야가 라기스에 있는 앗시리아 왕에게 사신을 보내 항복을 선언하며 상당한 분량의 금과 은을 바쳤습니다(왕하 18:13-16). 그럼에도 앗시리아 군대가 계속 진군해서 마침내 예루살렘 성을 포위했다는 점은 이후에 히스기야의 유다가 항복 선언을 뒤집은 어떤 행동을 했을 것임을 짐작하게 합니다. 아마도 거기에는 히스기야와 이집트의 동맹도 있었을 것입니다. 그래서 랍사게는 "너희가 이집트를 의지하느냐"라고 물었을 겁니다(사 36:6).

11 ○ 엘리야김과 셉나와 요아가 랍사게에게 말하였다. "성벽 위에서 백성이 듣고 있으니, 우리에게 유다 말로 말씀하지 말아 주십시오. 이 종들에게 시리아 말로 말씀하여주십시오. 우리가 시리아 말을 알아듣습니다."

12 ○ 그러나 랍사게는 그들에게 대답하였다. "나의 상전께서 나를 보내셔서, 이 말을 하게 하신 것은, 다만 너희의 상전과 너희만 들으라고 하신 것이 아니다. 너희와 함께, 자기가 눈 대변을 먹고 자기가 본 소변을 마실, 성벽 위에 앉아 있는 저 백성에게도 이 말을 전하라고 나를 보내셨다."

13 ○ 랍사게가 일어나서, 유다 말로 크게 외쳤다. "너희는, 위대한 왕이신 앗시리아의 임금님께서 하시는 말씀을 들어라! 14 임금님께서 이렇게 말씀하신다. '히스기야에게 속지 말아라. 그는 너희를 구원하여낼 수 없다. 15 히스기야가 너희를 속여서, 주님께서 너희를 구원하실 것이며, 이 도성을 앗시리아 왕의 손에 절대로 넘겨주지 않으실 것이라고 말하면서, 너희로 주님을 의지하게 하려 하여도, 너희는 그 말을 믿지 말아

침공에 앞서 이스라엘의 하나님에게 허락을 받았다는(10절) 랍사게의 말은 사실일까요? 어떤 의도로 이런 말을 하는 걸까요? 히스기야의 유다는 앗시리아에 굴복하지 않는 까닭으로 그들의 하나님을 의지하기 때문이라고 대답했을 것이고, 그에 대해 랍사게는 유다의 신앙을 조롱하며 저 말을 합니다. 자신들이 여기까지 이르러 예루살렘을 포위한 것은 너희들의 신이 허락했기 때문이라는 것입니다. 당연히 하나님께서 하신 일이 아니겠지만. 랍사게의 말은 세상에 존재하는 권위와 권력은 신이 허용하고 세웠기 때문이라는 논리를 품고 있습니다. 언제나 독재자와 제국은 자신들을 일컬어 신이 선택하고 세웠다고 강변합니다. 이들에게는 '이긴 자가 정의이고, 신의 뜻'인 셈입니다. 이러한 논리는 오늘날에도 여전히 횡행합니다. 강자의 힘을 근거로 하나님마저도 제멋대로 끌어들이는 이들입니다.

라. 16 히스기야의 말을 듣지 말아라.' 앗시리아의 임금님께서
이렇게 말씀하신다. '나와 평화조약을 맺고, 나에게로 나아오
라. 그리하면, 너희는 각각 자기의 포도나무와 자기의 무화과
나무에서 난 열매를 따 먹게 될 것이며, 각기 자기가 판 샘에
서 물을 마시게 될 것이다. 17 이제 곧 내가 가서, 너희의 땅과
같은 땅, 곧 곡식과 새 포도주가 나는 땅, 빵과 포도원이 있는
땅으로, 너희를 데려갈 터이니, 18 히스기야가 너희를 꾀어,
주님께서 틀림없이 너희를 구원하실 것이라고 말하더라도, 너
희는 속지 말아라. 뭇 민족의 신들 가운데서, 그 어느 신이 앗
시리아 왕의 손에서 자기 땅을 구원한 일이 있느냐? 19 하맛
과 아르밧의 신들은 어디에 있으며, 스발와임의 신들은 또 어
디에 있느냐? 그들이 사마리아를 나의 손에서 건져내었느냐?
20 여러 민족의 신들 가운데서 그 어느 신이 나의 손에서 자기
땅을 구원한 일이 있기에, 너희의 주 하나님이 나의 손에서 예
루살렘을 구원할 수 있겠느냐?'"
21 ○ 백성은 한마디도 대답하지 않고 조용히 있었다. 그에

엘리아김 일행은 '옷을 찢으며' 돌아왔습니다(22절). 이렇게 옷을 찢는 행위는 유
대인들의 관습인가요? 여기엔 어떤 의미가 담겨 있습니까? 옷을 찢는 것은 비통
함과 애통함의 상징입니다. 아담과 하와가 벗은 모습을 부끄러워하며 옷을 입었고
(창 3:7), 하나님께서는 그들에게 가죽옷을 지어 입히셨습니다(창 3:21). 여기에서
옷은 부끄러움을 가린다는 의미입니다. 한편 옷은 아름다움과 영광의 상징이기도
합니다. 그래서 사랑받거나 영광을 받게 된 이는 흔히 좋은 옷, 화려한 옷을 입게
됩니다(예, 창 37:3; 단 5:29; 슥 3:4-5). 한편 재앙을 당하거나 참혹한 일이 일어났
을 때는 그 옷을 찢음으로써 자신의 부끄러움을 그대로 드러내고 자신의 영예나 지
위가 아무런 소용이 없는 것임을 고백합니다. 그래서 숨김없이 하나님 앞에 나아오
되, 자신의 그 어떤 것도 소용없음을 고백하는 행위라고 볼 수 있습니다.

게 아무런 대답도 하지 말라는 왕의 명령이 있었기 때문이다. 22 힐기야의 아들 궁내대신 엘리야김과 서기관 셉나와 아삽의 아들 역사 기록관 요아는, 울분을 참지 못하여, 옷을 찢으며 히스기야에게 돌아와서, 랍사게의 말을 그대로 전하였다.

{ 제37장 }

왕이 이사야의 충고를 듣고자 하다(왕하 19:1-7)

1 히스기야 왕도 이 말을 듣고, 울분을 참지 못하여, 자기 옷을 찢고, 베옷을 두르고, 주님의 성전으로 들어갔다. 2 그는 궁내 대신 엘리야김과 서기관 셉나와 원로 제사장들에게 베옷을 두르게 한 뒤에, 이 사람들을 아모스의 아들 예언자 이사야에게 보냈다. 3 그들은 이사야에게 가서, 히스기야 왕의 말씀이라고 하면서, 이렇게 말하였다. "오늘은 환난과 징계와 굴욕의 날입니다. 아이를 낳으려 하나, 낳을 힘이 없는 산모와도 같습니다. 4 주 그대의 하나님께서는 랍사게가 한 말을 다 들으셨을 것입니다. 랍사게는, 살아계신 하나님을 모욕하려고, 그의 상전인 앗시리아 왕이 보낸 자입니다. 주 그대의 하나님께서 그가 하는 말을 들으셨으니, 그를 심판하실 것입니다. 그대는 여기에 남아 있는 우리들이 구원받도록 기도하여주십시오."
5 ○ 히스기야 왕의 신하들이 이사야에게 가서 이렇게 말하니,

히스기야 왕은 제사장들에게 베옷을 두르게 했습니다(2절). 제사장들에게는 반드시 입어야 할 예복이 따로 있지 않던가요? 베옷을 입는 행동 역시 옷을 찢는 것만큼 상징적인 행동입니다. 베옷은 매우 거칠고 꺼끌꺼끌해서, 그 안에 다른 옷을 입지 않은 채로 입기에는 불편합니다. 왕의 옷이든 제사장의 예복이든, 이들은 평소에 입는 옷을 찢고 벗은 후 베옷을 입었습니다. 여기에 같이 수반되는 또 다른 행동은 땅바닥의 흙 위에 앉거나 그 흙 혹은 재를 머리에 뿌리는 것입니다(예, 수 7:6; 삼상 4:12; 욥 2:12; 애 2:10). 이러한 행동은 모두 지금 상황에 대한 극심한 애통을 표현하며, 우리에게 있는 모든 것이 아무 소용없되 오직 하나님의 도우심만이 필요하다는 절실한 마음을 나타냅니다.

6 이사야가 그들에게 대답하였다. "그대들의 왕에게 이렇게 전하십시오. 주님께서 이렇게 말씀하십니다. '앗시리아 왕의 부하들이 나를 모욕하는 말을 네가 들었다고 하여, 그렇게 두려워하지 말아라. 7 내가 그에게 한 영을 내려보내어, 그가 뜬 소문을 듣고 자기 나라로 돌아가게 할 것이며, 거기에서 칼에 맞아 죽게 할 것이다.'"

앗시리아가 또 다른 협박을 하여오다(왕하 19:8-19)

8 ○ 랍사게는, 자기 왕이 라기스를 떠났다는 소식을 듣고 후퇴하여, 립나를 치고 있는 앗시리아 왕과 합세하였다. 9 그때에 앗시리아 왕은, 에티오피아 왕 디르하가가 자기와 싸우려고 출전하였다는 말을 들었다. 그는 이 말을 듣고, 히스기야에게 사신들을 보내어, 이렇게 말하였다. 10 "우리의 임금님께서 유다 임금 히스기야에게 이렇게 전하라고 하셨습니다. '네가 의지하는 너의 하나님께서 예루살렘을 앗시리아 왕의 손에 넘어가게 하지 않으실 것이라고 하여도, 너는 그 말에 속지 말

왕은 사절단을 꾸려 이사야에게 보냈습니다(2절). 이스라엘에서 예언자는 통상적으로 왕에 버금가는 권위를 갖습니까? 예언자와 왕은 서로 어느 쪽이 더 강한지 비교될 수 있는 권위가 아닙니다. 예언자의 가장 중요한 직무는 '대신 말하는 것'입니다. 하나님께서 그 백성에게 말씀하실 것을 예언자에게 이르시면, 예언자는 '하나님을 대신해서' 왕과 백성에게 전합니다. 때로 백성들이 하나님께 아뢸 것이 있을 때 예언자는 '백성을 대신해서' 하나님께 아룁니다. 본문의 경우는 후자에 해당합니다. 나라 전체가 위태로워지고 모욕을 당하자, 왕은 예언자에게 하나님께 아뢰어 달라고 부탁했습니다. 물론 왕도, 백성도 하나님께 호소하지만, 예언자는 이렇게 대신 기도하는 직무를 공적으로 맡았습니다.

아라. 11 너는, 앗시리아 왕들이 다른 모든 나라를 멸하려고 어떻게 하였는지, 잘 들었을 것이다. 그런데 너만은 구원받을 것이라고 믿느냐? 12 나의 선왕들이 멸망시킨, 고산과 하란과 레셉과, 들라살에 있는 에덴 족을, 그 민족들의 신들이 구하여낼 수 있었느냐? 13 하맛의 왕, 아르밧의 왕, 스발와임 도성의 왕, 그리고 헤나 왕과 이와 왕들이 모두 어디로 갔느냐?'"

14 ○ 히스기야는 사신들에게서 이 편지를 받아 읽었다. 그런 다음에 주님의 성전으로 올라가서, 주님 앞에 편지를 펴놓은 뒤에, 15 주님께 기도하였다. 16 그룹들 위에 계시는 이스라엘의 하나님, 만군의 주님, 주님만이 이 세상의 모든 나라를 다스리시는 오직 한 분뿐이신 하나님이시며, 하늘과 땅을 만드신 분이십니다. 17 주님, 귀를 기울여 들어주십시오. 주님, 눈여겨보아 주십시오. 살아계신 하나님을 모욕하는 말을 전한 저 산헤립의 망언을 잊지 마십시오. 18 주님, 참으로 앗시리아 왕들이 여러 나라와 그 땅을 마구 짓밟아버렸습니다. 19 여러 민족이 믿는 신들을 모두 불에 던져 태웠습니다. 그러나, 그들은 참 신들이 아니라, 나무와 돌로 만든 것들이기에, 앗시리아 왕들에

7절에서 말하는 '뜬소문'은 무엇에 관한 풍문이었습니까? 군대를 철수시킬 만큼 긴박하고 개연성이 높은 내용이었습니까? 본문에 뚜렷한 내용이 나오지 않아 정확히 알 수는 없습니다. 이어지는 8-9절은 에티오피아 왕의 출병 소식을 앗시리아 왕이 들었다고 전합니다. 아마도 그 소식이 앗시리아 왕을 불안하게 만든 '뜬소문'이었을 겁니다. 이후 앗시리아 왕은 본국으로 돌아가지만, 결국 아들들에게 죽임을 당합니다(37-38절). 언제나 절대 권력을 지닌 이들은 자신의 권력이 '절대적'이지 않음을 본능적으로 알고 주변의 모든 사람을 의심할 수밖에 없고, 사소한 소문에도 의심의 구름이 커지는 것을 막지 못합니다. 힘을 의지하는 자에게는 결국 모든 것이 의심거리일 수밖에 없습니다. 7절은 그 점에서 절대 권력의 허망함을 단적으로 보여줍니다.

게 멸망당할 수밖에 없었습니다마는, 20 주 우리의 하나님, 이제 그의 손에서 우리를 구원하여주셔서, 세상의 모든 나라가, 오직 주님만이 홀로 주 하나님이심을 알게 하여주십시오.

이사야가 왕에게 전한 말(왕하 19:20-37)

21 ○ 아모스의 아들 이사야가 히스기야에게 사람을 보내어, 이렇게 말하였다. "주 이스라엘의 하나님께서는, 임금님께서 앗시리아 왕 산헤립의 일 때문에 주님께 올린 그 기도를 들으셨다고 말씀하셨습니다. 22 앗시리아 왕을 두고, 주님께서 다음과 같이 말씀하셨습니다." "처녀 딸 시온이 너 산헤립을 경멸하고 비웃는다. 딸 예루살렘이 오히려 물러나는 너의 뒷모습을 보며, 머리를 흔든다. 23 네가 감히 누구를 모욕하고 멸시하였느냐? 네가 누구에게 큰소리를 쳤느냐? 이스라엘의 거룩하신 분께, 네가 감히 너의 눈을 부릅떴느냐? 24 네가 종들을 보내어서 나 주를 조롱하며 말하였다. '내가 수많은 병거를 몰아, 높은 산 이 꼭대기에서 저 꼭대기까지, 레바논의 막다른

위태로워진 나라의 처지보다 산헤립이 하나님을 모독했다는 사실을 더 원통하게 여기는 듯한(17절) 히스기야의 태도는 어디에서 비롯된 걸까요? 유다의 존립은 그들을 인도하고 지키시는 주 하나님께 달려 있습니다. 유다에 필요한 것은 강한 국력도, 누구도 무시할 수 없는 엄청난 경제력도 아닙니다. 오직 그들을 이끄시는 하나님입니다. 만일 국력과 경제력에 의지한다면, 끝없이 더 강해지는 방법 외에는 안전한 길이 없을 것입니다. 히스기야는 유다의 근본이 무엇인지를 알았고, 하나님의 이름이 모욕을 당하는 현실이야말로 유다 전체를 뒤흔드는 것임을 알았습니다. 무엇보다도 하나님의 이름이 모욕당하는 것을 하나님께서 그냥 두지 않을 것임을 알았습니다.

곳까지 깊숙이 들어가서, 키 큰 백향목과 아름다운 잣나무를 베어버리고, 울창한 숲속 깊숙이 들어가서, 그 끝 간 데까지 들어갔고, 25 그러고는 땅을 파서 다른 나라의 물을 마시며, 발바닥으로 밟기만 하고서도, 이집트의 모든 강물을 말렸다.' 26 산헤립아, 너는 듣지 못하였느냐? 그런 일은 이미 내가 오래전에 결정한 것들이고, 아득한 옛날부터 이미 내가 계획한 것들이다. 이제 내가 그것을 이루었을 뿐이다. 그래서 네가 견고한 요새들을 돌무더기로 만들고 27 여러 민족의 간담을 서늘하게 하고, 공포에 질리게 하고, 부끄럽게 하였다. 민족들은 초목과 같고, 자라기도 전에 말라버리는 풀포기나 지붕 위의 잡초와 같았다. 28 나는 다 알고 있다. 네가 앉고 서는 것, 네가 나가고 들어오는 것, 네가 나에게 분노를 품고 있는 것도, 나는 모두 다 알고 있다. 29 네가 나에게 품고 있는 분노와 오만을, 이미 오래전에 내가 직접 들었기에, 내가 너의 코를 갈고리로 꿰고, 너의 입에 재갈을 물려, 네가 왔던 그 길로 너를 되돌아가게 하겠다."

30 ㅇ "히스기야 임금님, 주님께서 임금님께 다음과 같은 증

'처녀 딸'(22절)은 시온의 어떤 속성을 표현하는 이미지입니까? 하나님은 왜 시온을 딸에게 빗대어 이야기합니까? 오늘날의 유럽 언어도 대개 그렇지만, 고대 히브리어에서도 도시나 나라, 민족의 이름은 여성형 명사입니다. 처녀나 딸과 같은 표현은 여성형 명사라는 특징 때문에 나온 것이라 볼 수 있습니다. 특별히 본문에서 시온을 '처녀 딸'로 표현한 것은 앗시리아 왕 산헤립, 그리고 그가 이끄는 군대와 대조하기 위한 것이라 이해할 수 있습니다. 강력한 제국의 군대 앞에 선 예루살렘이 '처녀 딸'에 비유되었습니다. 그러나 하나님께서 시온과 함께하시니 도리어 시온이 앗시리아를 경멸하고 비웃게 될 것입니다. 하나님만이 참된 능력이시기에 하나님께서 함께하실 때 두렵지 않습니다. 그래서 하나님은 참으로 약한 자의 하나님이십니다.

거를 보이실 것입니다. 금년에는 백성이, 들에서 저절로 자라난 곡식을 먹고, 내년에도 들에서 저절로 자라난 곡식을 먹을 것입니다. 그러나 그다음 해에는, 백성이 씨를 뿌리고 곡식을 거둘 것이며, 포도밭을 가꾸어서 그 열매를 먹을 것입니다. 31 유다 사람들 가운데서 난을 피하여 살아남은 사람들이, 다시 땅 아래로 깊이 뿌리를 내리고, 위로 열매를 맺을 것입니다." 32 '남은 사람들이 예루살렘에서부터 나오고, 환난을 피한 사람들이 시온산에서 나올 것이다.' 만군의 주님께서 정열을 가지고서 이 일을 이루실 것입니다. 33 그러므로 앗시리아 왕을 두고, 주님께서 이렇게 말씀하십니다. "그는 이 도성에 들어오지 못하며, 이리로 활도 한 번 쏘아보지 못할 것이다. 방패를 앞세워 접근하지도 못하며, 성을 공격할 토성을 쌓지도 못할 것이다. 34 그는 왔던 길로 되돌아갈 것이고, 이 도성 안으로는 절대로 들어오지 못한다. 이것은 나 주의 말이다. 35 나는 나의 명성을 지키려 하여서라도 이 도성을 보호하고, 나의 종 다윗을 보아서라도 이 도성을 구원하겠다."

적어도 이태 뒤에나 이뤄질 일이(30-31절) 어떻게 당장 하나님을 신뢰할 증거가 될 수 있습니까? 참혹한 현실이 삶을 덮쳤을 때, 우리는 이러한 고통이 언제까지 이어질지 너무나 막막해서 절망하기도 합니다. 앗시리아의 공격 역시 유다 사람들에게는 그와 같은 참상이요, 고통이었을 것입니다. 본문이 말하는 3년은 앗시리아가 짓밟았던 전쟁의 참상으로부터 회복되는 데 걸리는 시간이라 볼 수 있습니다. 3년이 지나 유다 곳곳에 포도나무가 자라고 그 결실을 먹게 되었을 때, 이스라엘은 몇 년 전 참상의 시간을 기억하며 하나님의 은혜와 도우심, 풍성하게 하심을 즐거워하고 감사할 것입니다. 지금 겪는 고통이 무척 크지만, 하나님께서는 3년의 시간과 함께, 혹은 이제 곧 흘러갈 시간과 함께, 현재의 고통을 기억하며 옛말하는 회복의 날을 주실 것입니다.

36 ○ 그런 다음에 주님의 천사가 나아가서, 앗시리아 군의 진영에서 십팔만 오천 명을 쳐 죽였다. 다음 날 아침이 밝았을 때에, 그들은 모두 죽은 시체로 발견되었다. 37 앗시리아 왕 산헤립은 그곳을 떠나, 니느웨 도성으로 돌아가서 머물렀다. 38 그러던 어느 날, 그가 자기 신 니스록의 신전에서 예배하고 있을 때에, 그의 두 아들 아드람멜렉과 사레셀이 그를 칼로 쳐 죽이고, 아라랏 땅으로 도망하였다. 그 뒤를 이어 그의 아들 에살핫돈이 왕이 되었다.

{ 제38장 }

히스기야 왕의 발병과 회복(왕하 20:1-11; 대하 32:24-26)

1 그 무렵에 히스기야가 병이 들어서 거의 죽게 되었는데, 아모스의 아들 예언자 이사야가 그에게 와서 말하였다. "주님께서 이렇게 말씀하십니다. '네가 죽게 되었으니, 너의 집안 모든 일을 정리하여라. 네가 다시 회복되지 못할 것이다.'" 2 이 말을 듣고서 히스기야는, 그의 얼굴을 벽 쪽으로 돌리고, 주님께 기도하여, 3 이렇게 아뢰었다. "주님, 주님께 빕니다. 제가 주님 앞에서 진실하게 살아온 것과, 온전한 마음으로 순종한 것과, 주님께서 보시기에 선한 일 한 것을, 기억하여주십시오." 이렇게 기도하고 나서, 히스기야는 한참 동안 흐느껴 울었다. 4 그때에 주님께서 이사야에게 말씀하셨다. 5 "너는 되돌아가서, 히스기야에게 일러라. '너의 조상 다윗의 하나님이신 주님께서 이렇게 말씀하신다. 네가 기도하는 소리를 내가 들었고, 네가 흘리는 눈물도 내가 보았다. 내가 너의 목숨을 열다섯 해

'그 무렵'(1절)은 어느 시점을 가리킵니까? 산헤립의 공격을 받고 있던 때인가요? 본문은 그렇게 말하고 있습니다. 1절 첫머리의 '그 무렵'이라는 표현은 히스기야가 죽을병에 걸린 상황을 앗시리아 산헤립의 침공으로 인해 예루살렘이 멸망 직전에 이른 상황으로 연결합니다. 앗시리아의 위협이 계속되는 상황이라는 사실은 "너와 이 도성을 앗시리아 왕의 손에서 구하겠다"(6절)는 말씀에서도 확인할 수 있습니다. 이러한 연결을 고려하면, 38장에서 히스기야가 죽을병에 걸린 사건은 단지 개인의 질병 문제가 아니라 이스라엘이 처한 현실을 상징적으로 보여준다고 할 수 있습니다. 유다와 예루살렘도 다시 살 수 있을 것 같지 않고, 히스기야도 이제 곧 죽을 것 같습니다. 이 상황에서 히스기야는, 그리고 유다는 어떻게 해야 할까요?

더 연장시키고, 6 너와 이 도성을 앗시리아 왕의 손에서 구하고, 이 도성을 보호하겠다. 7 나 주는 약속한 것을 그대로 이룬다. 그 증거를 나 주가 너에게 보여주겠다. 8 아하스의 해시계에 비친 그림자가 십 도 뒤로 물러갈 것이니, 해도 내려갔던 데서 십 도 올라갈 것이다.'"

9 ○ 다음은, 유다 왕 히스기야가 병이 들었다가 그 병에서 회복된 다음에 읊은 시이다. 10 나는 한창 나이에 스올의 문으로 들어가는가 싶었다. 남은 여생을 빼앗긴다는 생각도 들었다. 11 나는 또 이런 생각도 들었다. '내가 다시는 주님을 뵙지 못하겠구나. 사람이 사는 땅에서는 다시는 주님을 뵙지 못하겠구나. 내가 다시는, 세상에 사는 사람 가운데서 단 한 사람도 볼 수 없겠구나.' 12 목동이 장막을 거두어서 자리를 옮기듯이, 나의 생명도 장막처럼 뜯겨서 옮겨질 것이다. 베 짜는 사람이 베를 다 짜면 베틀에서 베를 거두어서 말듯이, 나도 나의 목숨을 다 짠 베처럼 말아야 할 것이다. 주님께서 조만간에 내 목숨을 끊으실 것이다. 13 마치 사자가 나의 뼈를 바수어 먹기라도 하듯이, 나는 날이 샐 때까지 울부짖었다. 주님께서 조만간에 내 목숨을 끊으실 것이다. 14 나는 제비처럼 학처럼 애타

히스기야처럼 간절히 기도하면 누구나 수명이 연장될 수 있습니까? 아플 때마다 기도해서 살아난다면 영원토록 죽지 않고 살 테니, 기도한다고 다 오래 살 수는 없을 것입니다. 본문은 사람의 죽고 사는 것이 하나님께 달려 있음을 알려줍니다. 앞선 질문에서도 보았듯이, 38장은 그저 개인의 질병에 대한 치유라기보다는 이제 곧 죽게 된 이스라엘의 구원 문제를 다룬 것이라고 볼 수 있습니다. 하나님께서 건져주시길 구하면서, 히스기야는 "주님만 섬기고 살겠다"(16절)고 고백합니다. 그러므로 이 본문은 멸망을 목전에 두었다고 체념하며 받아들일 것이 아니라, 하나님께로 돌이키고 오직 그분을 신뢰하며 구하라고 알려줍니다.

게 소리 지르고, 비둘기처럼 구슬피 울었다. 나는 눈이 멀도록 하늘을 우러러보았다. '주님, 저는 괴롭습니다. 이 고통에서 저를 건져주십시오!' 15 주님께서 말씀하셨고, 주님께서 그대로 이루셨는데, 내가 무슨 말을 더 하겠는가? 나의 영혼이 번민에 싸여 있으므로, 내가 잠을 이룰 수 없다. 16 주님, 주님을 섬기고 살겠습니다. 주님만 섬기겠습니다. 저를 낫게 하여주셔서, 다시 일어나게 하여주십시오. 이 아픔이 평안으로 바뀔 것입니다. 17 주님께서 이 몸을 멸망의 구덩이에서 건져주시고, 주님께서 저의 모든 죄를 용서하십니다. 18 스올에서는 아무도 주님께 감사드릴 수 없습니다. 죽은 사람은 아무도 주님을 찬양할 수 없습니다. 죽은 사람은 아무도 주님의 신실하심을 의지할 수 없습니다. 19 제가 오늘 주님을 찬양하듯, 오직 살아 있는 사람만이 주님을 찬양할 수 있습니다. 부모들이 자녀들에게 주님의 신실하심을 일러줍니다. 20 주님, 주님께서 저를 낫게 하셨습니다. 우리가 수금을 뜯으며, 주님을 찬양하겠습니다. 사는 날 동안, 우리가 주님의 성전에서 주님을 찬양하겠

하나님은 해를 뒤로 물리는(8절) 강력한 증거를 제시합니다. 굳이 이렇게 엄청난 이 적까지 일으킬 필요가 있었을까요? 8절은 '아하스의 해시계'를 언급합니다. 굳이 '아하스'라는 이름을 언급한 것도 이유가 있을 것입니다. 시리아와 북왕국 이스라엘이 침공했을 때, 하나님께서는 아하스에게 이사야를 보내 그 두 왕을 두려워하지 말고 하나님만 신뢰하라 촉구하시면서 하나님의 도우심을 붙잡을 수 있도록 징조를 구하라고 하셨습니다(7:10-11). 그러나 아하스는 하나님 신뢰하기를 버렸고, 유다에는 큰 재앙이 밀어닥쳤습니다. 이제 아하스 때와 거의 동일한 외적의 침략으로 위기 상황이 벌어지자 히스기야는 오직 하나님의 도우심만을 구하며 엎드렸고, 하나님께서는 똑같이 징조를 구하라 말씀하십니다. 그리고 그 결과로 아하스의 해시계에 비친 그림자가 뒤로 물러갑니다. 이것은 아하스로 인해 촉발된 멸망의 시간을 하나님께서 되돌리셨음을 가리킨다고 볼 수 있습니다.

습니다.

21 ○ 이사야가 왕에게 "무화과 빵을 가져다가 종기에 붙이시면 임금님께서 나으실 것입니다" 하고 말하였을 때에, 22 히스기야는 "내가 주님의 성전에 다시 올라갈 것이라는 증거가 무엇이오?" 하고 물었다.

{ 제39장 }

바빌로니아에서 온 사절단(왕하 20:12-19)

1 그때에 발라단의 아들 바빌로니아 왕 므로닥발라단이, 히스기야가 병들었다가 나았다는 소식을 듣고서, 그에게 친서와 예물을 보내왔다. 2 히스기야는 그들을 반가이 맞아들이고, 보물 창고에 있는 은과 금과 향료와 향유와, 무기고와 창고 안에 있는 모든 것을, 다 보여주었다. 히스기야는 그들에게, 궁궐과 나라 안에 있는 것을 하나도 빠짐없이 다 보여주었다.

3 ○ 그때에 예언자 이사야가 히스기야 왕에게 와서 물었다. "이 사람들이 무슨 말을 하였습니까? 이 사람들은 어디에서 온 사람들입니까?" 히스기야가 대답하였다. "그들은 저 먼 나라 바빌로니아에서 온 사람들이오." 4 이사야가 또 물었다. "그들이 임금님의 궁궐에서 무엇을 보았습니까?" 히스기야가 대답하였다. "그들은 나의 궁궐 안에 있는 모든 것을 보았고, 나의

강대국 바빌로니아가 사절까지 보내 약소국 유다 임금의 쾌유를 축하했다(1절)는 게 수상합니다. 숨은 의도는 없었을까요? 당시 바빌로니아는 신흥 강국이라고 할 수 있습니다. 고대 중동 세계의 패권은 앗시리아가 쥐고 있었고, 바빌로니아는 틈을 노리며 세력을 키워가고 있었습니다. 히스기야가 병에 걸렸을 때 바빌로니아가 사절단을 보냈고, 히스기야는 매우 특이하게도 그들에게 유다의 경제력뿐 아니라 무기고 안까지 나라 안의 모든 것을 다 보여주었습니다. 그래서 히스기야의 병문안을 기회로 남왕국 유다와 바빌로니아 사이에 일종의 동맹 관계가 체결되는 것으로 이해할 수 있습니다. 구약성경에서 하나님께서는 이스라엘이 다른 나라와 동맹 관계를 맺는 것을 일관되게 책망하십니다. 다른 나라와 불화하라는 것이 아니라, 나라의 미래를 힘센 외국과의 동맹에 맡겨서는 안 된다는 의미입니다. 그런 동맹은 사실상 하나님을 신뢰하지 않기에 나온 행동이기 때문입니다.

창고에 있는 것 가운데, 그들에게 보여주지 않은 것이 하나도 없소."

5 ○ 이사야가 히스기야에게 말하였다. "만군의 주님의 말씀을 들으십시오. 6 '그날이 다가오고 있다. 그날이 오면, 너의 왕궁 안에 있는 모든 것과 오늘까지 너의 조상이 저장하여놓은 모든 보물이, 남김없이 바빌론으로 옮겨갈 것이다.' 주님께서 또 말씀하십니다. 7 '너에게서 태어날 아들 가운데서 더러는 포로로 끌려가서, 바빌론 왕궁의 환관이 될 것이다.'"

8 ○ 히스기야가 이사야에게 말하였다. "그대가 전하여준 주님의 말씀은 지당한 말씀이오." 히스기야는, 자기가 살아 있는 동안만이라도 평화와 안정이 계속되면 다행이라고 생각하였다.

나라가 바빌론에게 망할 것이라는 말을 들었는데도, "자기가 살아 있는 동안만이라도 평화와 안정이 계속되면 다행이라고 생각했다"(8절)는 건 무척 이기적인 심보 아닌가요? 히스기야와 바빌론 사이의 동맹은 하나님께서 기뻐하시는 것이 아닙니다. 히스기야가 나라의 모든 것을 바빌론에게 보여주었기 때문에 유다가 망하게 된 게 아닙니다. 유다가 바빌론에 모든 것을 보여준 행동은 장차 유다의 모든 것이 바빌론으로 넘어갈 것임을 상징적으로 보여준 장면입니다. 히스기야의 기도와 더불어 아하스의 해시계가 뒤로 물러가고 그의 수명이 15년 연장되었습니다. 이를 볼때, 히스기야의 마지막 말은 그나마 그만큼이라도 하나님께서 유다의 날을 연장해주신 것에 대한 감사라고 할 수 있습니다.

{ 제40장 }

희망의 말씀

1 "너희는 위로하여라! 나의 백성을 위로하여라!" 너희의 하나님께서 말씀하신다. 2 "예루살렘 주민을 격려하고, 그들에게 일러주어라. 이제 복역 기간이 끝나고, 죄에 대한 형벌도 다 받고, 지은 죄에 비하여 갑절의 벌을 주님에게서 받았다고 외쳐라." 3 한 소리가 외친다. "광야에 주님께서 오실 길을 닦아라. 사막에 우리의 하나님께서 오실 큰길을 곧게 내어라. 4 모든 계곡은 메우고, 산과 언덕은 깎아 내리고, 거친 길은 평탄하게 하고, 험한 곳은 평지로 만들어라. 5 주님의 영광이 나타날 것이니, 모든 사람이 그것을 함께 볼 것이다. 이것은 주님께서 친히 약속하신 것이다." 6 한 소리가 외친다. "너는 외쳐라." 그래서 내가 "무엇이라고 외쳐야 합니까?" 하고 물었다. "모든 육체는 풀이요, 그의 모든 아름다움은 들의 꽃과 같을

1절에서 말하는 '너희'의 정체는 무엇입니까? 하나님은 누구더러 위로하라고 말합니까? '너희'는 기본적으로 하나님과 백성 사이에 서 있는 예언자나 제사장이라고 볼 수 있습니다. 그렇지만 특정하게 어떤 집단을 가리킨다기보다는, 곤고하고 힘겨운 백성을 향해 하나님의 위로와 구원을 선포하라는 소리를 듣는 모든 사람이 너희에 해당한다고 보는 것이 좋겠습니다. 이사야서 첫머리 소개글에서도 언급했지만, 본문 40장부터는 온통 위로와 격려의 말씀으로 가득합니다. 이사야서를 연구하는 이들은 40–55장 본문의 배경에는 바빌로니아에 포로로 끌려간 유다 백성이 있다는 것을 알려줍니다. 우리나라의 경험에 견주자면 1930년대 중반에서 1940년대 초반, 일제의 횡포가 극에 달했던 시기와 비슷합니다. 도무지 앞이 보이지 않는 막막한 현실에서 벌레처럼 살아가는 유다 백성을 향한 하나님의 말씀이 강렬하고 장엄하게 선포됩니다.

뿐이다. 7 주님께서 그 위에 입김을 부시면, 풀은 마르고 꽃은 시든다. 그렇다. 이 백성은 풀에 지나지 않는다. 8 풀은 마르고 꽃은 시드나, 우리 하나님의 말씀은 영원히 서 있다." 9 좋은 소식을 전하는 시온아, 어서 높은 산으로 올라가거라. 아름다운 소식을 전하는 예루살렘아, 너의 목소리를 힘껏 높여라. 두려워하지 말고 소리를 높여라. 유다의 성읍들에게 "여기에 너희의 하나님이 계신다" 하고 말하여라. 10 만군의 주 하나님께서 오신다. 그가 권세를 잡고 친히 다스리실 것이다. 보아라, 그가 백성에게 주실 상급을 가지고 오신다. 백성에게 주실 보상을 가지고 오신다. 11 그는 목자와 같이 그의 양 떼를 먹이시며, 어린 양들을 팔로 모으시고, 품에 안으시며, 젖을 먹이는 어미 양들을 조심스럽게 이끄신다.

비교할 수 없는 하나님

12 누가 바닷물을 손바닥으로 떠서 헤아려보았으며, 뼘으로

"한 소리가 외친다"(3, 6절)는 건 무슨 말입니까? 왜 외치는 이의 실체를 밝히지 않고 '소리'라고 말하는지 모르겠습니다. 3-6절에는 '한 소리'와 더불어 '나'도 등장합니다. '한 소리'가 '나'에게 이 백성을 향해 무엇을 외쳐야 할지 일러주는 형식으로 하나님의 말씀을 알려줍니다. 여기서 '나'가 포로 가운데 백성에게 나아가서 하나님의 말씀을 선포하는 예언자를 가리킨다면, '한 소리'는 예언자에게 하나님 말씀을 알리는 하나님의 천사라고 볼 수 있습니다. 그러나 '한 소리'에 대해 더 자세한 내용이 없고, 하나님 말씀을 백성에게 전해야 하는 '나'에 대해서도 이름이나 다른 정보를 전혀 알리지 않습니다. '한 소리'와 예언자의 정체는 독자 혹은 청중의 상상에 맡길 뿐입니다. 가장 중요한 것은 그렇게 해서 전하고 선포해야 할 하나님 말씀의 내용입니다. 그래서 하나님의 말씀을 제외한 다른 정보는 굳이 밝히지 않은 것이라 볼 수 있습니다.

하늘을 재어보았느냐? 누가 온 땅의 티끌을 되로 되어보고, 산들을 어깨 저울로 달아보고, 언덕들을 손저울로 달아보았느냐? 13 누가 주님의 영을 헤아릴 수 있겠으며, 주님의 조언자가 되어 그를 가르칠 수 있겠느냐? 14 그가 누구와 의논하시는가? 누가 그를 깨우쳐드리며, 공평의 도리를 가르쳐드리는가? 누가 그에게 지식을 가르쳐드리며, 슬기로운 처세술을 가르쳐드리는가? 15 그에게는 뭇 나라가, 고작해야, 두레박에서 떨어지는 한 방울 물이나, 저울 위의 티끌과 같을 뿐이다. 섬들도 먼지를 들어 올리듯 가볍게 들어 올리신다. 16 레바논의 삼림이 제단의 장작으로 충분하지 않고, 그곳의 짐승들도 번제물로 드리기에 충분하지 않다. 17 그 앞에서는 모든 민족이 아무것도 아니며, 그에게는 사람이란 전혀 없는 것이나 다름이 없다. 18 그렇다면, 너희가 하나님을 누구와 같다 하겠으며, 어떤 형상에 비기겠느냐? 19 우상이란 대장장이가 부어 만들고, 도금장이가 금으로 입히고, 은사슬을 만들어 걸친 것이다. 20 금이나 은을 구할 형편이 못되는 사람은 썩지 않는 나무를 골라서 구하여놓고, 넘어지지 않을 우상을 만들려고 숙

6-8절에 묘사된 '주님'의 모습은 마치 '죽음의 신' 같습니다. 주님의 입김이 닿으면 죽었던 풀들도 되살아나야 마땅하지 않나요? 주님은 살게도 하시고 죽게도 하시며, 흥하게도 하시고 망하게도 하십니다. 그렇기에 사람은 세상의 그 어떤 권세로 인해 두려워하거나 기뻐할 것 없이 오직 하나님을 신뢰해야 합니다. 주님의 입김으로 풀이 마르듯이, 오늘날 백성들이 겪고 있는 참상과 어려움은 주님의 뜻 가운데 있습니다. 이스라엘이 바빌로니아에 포로로 끌려온 것은 그들의 죄로 인한 심판의 결과였습니다. 그런데 이제 하나님께서 위로를 선포하시며 회복의 날이 다가왔다고 선언하십니다. 주님의 입김으로 말랐지만, 영원하신 하나님의 말씀으로 인해 이제 다시 회복되고 소생할 날이 다가왔습니다.

련된 기술자를 찾는다. 21 너희가 알지 못하였느냐? 너희가 듣지 못하였느냐? 태초부터 너희가 전해 들은 것이 아니냐? 너희는 땅의 기초가 어떻게 세워졌는지 알지 못하였느냐? 22 땅위의 저 푸른 하늘에 계신 분께서 세상을 만드셨다. 땅에 사는 사람들은 하나님 보시기에는 메뚜기와 같을 뿐이다. 그는 하늘을, 마치 엷은 휘장처럼 펴서, 사람이 사는 장막처럼 쳐놓으셨다. 23 그는 통치자들을 허수아비로 만드시며, 땅의 지배자들을 쓸모없는 사람으로 만드신다. 24 이 세상의 통치자들은 풀포기와 같다. 심기가 무섭게, 씨를 뿌리기가 무섭게, 뿌리를 내리기가 무섭게, 하나님께서 입김을 부셔서 말려버리시니, 마치 강풍에 날리는 검불과 같다. 25 거룩하신 분께서 말씀하신다. "그렇다면, 너희가 나를 누구와 견주겠으며, 나를 누구와 같다고 하겠느냐?" 26 너희는 고개를 들어서, 저 위를 바라보아라. 누가 이 모든 별을 창조하였느냐? 바로 그분께서 천체를 수효를 세어 불러내신다. 그는 능력이 많으시고 힘이

10절은 터무니없거나, 있으나 마나 한 예언입니다. '언제, 어떻게'가 불확실한 예언이 이뤄질기 기약 없이 기다리는 게 과연 가치 있는 일일까요? 그리고 보면 구약성경 속 하나님의 약속은 꽤 긴 시간이 걸리는 것이 많습니다. 아브라함에게 주신 땅의 약속은 성취되기까지 놀랍게도 700~800년의 세월이 걸렸습니다. 그 점에서 구약성경은 '기다림의 책'이라 할 수 있으며, 달리 '기대의 책'이라고 할 수 있습니다. 마침내 하나님께서 온 땅의 왕으로 임하셔서 친히 다스리실 것이라는 약속은 정말 허망해 보이기도 합니다. 그러나 약속이 중요한 까닭은 지금 눈앞의 일상을 달리 보도록 하기 때문입니다. 지금 존재하는 것이 전부가 아니며, 지금 세상의 임금이 진정한 임금이 아님을 알 때, 장차 임하실 하나님의 약속을 따라 현재를 살게 됩니다. 하나님의 약속은 눈앞의 현실이 아니라, 보다 긴 미래를 내다보며 현재를 살게 합니다. 그럴 때 그 멀고 먼 것 같던 미래가 지금 우리 일상에 조금이나마 이루어지는 것을 경험하기도 합니다. 약속을 믿고 사는 사람은 그 약속의 성취를 일상에서 조금씩 누릴 것입니다.

세셔서, 하나하나, 이름을 불러 나오게 하시니, 하나도 빠지는 일이 없다. 27 야곱아, 네가 어찌하여 불평하며, 이스라엘아, 네가 어찌하여 불만을 토로하느냐? 어찌하여 "주님께서는 나의 사정을 모르시고, 하나님께서는 나의 정당한 권리를 지켜 주시지 않는다" 하느냐? 28 너는 알지 못하였느냐? 너는 듣지 못하였느냐? 주님은 영원하신 하나님이시다. 땅끝까지 창조하신 분이시다. 그는 피곤을 느끼지 않으시며, 지칠 줄을 모르시며, 그 지혜가 무궁하신 분이시다. 29 피곤한 사람에게 힘을 주시며, 기운을 잃은 사람에게 기력을 주시는 분이시다. 30 비록 젊은이들이 피곤하여 지치고, 장정들이 맥없이 비틀거려도, 31 오직 주님을 소망으로 삼는 사람은 새 힘을 얻으리니, 독수리가 날개를 치며 솟아오르듯 올라갈 것이요, 뛰어도 지치지 않으며, 걸어도 피곤하지 않을 것이다.

{ 제41장 }

하나님께서 이스라엘에게 보증하시다

1 "섬들아, 나의 앞에서 잠잠하여라. 백성들아, 송사를 가져오너라. 가까이 와서·말하여보아라. 와서 함께 판가름하여보자. 2 누가 동방에서 한 정복자를 일으켰느냐? 누가 그를 가는 곳마다 승리하게 하였느냐? 누가 민족들을 그에게 굴복하게 하였느냐? 누가 그를 왕들의 통치자로 만들었느냐? 그의 칼은 그들을 쳐서 티끌처럼 만들고, 그의 활은 그들을 흩어서 검불처럼 날리게 하였다. 3 그가 거침없이 질주하여 그들을 추격하니, 미처 발이 땅에 닿지도 않는다. 4 누가 이런 일을 일어나게 하였느냐? 누가 역사의 흐름을 결정하였느냐? 태초부터 나 주가 거기에 있었고, 끝 날에도 내가 거기에 있을 것이다." 5 섬들이 주님께서 하신 일을 보고 두려워한다. 저 멀리 땅끝에 있는 나라들이 무서워서 떤다. 사람들이 함께 모여서 나온다. 6 그들은 서로 손발이 맞아서, 서로 힘을 내라고 격려한다.

하나님은 왜 난데없이 '섬'을 불러내서 '판가름'을 제안하는 걸까요?(1절) 섬은 무얼 의미합니까? 이사야서 40장 이후 본문에서 '섬'은 먼 곳에 있는 열방 나라를 상징합니다. 1절에서 '섬'과 대응된 단어는 '백성들'입니다. 41장은 섬들과 백성들, 즉 모든 열방 백성을 불러내어 그들이 믿고 떠받드는 우상이 얼마나 허망한지, 반면 주 하나님은 어떻게 다른지를 논쟁하는 내용입니다. 우상은 사람이 이런저런 재료를 가지고 손으로 만든 물건에 불과하며 앞날에 대해서도 아무것도 모르는 존재에 불과하지만, 이스라엘의 하나님 여호와는 세상을 창조하셨고, 역사를 이끌어가시는 분이심을 40-41장이 계속해서 보여줍니다. 이를 통해 이 본문은 힘겹고 어려운 처지에 놓인 이스라엘로 하여금 낙심과 절망, 체념에서 떨쳐 일어설 것을 촉구하고 격려합니다.

7 대장장이는 도금장이를 격려하고, 마치로 고르게 하는 자는 모루를 치는 자를 격려하여 이르기를 '잘했다. 잘했다' 하며, 못을 박아서 우상이 기우뚱거리지 않게 한다. 8 "그러나 나의 종 너 이스라엘아, 내가 선택한 야곱아, 나의 친구 아브라함의 자손아! 9 내가 땅끝에서부터 너를 데리고 왔으며, 세상의 가장 먼 곳으로부터 너를 불러냈다. 그리고 내가 너에게 말하였다. 너는 나의 종이니, 내가 너를 선택하였고, 버리지 않았다고 하였다. 10 내가 너와 함께 있으니, 두려워하지 말아라. 내가 너의 하나님이니, 떨지 말아라. 내가 너를 강하게 하겠다. 내가 너를 도와주고, 내 승리의 오른팔로 너를 붙들어주겠다. 11 너에게 화를 낸 모든 자들이 수치를 당하며 당황할 것이다. 너와 다투는 자들이 아무것도 아닌 자들처럼 되어서 멸망할 것이다. 12 네가 아무리 찾아보아도 너에게 대적하는 자들은 만나지 못할 것이며, 너와 싸우는 자들이 아무것도 아닌 것같이, 허무한 것같이 될 것이다. 13 나는 주 너의 하나님이다. 내가 너의 오른손을 붙잡고 있다. 내가 너에게 말한다. 두려워하지 말아라. 내가 너를 돕겠다." 14 너 지렁이 같은 야곱아, 벌

하나님이 동방에서 일으켜 뭇 민족을 굴복하게 한 정복자(2절)는 누굴 가리킵니까? 페르시아를 시작한 고레스를 가리킵니다. 고레스라는 이름은 44장 28절, 45장 1절에 언급됩니다. 남왕국 유다를 멸망시킨 바빌로니아가 한때 고대 중동 전역을 지배했지만, 페르시아의 고레스는 기세를 떨치면서 바빌로니아가 장악한 세력을 파죽지세로 무너뜨렸고, 마침내 주전 539년에 바빌로니아를 최종적으로 멸망시키고 거대한 페르시아 제국을 세웁니다. 바빌로니아 정복 후 고레스는 바빌로니아가 끌고 온 모든 포로들이 고국에 돌아가도록 조치했습니다. 41장 본문은 이렇게 고레스가 등장해서 열방의 왕들을 모두 짓밟은 사건을 이미 주 하나님께서 예고하셨고, 그 예고대로 그가 진격하고 있다고 여러 번 언급합니다(41:2, 25-26; 45:1-2).

레 같은 이스라엘아, 두려워하지 말아라. 주님께서 말씀하시기를 '내가 너를 돕겠다. 나 이스라엘의 거룩한 하나님이 너를 속량한다'고 하셨다. 15 "내가 너를 날이 날카로운 새 타작기로 만들 터이니, 네가 산을 쳐서 부스러기를 만들 것이며 언덕을 겨로 만들 것이다. 16 네가 산들을 까불면, 바람이 그 가루를 날려버릴 것이며, 회오리바람이 그것들을 흩을 것이다. 그러나 너만은 나 주와 더불어 기뻐할 것이며, 나 이스라엘의 거룩한 하나님을 찬양할 것이다. 17 가련하고 빈궁한 사람들이 물을 찾지 못하여 갈증으로 그들의 혀가 탈 때에, 나 주가 그들의 기도에 응답하겠고, 나 이스라엘의 하나님이 그들을 버리지 않겠다. 18 내가 메마른 산에서 강물이 터져 나오게 하며, 골짜기 가운데서 샘물이 솟아나게 하겠다. 내가 광야를 못으로 바꿀 것이며, 마른 땅을 샘 근원으로 만들겠다. 19 내가 광야에는 백향목과 아카시아와 화석류와 들올리브나무를 심고, 사막에는 잣나무와 소나무와 회양목을 함께 심겠다." 20 사람들이 이것을 보고, 주님께서 이 일을 몸소 하셨다는 것을 알게

8절은 야곱을 '친구'라고 부르더니, 14절에서는 '지렁이'나 '벌레' 같다고 말합니다. 두 이미지가 너무 딴판이지 않은가요? 친구를 지렁이나 벌레라고 부르는 사람은 세상에 없을 겁니다. 그래서 14절에 있는 '지렁이'는 당시 유다 백성이 처한 현실을 가리키는 표현임을 짐작할 수 있습니다. 어쩌면 유다 백성 스스로 바빌론 땅에 살고 있는 자신들을 가리켜 "우리는 지렁이와 같다", "우리가 사는 꼴은 벌레나 마찬가지야" 이렇게 말했을 수도 있습니다. 혹은 바빌로니아 사람들이 그들의 땅에 포로로 끌려와 긴 세월을 살고 있는 유다 백성을 보고 "사는 꼴이 지렁이나 마찬가지네"라고 여겼을 수도 있습니다. 세상 사람들이 벌레 같다 여기는 백성을 하나님께서는 나의 친구라 선언하며 두려워하지 말라고 격려하십니다. 그 벌레 같은 백성의 하나님이야말로 도리어 고레스를 일으키신 하나님이고, 바빌로니아를 멸망시키실 하나님이십니다.

될 것이다. 이스라엘의 거룩하신 하나님께서 이것을 창조하셨다는 것을 깨닫게 될 것이다.

주님께서 거짓 신들에게 도전하시다

21 주님께서 말씀하신다. "민족의 신들아, 소송을 제기하여보아라." "너희는 확실한 증거를 제시하여보아라." 야곱의 왕께서 말씀하신다. 22 이리 와서, 장차 무슨 일이 일어날 것인지, 우리에게 말하여보아라. 지난날에 있었던 일들이 어떤 것이 었는지, 말하여보아라. 그러면 우리가 그것들을 살펴 그 결과를 알아보겠다. 아니면, 앞으로 올 일들을 우리에게 말하여보아라. 23 장차 올 일들을 말하여보아라. 그러면 우리가 너희들이 신이라는 것을 알 수 있을 것이다. 복을 내리든 화를 내리든, 좀 하여보아라. 그러면 우리가 모두 놀라며 두려워하게 될 것이다. 24 참으로 너희는 아무것도 아니며, 너희가 하는 일도 헛것이니, 너희를 섬겨 예배하는 자도 혐오스러울 뿐이

25절에서 말하는 '한 사람'과 2절에 등장하는 '동방의 정복자'는 어떤 관계가 있습니까? '북쪽'에서 온다면서 왜 '해 뜨는 곳'이란 표현을 씁니까? 2절과 25절은 모두 고레스의 등장과 진격을 가리키는 본문이라 여겨집니다. 2절과 25절 모두 '해 뜨는 곳' 혹은 '동방'이라는 표현이 등장합니다(우리말 성경에는 다르게 번역되었지만, 히브리어로는 두 표현이 사실상 같습니다). 팔레스타인 땅과 비교할 때 고레스의 출신인 페르시아 지역, 즉 현대의 이란은 동쪽이면서 동시에 북쪽입니다. 그리고 구약성경에서 '북쪽'은 '강하고 힘센 존재의 땅'이라는 상징적인 의미를 지닙니다. 일례로 예레미야는 유다가 북쪽에서부터의 재앙으로 망할 것이라 말하고(렘 1:14), 시편 기자는 하나님의 성이 북쪽에 있다고 노래하기도 합니다(시 48:2). 그래서 41장 본문의 '북쪽에서 오는 한 사람'은 강력하고 힘 있는 존재를 표현한다고 볼 수 있습니다.

다. 25 "내가 북쪽에서 한 사람을 일으켜 오게 하였다. 나의 이름을 부르는 그 사람을 해 뜨는 곳에서 오게 하였다. 그가 와서, 토기장이가 진흙을 밟아 이기듯, 통치자들을 진흙처럼 밟을 것이다." 26 너희 우상들 가운데서, 어떤 우상이 처음부터 이 일을 우리에게 일러주어 알게 하였느냐? 누가 이전부터 우리에게 일러주어서, 우리가 '그것이 옳다' 하고 말하게 한 일이 있느냐? 일러준 자도 없고, 들려준 자도 없었다. 우리는 너희 말을 들어본 일이 전혀 없다. 27 "나 주가 비로소 처음부터 시온에게 알렸다. '이런 일들을 보아라' 하고 말하였다. 내가 기쁜 소식을 전할 사람을 예루살렘에 보냈다. 28 내가 우상들을 둘러보았다. 그들 가운데 말을 하는 우상은 하나도 없었다. 어떤 우상도 내가 묻는 말에 대답하지 못하였다. 29 보아라, 이 모든 우상은 쓸모가 없으며, 그것들은 아무것도 할 수 없다. 부어 만든 우상은 바람일 뿐이요, 헛것일 뿐이다."

하나님이 정말 위대하고 막강한 신이라면, 굳이 우상들과 비교해가며 인간들에게 스스로를 어필하려 애쓸(26-29절) 필요가 있을까요? 이사야서 40장 이후 본문의 청중은 바빌로니아 땅에 포로로 끌려온 지 오래인 유다 백성입니다. 우리에 빗대자면 일제강점기에 조선 땅부터 간도, 중국, 때로 일본 땅에서 살았던 조선 백성을 생각할 수 있습니다. 오랜 세월이 지나면서 바빌론 포로들이나 일제강점기 조선 백성들은 독립과 해방이 이미 물 건너갔고 식민지 백성으로 영영토록 살 것이라 생각했을 겁니다. 체념과 절망이 그들의 정서였을 것입니다. 미래를 향한 희망은 사치스러운 이야기일 뿐 당장 눈앞의 삶을 어떻게 살 것인가가 그들의 전부이지 않았을까요? 하나님께서는 예언자들을 보내셔서 그 백성을 설득하십니다. 바빌로니아의 우상에 압도되거나 그 제국의 힘에 장악되지 말라고, 몸은 이방 땅에 살더라도 그 정신과 마음까지 바빌론 우상과 세력에 좌우되지는 말라고 설득하십니다. 그 우상과 세력은 쓸모없고, 바람이며 헛것일 따름이니(29절), 하나님의 행하심을 신뢰하며 일어설 것을 촉구하고 격려하십니다.

{ 제42장 }

주님의 종

1 "나의 종을 보아라. 그는 내가 붙들어주는 사람이다. 내가 택한 사람, 내가 마음으로 기뻐하는 사람이다. 내가 그에게 나의 영을 주었으니, 그가 뭇 민족에게 공의를 베풀 것이다. 2 그는 소리치거나 목소리를 높이지 않으며, 거리에서는 그 소리가 들리지 않게 할 것이다. 3 그는 상한 갈대를 꺾지 않으며, 꺼져 가는 등불을 끄지 않으며, 진리로 공의를 베풀 것이다. 4 그는 쇠하지 않으며, 낙담하지 않으며, 끝내 세상에 공의를 세울 것이니, 먼 나라에서도 그의 가르침을 받기를 간절히 기다릴 것이다." 5 하나님께서 하늘을 창조하여 펴시고, 땅을 만드시고, 거기에 사는 온갖 것을 만드셨다. 땅 위에 사는 백성에게 생명을 주시고, 땅 위에 걸어 다니는 사람들에게 목숨을 주셨다. 주 하나님께서 이렇게 말씀하신다. 6 "나 주가 의를 이루려고

'나의 종, 내가 택한 사람, 내가 마음으로 기뻐하는 사람'(1절)은 누굽니까? "진리로 공의를 베푼다"(3절)라는 건 하나님에게나 어울릴 법한 표현 아닌가요? 1-4절을 가리켜 '주님의 종의 노래'라고 부릅니다. 40-55장 사이에는 이러한 이름으로 불리는 본문이 모두 네 군데 있습니다(42:1-4; 49:1-7; 50:4-11; 52:13-53:12). 1절에 여러 번 사용된 1인칭의 '나'는 하나님을 가리키는데, 이를 통해 하나님께서 이 사람을 얼마나 기뻐하시는지 알 수 있습니다. 그런데 이 종은 사람들을 잔뜩 끌어 모으며 세력을 과시하지 않고, '상한 갈대', '꺼져가는 등불'로 상징되는 약하고 힘겨운 사람들, 무시당하고 버림받은 사람들에게 공의, 즉 하나님의 올바른 세상을 전하고 나눕니다. 하나님께서 하시는 일을 대신하는 것이 이 종의 일이며, 사실 그것이야말로 하나님께서 그 형상대로 사람을 지으신 까닭이기도 합니다. 소리도 소문도 없는 삶이지만, 마침내 이 종은 온 땅에 공의를 세우기에 이를 것입니다.

너를 불렀다. 내가 너의 손을 붙들어주고, 너를 지켜주어서, 너를 백성의 언약과 이방의 빛이 되게 할 것이니, 7 네가 눈먼 사람의 눈을 뜨게 하고, 감옥에 갇힌 사람을 이끌어내고, 어두운 영창에 갇힌 이를 풀어줄 것이다. 8 나는 주다. 이것이 나의 이름이다. 나는, 내가 받을 영광을 다른 사람에게 넘겨주지 않고, 내가 받을 찬양을 우상들에게 양보하지 않는다. 9 전에 예고한 일들이 다 이루어졌다. 이제 내가 새로 일어날 일들을 예고한다. 그 일들이 일어나기 전에, 내가 너희에게 일러준다."

찬양의 노래

10 새 노래로 주님을 찬송하여라. 땅끝에서부터 그를 찬송하여라. 항해하는 사람들아, 바닷속에 사는 피조물들아, 섬들아, 거기에 사는 주민들아, 11 광야와 거기에 있는 성읍들아, 게달 사람들이 사는 부락들아, 소리를 높여라. 셀라의 주민들아, 기쁜 노래를 불러라. 산꼭대기에서 크게 외쳐라. 12 주님께 영광

본문의 '언약'은 하나님이 아브라함, 그리고 그 자손들과 맺은 언약을 가리킵니까? 그렇다면 그 언약이 어떻게 이방의 빛이(6절) 될 수 있습니까? '언약'은 하나님과 그 백성이 맺은 관계를 가리킵니다. 하나님께서는 그들의 하나님이 되시고, 그들은 하나님의 백성이 되어 살아가는 것. 그것이 하나님과 백성 사이 언약 관계의 핵심입니다(예, 출 6:6-8). 앞서 보았듯이, 하나님의 종이 하는 역할은 온 세상의 주목을 끄는 엄청난 일이 아니라 그 사회에서 누구도 주목하지 않는 상한 갈대와 같은 이들과 함께하는 것입니다. 그렇지만 그러한 삶과 일이야말로 하나님께서 그 백성에게 명하시는 '언약'에 따른 삶입니다. 그러한 삶을 살 때, 결국 그것이 '이방의 빛', 즉 모든 세상이 어둠 속에서 바라볼 빛이 됩니다. 그 세력과 규모가 대단해서 세상의 빛이 아니라, 가장 약하고 보잘것없는 사람과 함께하며 살리는 일이기에 세상에 빛이 됩니다.

을 돌려라. 주님을 찬양하는 소리가 섬에까지 울려 퍼지게 하여라. 13 주님께서 용사처럼 나서시고, 전사처럼 용맹을 떨치신다. 전쟁의 함성을 드높이 올리시며, 대적들을 물리치신다.

구원의 약속

14 "내가 오랫동안 조용히 침묵을 지키며 참았으나, 이제는 내가 숨이 차서 헐떡이는, 해산하는 여인과 같이 부르짖겠다. 15 내가 큰 산과 작은 산을 황폐하게 하고, 그 초목들을 모두 시들게 하겠다. 강들을 사막으로 만들겠고, 호수를 말리겠다. 16 눈먼 나의 백성을 내가 인도할 것인데, 그들이 한 번도 다니지 못한 길로 인도하겠다. 내가 그들 앞에 서서, 암흑을 광명으로 바꾸고, 거친 곳을 평탄하게 만들겠다. 이것은 내가 하는 약속이다. 반드시 지키겠다." 17 깎아 만든 우상을 믿는 자와, 부어 만든 우상을 보고 '우리의 신들이십니다' 하고 말하는 자들은, 크게 수치를 당하고 물러갈 것이다.

하나님은 왜 백성들을 일컬어 눈이 멀었다고 했을까요? '한 번도 다니지 못한 길'(16절)이란 어떤 길입니까? "눈멀고 귀먹다"라는 내용은 이사야서 전체에 줄기차게 되풀이되는 주제입니다. 하나님의 백성인데도 하나님의 뜻을 전혀 이해하지 못하는 백성을 단적으로 표현합니다(19절). 그 결과 이스라엘은 바빌로니아에 포로로 끌려온 상태입니다. 하나님께서 그 백성에게 정말로 원하시는 것은 강한 열방 나라를 두려워하고 그들의 우상에게 기웃거리는 것이 아니라, 오직 하나님의 언약을 따라 정의를 행하는 삶입니다. 그럴 때, 비록 약한 민족이며 포로로 끌려온 이들이라 하더라도, 하나님께서 다시 인도해내실 것이며, '한 번도 다니지 못한 길', 즉 하나님과 함께 가는 새로운 길을 걷게 될 것입니다. '한 번도 다니지 못한 길'은 하나님께서 베푸실 구원과 인도하심의 새로움을 강조한 표현으로 볼 수 있습니다.

이스라엘이 깨닫지 못하다

18 "너희 귀가 먹은 자들아, 들어라. 너희 눈이 먼 자들아, 환하게 보아라. 19 누가 눈이 먼 자냐? 나의 종이 아니냐! 누가 귀가 먹은 자냐? 내가 보낸 나의 사자가 아니냐!" 누가 눈이 먼 자냐? 주님과 언약을 맺은 자가 아니냐! 누가 눈이 먼 자냐? 주님의 종이 아니냐! 20 그는 많은 것을 보았으나, 마음에 새기지 않았다. 귀가 열려 있었으나, 귀담아듣지 않았다. 21 주님은 백성을 구원하셔서, 의를 이루려고 힘쓰시는 하나님이시다. 그리하여 주님께서는 율법과 교훈을 높이셨고, 백성이 율법과 교훈을 존중하기를 바라셨다. 22 그러나 지금 그의 백성은 약탈과 노략을 당하였으며, 그들은 모두 구덩이 속에 갇혀 있고, 감옥에 갇혀 있다. 그들이 약탈을 당하였으나, 구하여주는 자가 없고, 노략을 당하였으나, 노략자들에게 '돌려주어라' 하고 말해주는 자가 없다. 23 너희 가운데 누가 이 일에 귀를 기울이겠느냐? 누가 앞으로 일어날 일을 주의하여 듣겠느냐? 24 야곱이 노략을 당하게 버려둔 이가 누구였으며, 이스라엘을 약탈자에게 넘겨준 이가 누구였느냐? 바로 주님이 아니시

18-25절은 꾸지람처럼 보여서 혼란스럽습니다. 눈먼 백성을 인도하겠다고(16절) 약속하자마자 이토록 노여워하는 이유를 모르겠습니다. 이 단락은 꾸지람이라기보다는 이미 심판을 경험하고 있는 백성을 향해 이 모든 현실이 하나님께로부터 비롯된 것임을 깨달으라는 촉구라고 볼 수 있습니다. 그들의 눈멀고 귀먹음으로 인해 이제까지 이토록 약탈과 노략을 당했습니다. 그러니까 이 모든 일은 바빌로니아가 강해서가 아니라, 그들의 우상과 신들이 힘 있어서가 아니라, 주 하나님께로부터 비롯된 것입니다. 그래서 이 단락은 절망과 체념에 깊이 빠진 포로 된 백성을 향해 하나님께로 눈을 들라고, 주저앉은 그 자리에서 일어나 하나님을 바라보라고 촉구합니다.

냐? 우리가 주님께 죄를 지었다. 백성이 주님의 길로 걸으려 하지 않았으며, 그의 법을 순종하려 하지 않았으므로, 25 주님 께서, 불타는 진노와 참혹한 전화를, 이스라엘 위에 쏟으셨다. 사방에서 불이 야곱을 덮었으나, 이것이 무슨 일인지 알지 못 하였고, 불이 그를 태웠으나, 아무것도 깨닫지 못하였다.

{ 제43장 }

구원의 약속

1 그러나 이제 야곱아, 너를 창조하신 주님께서 말씀하신다. 이스라엘아, 너를 지으신 주님께서 말씀하신다. "내가 너를 속량하였으니, 두려워하지 말아라. 내가 너를 지명하여 불렀으니, 너는 나의 것이다. 2 네가 물 가운데로 건너갈 때에, 내가 너와 함께하고, 네가 강을 건널 때에도 물이 너를 침몰시키지 못할 것이다. 네가 불 속을 걸어가도, 그을리지 않을 것이며, 불꽃이 너를 태우지 못할 것이다. 3 나는 주, 너의 하나님이다. 이스라엘의 거룩한 하나님이다. 너의 구원자다. 내가 이집트를 속량물로 내주어 너를 구속하겠고, 너를 구속하려고, 너 대신에 에티오피아와 쓰바를 내주겠다. 4 내가 너를 보배롭고 존귀하게 여겨 너를 사랑하였으므로, 너를 대신하여 다른 사람들을 내주고, 너의 생명을 대신하여 다른 민족들을 내주겠다. 5 내가 너와 함께 있으니 두려워하지 말아라. 내가 동쪽에서

하나님을 믿어도 역경은 피할 수 없는 걸까요? 물불 가운데 함께해주기보다(2절) 아예 들어가지 않도록 미리 막아주면 좋잖아요? 만일 하나님의 백성이라고 물불과 같은 위험이 하나도 없다면, 과연 그들은 제힘으로 살아갈 수 있을까요? 예를 들어 자녀가 평생 부모의 도움만을 구하며 자신의 힘으로 아무것도 하지 않으려 한다면, 그것은 명백히 그 부모가 자식을 잘못 키운 결과일 겁니다. 하나님의 백성에게도 물의 위험과 불의 위험이 있습니다. 그렇지만 하나님께서 도우실 것을 굳게 신뢰하며, 그 위험을 피해 도망가거나 숨지 않고 물불을 걸어갑니다. 특히 이 본문은 바빌론에 포로로 살던 이스라엘이 마침내 그 땅을 떠나 조국으로 돌아가는 여정을 그렸습니다. 그들은 하나님의 인도하심 가운데 다시 약속의 땅으로 돌아갈 것입니다.

너의 자손을 오게 하며, 서쪽에서 너희를 모으겠다. 6 북쪽에다가 이르기를 '그들을 놓아 보내어라' 하고, 남쪽에다가도 '그들을 붙들어두지 말아라. 나의 아들들을 먼 곳에서부터 오게 하고, 나의 딸들을 땅끝에서부터 오게 하여라. 7 나의 이름을 부르는 나의 백성, 나에게 영광을 돌리라고 창조한 사람들, 내가 빚어 만든 사람들을 모두 오게 하여라' 하고 말하겠다."

이스라엘은 주님의 증인

8 백성을 법정으로 데리고 나오너라. 눈이 있어도 눈이 먼 자요, 귀가 있어도 귀가 먹은 자다! 9 모든 열방과, 뭇 민족도 함께 재판정으로 나오너라. 그들의 신들 가운데서 어느 신이 미래를 예고할 수 있느냐? 그들 가운데서 누가 이제 곧 일어날 일을 예고할 수 있느냐? 그 신들이 증인들을 내세워서, 자신들의 옳음을 증언하게 하고, 사람들 앞에서 증언하게 하여서, 듣는 사람들마다 '그것이 사실'이라고 말하게 하여보아라. 10 주님께서 말씀하신다. "너희는 나의 증인이며, 내가 택한 나의 종이다. 이

하나님은 이스라엘을 "나의 증인이며, 내가 택한 나의 종"(10절)이라고 부릅니다. 하나님은 이스라엘의 어떤 미덕을 보고 증인으로 삼은 걸까요? 본문 22~28절에서 보듯, 그리고 42장 18~25절에서 보듯, 이스라엘은 그들이 정말 귀 기울여 들어야 할 이가 누구인지 알지 못했고, 하나님을 제대로 보지도 못했습니다. 이사야서 1~39장은 그렇게 줄기차게 그들의 하나님을 거역하고 맞서며 불순종했던 이스라엘의 모습을 보여줍니다. 이스라엘을 향한 하나님의 보호하심은 그들에게 있는 어떤 미덕 때문이 아니라 오직 하나님의 은혜에서 비롯됩니다. 그렇기에 제아무리 부족한 이들이라도 하나님의 종이요, 증인이 될 수 있습니다. 자신의 부족함에도 불구하고 건지고 돌보시는 하나님을 경험하며 그 하나님을 따르는 이들이 바로 하나님의 증인입니다.

렇게 한 것은, 너희가 나를 알고 믿게 하려는 것이고, 오직 나만이 하나님임을 깨달아 알게 하려는 것이다. 나보다 먼저 지음을 받은 신이 있을 수 없고, 나 이후에도 있을 수 없다. 11 나 곧 내가 주이니, 나 말고는 어떤 구원자도 없다. 12 바로 내가 승리를 예고하였고, 너희를 구원하였고, 구원을 선언하였다. 이방의 어떤 신도 이렇게 하지 못하였다. 이 일에 있어서는 너희가 나의 증인이다. 내가 하나님이다." 주님께서 하신 말씀이다. 13 "태초부터 내가 바로 하나님이다. 내가 장악하고 있는데, 빠져나갈 자가 누구냐? 내가 하는 일을, 누가 감히 돌이킬 수 있겠느냐?"

바빌론으로부터 빠져나오다

14 너희들의 속량자시요, '이스라엘의 거룩하신 분'이신 주님께서 이렇게 말씀하신다. "내가 바빌론에 군대를 보내어 그 도성을 치고 너희를 구하여내겠다. 성문 빗장을 다 부수어버릴 터이니, 바빌로니아 사람의 아우성이 통곡으로 바뀔 것이다. 15 나는 주, 너희의 거룩한 하나님이며, 이스라엘의 창조

12절에 동의할 수 없습니다. 세상의 거의 모든 신들이 나름대로 구원의 길을 제시하지 않던가요? 이사야서 본문의 쟁점은 바빌론을 가득 채운 우상입니다. 고대 이래 지금까지 사람들은 손수 나무나 금속을 가공해 신상을 세우고는 거기에 절하며 소원을 빕니다. 그러나 사람의 손으로 만든 것에 무슨 구원의 능력이 있겠습니까? 오직 하나님만이 참된 신이라는 본문의 선포는 세상에 존재하는 다른 모든 종교가 틀렸다는 데 초점이 있지 않습니다. 곤고하고 괴로운 처지를 살아가는 이스라엘을 향해 바빌론의 우상에 기웃거릴 것이 아니라, 바빌론이라는 강대국의 호의에 기대어 살아가려 할 것이 아니라, 이 모든 역사를 미리 계획하고 진행하시는 주 하나님, 그 하나님께 귀 기울이고 그 하나님을 신뢰하라고 촉구합니다.

자요, 너희의 왕이다. 16 내가 바다 가운데 길을 내고, 거센 물결 위에 통로를 냈다. 17 내가 병거와 말과 병력과 용사들을 모두 이끌어내어 쓰러뜨려서, 다시는 일어나지 못하게 하고, 그들을 마치 꺼져가는 등잔 심지같이 꺼버렸다. 나 주가 말한다. 18 너희는 지나간 일을 기억하려고 하지 말며, 옛일을 생각하지 말아라. 19 내가 이제 새 일을 하려고 한다. 이 일이 이미 드러나고 있는데, 너희가 그것을 알지 못하겠느냐? 내가 광야에 길을 내겠으며, 사막에 강을 내겠다. 20 들짐승들도 나를 공경할 것이다. 이리와 타조도 나를 찬양할 것이다. 내가 택한 내 백성에게 물을 마시게 하려고, 광야에 물을 대고, 사막에 강을 내었기 때문이다. 21 이 백성은, 나를 위하라고 내가 지은 백성이다. 그들이 나를 찬양할 것이다."

이스라엘의 죄

22 "야곱아, 너는 나를 부르지 않았다. 이스라엘아, 너는 오히

하나님이 하려는 '새 일'(19절)의 실체는 무엇입니까? 얼마나 어마어마한 일이기에 지나간 옛일은 다 잊으라고 합니까? 그 '새 일'은 기본적으로 바빌론에 포로로 끌려온 이스라엘을 자유케 해서 다시 고국 땅으로 돌아가게 하는 것을 가리킵니다. 또 단순히 고향 땅으로 돌아가는 것을 넘어서, 오직 하나님을 주님으로 믿으며 하나님께 찬양과 영광을 돌리는 하나님 백성으로 살아가는 공동체를 회복하는 것을 가리킵니다. 당대에 바빌론이 최강의 나라였고, 막 세력을 확장해가는 페르시아 또한 엄청난 강국이었겠지만, 이사야서 본문은 이스라엘의 하나님이야말로 온 땅의 참된 하나님이시고, 그분께서 그 백성 이스라엘, 포로 된 이스라엘을 건지시기 위해 페르시아를 들어 바빌론을 치실 것이라고 증언합니다. 이미 이전에도 하나님께서는 이집트의 노예였던 이스라엘을 건져내는 놀라운 일을 행하셨지만, 현재의 일을 '새 일'이라 말하는 것은 지금 이루어질 하나님의 크신 구원과 변화를 강조하는 표현입니다.

려 나에게 싫증을 느낀다. 23 너는 나에게 양의 번제물을 가져오지 않았고, 제물을 바쳐서 나를 높이지도 않았다. 내가 예물 때문에 너를 수고롭게 하지도 않았고, 유향 때문에 너를 괴롭게 하지도 않았다. 24 너는 나에게 바칠 향도 사지 않았으며, 제물의 기름으로 나를 흡족하게 하지도 않았다. 도리어 너는 너의 죄로 나를 수고롭게 하였으며, 너의 악함으로 나를 괴롭혔다. 25 그러나 나는 네 죄를 용서하는 하나님이다. 내가 너를 용서한 것은 너 때문이 아니다. 나의 거룩한 이름을 속되게 하지 않으려고 그렇게 한 것일 뿐이다. 내가 더 이상 너의 죄를 기억하지 않겠다. 26 나에게 상기시키고 싶은 일이 있느냐? 함께 판가름을 하여보자. 네가 옳다는 것을 나에게 증명하여 보여라. 27 너의 첫 조상부터 나에게 죄를 지었고, 너의 지도자들도 나를 반역하였다. 28 그래서 내가 성소의 지도자들을 속되게 하였으며, 야곱이 진멸을 받게 버려두었고, 이스라엘이 비방거리가 되게 버려두었다."

23절을 보면, 하나님이 서운한 나머지 사실을 지나치게 과장하는 느낌입니다. 이스라엘 백성들은 꾸준히 제사를 드려온 게 사실이잖아요? 정말로 이스라엘은 꾸준히, 그것도 상당히 정성스럽게 제사를 드렸습니다. 이미 이에 대한 표현이 1장에도 있었습니다. 이를 곰곰이 생각하면, 본문의 진정한 의미를 깨달을 수 있습니다. 만일 하나님 앞에서 정의로운 삶, 이웃을 돌아보고 억울한 사람을 도와주는 올바른 삶이 없다면, 그 무수한 제사는 하나님의 요구와는 아무런 상관이 없으며, 실상 '하나님'이라는 우상을 섬기는 것에 불과합니다. 제사를 드린다고 했지만, 실제로는 그들의 죄로 하나님을 괴롭힌 것에 불과합니다. 그래서 하나님께서는 아예 그런 제사가 지겹다며 물리치기까지 하셨습니다(1:11-15). 올바른 삶이 없는 제사는 하나님께서 요구하신 적이 없는 행태일 뿐이며, 하나님께 제사한다지만 실상은 우상숭배일 따름입니다.

{ 제44장 }

주님만이 하나님이시다

1 "그러나 나의 종 야곱아, 내가 택한 이스라엘아, 이제 너는 들어라." 2 너를 지으신 분 네가 태어날 때부터 '내가 너를 도와주마' 하신 주님께서 말씀하신다. "나의 종, 야곱아, 내가 택한 여수룬아, 두려워하지 말아라. 3 내가 메마른 땅에 물을 주고 마른 땅에 시내가 흐르게 하듯이, 네 자손에게 내 영을 부어주고, 네 후손에게 나의 복을 내리겠다. 4 그들은 마치 시냇물 가의 버들처럼, 풀처럼 무성하게 자랄 것이다. 5 그때에는 '나는 주님의 것이다' 하고 말하는 사람도 있고, '야곱'의 이름을 써서 그의 자손임을 자칭하는 사람도 있을 것이며, 팔에다가 '나는 주님의 것'이라고 쓰는 사람도 있을 것이며, '이스라엘 사람'이라고 불리는 것을 영광으로 여기는 사람도 있을 것이다." 6 이스라엘의 왕이신 주, 이스라엘의 속량자이신 만군의 주님께서 말

'종'(1, 2절)이란 표현이 불편합니다. 하나님은 죽도록 일할 노예가 필요해서 이스라엘 백성을 선택했다는 뜻인가요? '종'으로 번역된 히브리어는 쉽게 말해 '일하는 사람', 노동하는 존재, 달리 말해 '노동자'이기도 합니다. 일례로 서양에서 장관을 가리키는 minister 역시 이러한 의미를 가진 단어이고, 우리말에서 공직에 있는 이들을 가리키는 한자어 '공복'(公僕) 또한 같은 의미를 지닙니다. 고대 세계에서도 왕들은 스스로를 신의 일꾼, 신의 종으로 자처했습니다. 고대 세계이건 오늘날의 동서양이건, 다들 '종'을 자처하면서 실제로는 백성 위에 군림하고 지배하며 제 뜻대로 행했다는 공통점이 있습니다. 반면 하나님이신 예수님께서는 친히 '종의 모습'인 사람으로 이 땅에 오셔서 실제로 사람들을 섬기셨다는 점에서 확연히 구별됩니다. 본문에서는 하나님께서 임금이 아니라, 바빌론의 포로인 이스라엘을 하나님의 종, 하나님의 일을 맡을 이들로 부르신다는 점도 고대 세계와 확실히 다른 부분입니다.

씀하신다. "나는 시작이요, 마감이다. 나밖에 다른 신이 없다. 7 누가 나처럼 선언할 수 있으며, 미래를 예고할 수 있느냐? 나를 누구와 견줄 수 있느냐? 만일 있다면, 내가 옛날 사람들에게 미래를 예고했듯이, 그들에게 다가올 일들을 미리 말하여보라고 하여라. 8 너희는 떨지 말아라. 겁내지 말아라. 내가 예전부터 너희에게 이미 예고하여주지 않았느냐? 나는 예고하였고, 너희는 이것을 증언할 나의 증인들이다. 나 밖에 다른 신이 또 있느냐? 다른 반석은 없다. 내가 전혀 아는 바 없다."

우상숭배 조롱

9 우상을 만드는 자들은 모두 허망한 자들이다. 그들이 좋아하는 우상은 아무 쓸모가 없는 것들이다. 이런 우상을 신이라고 증언하는 자들은 눈이 먼 자들이요, 무지한 자들이니, 마침내 수치만 당할 뿐이다. 10 아무런 유익도 없는 신상을 만들고 무익한 우상을 부어 만드는 자가 누구냐? 11 그런 무리는 모두

야곱, 이스라엘, 여수룬(1-2절)…. 하나님은 왜 이렇게 갖가지 이름으로 야곱을 부르지요? 하나님의 백성을 가리키는 여러 이름 가운데 이스라엘이 공식 이름이고, 다른 이름들은 이스라엘을 향한 애칭 혹은 별명이라 볼 수 있습니다. 서로를 향한 특별한 관심과 애정을 표현하기 위해 애칭으로 부르듯이, 하나님께서 이스라엘을 달리 부르실 때도 특별한 그 마음이 담겼다고 볼 수 있습니다. 야곱은 창세기에 나오는 인물 야곱을 떠올리게 하는 이름으로, 이스라엘을 향한 안타까움과 사랑이 가득 담겨 있으며, 창세기 다음으로 이사야서에 이 이름이 가장 많이 쓰였다는 사실은 이스라엘을 향한 하나님의 간절한 사랑을 보여줍니다. '여수룬'은 구약에 네 번 나오는 이름으로(신 32:15; 33:5, 26; 사 44:2), '올바름'이라는 단어에서 파생했기에 '율법을 준수하는 백성'을 의미한다고 볼 수 있습니다. 이스라엘이 어떠해야 하는지를 보여주는 이름이라 할 수 있습니다.

수치를 당할 것이다. 대장장이들은 사람일 뿐이다. 그들을 모두 불러 모아 법정에 세워라. 그들은 두려워 떨며, 수치만 당할 것이다. 12 철공은 그의 힘센 팔로 연장을 버리고, 숯불에 달구어 메로 쳐서, 모양을 만든다. 이렇게 일을 하고 나면, 별수 없이 시장하여 힘이 빠진다. 물을 마시지 않으면, 갈증으로 지친다. 13 목공은 줄을 늘여 나무를 재고, 석필로 줄을 긋고, 대패질을 하고, 걸음쇠로 줄을 긋는다. 그렇게 해서 사람의 아름다운 모습을 따라, 우상을 만들어 신전에 놓는다. 14 그는, 용도에 따라 숲에서 백향목을 찍어오기도 하고, 삼나무와 상수리나무를 베어오기도 한다. 그러나 그 나무들은 저절로 튼튼하게 자란 것이지, 그들이 키운 것이 아니다. 하늘에서 내리는 비를 머금고 자라는 것이지, 그들이 자라게 하는 것이 아니다. 15 이 나무는 사람들에게 땔감에 지나지 않는다. 목공 자신도 그것으로 몸을 따스하게 하고, 불을 피워 빵을 굽기도 한다. 그런데 그것으로 신상을 만들어서 그것에게 절하며, 그것으로 우상을 만들어서 그 앞에 엎드린다! 16 우상을 만드는 것

우상숭배는 옛 사람들의 신앙 아닌가요? 9~20절은 과학 문명 속에 사는 현대인들에게 어떤 의미가 있습니까? 겉보기로는 고대의 신상 숭배는 오늘날 대부분의 나라에서 사라졌습니다. 그렇지만 고대 사람들이 그러한 신상을 만들어 섬긴 까닭은 모두 불안과 두려움 때문에 '자기를 위해' 한 것입니다. 즉 자신이나 자신이 속한 집단의 안전을 위해 제 손으로 자신의 재물을 사용해서 이러한 우상을 만든 것이지요. 결국 우상의 본질은 '자기를 위한 종교'라고 말할 수 있습니다. 이를 생각하면 오늘날 자기가 가진 모든 것을 동원해 대단해 보이는 업적이나 성취를 이루고 그것을 떠받드는 일 역시 우상숭배와 다름없을 것입니다. 강대국을 숭배하거나, 뛰어난 업적을 이루었다는 이들을 떠받드는 것 역시 마찬가지겠지요. 사람이 만들어낸 기술 과학 문명 역시 언제든 도리어 사람이 숭배하는 대상이 되곤 합니다.

과 꼭 같은 나무 반 토막으로는 불을 피우고, 그 불덩이 위에 고기를 구워 먹고, 그것으로 배를 불리며, 또 몸을 따스하게 하며 '아, 불을 보니 따뜻하다' 하고 말한다. 17 불을 때고 남은 토막으로는 신상 곧 우상을 만들고, 그 앞에 엎드려 숭배하고, 그것에게 기도하며 '나의 신이여, 나를 구원하여주십시오' 하고 빈다. 18 백성이 알지도 못하고 깨닫지도 못하는 것은 그들의 눈이 가려져서 볼 수 없기 때문이며, 마음이 어두워져서 깨달을 수 없기 때문이다. 19 그런 사람에게는 생각도 없고 지식도 없고 총명도 없다. 고작 한다는 말이 '내가 그 나무의 반 토막으로는 불을 피워, 그 불덩이 위에 빵을 굽고 고기를 구워 먹었지. 불을 때고 남은 나무로는 가증한 우상을 만들었지. 이제 나는 그 나무토막 앞에 절한다' 하는구나. 20 타고 남은 재로나 배를 채우려는 자들, 그들은 어리석은 마음에 미혹되어서, 도움마저 받지 못한다. 손에 쥐고 있는 우상이 참 신이 아니라는 것을 받아들이려 하지 않는다.

'하나님의 영광'이란 무슨 뜻입니까? 이스라엘을 구원한 일이 하나님의 영광과 무슨 상관이 있습니까?(23절) 구약성경에서 '하나님의 영광'이라는 표현은 하나님께서 사람들이 눈으로 볼 수 있도록 임하셨을 때의 영광스럽고 찬란한 모습을 가리키는 경우가 많습니다. 이집트에서 나오던 시절 하나님께서 그 영광을 드러내셨고, 이사야에게는 성전에서 영광을 드러내셨습니다(이사야서 6장). 그런데 후대로 가면서 하나님의 영광은 그렇게 가시적으로 드러나지 않고, 하나님께서는 구체적인 구원 사건을 통해 하나님의 영광을 알리고 드러내십니다. 본문에서는 포로 된 이들을 강대국의 손아귀로부터 건져내신 일을 통해 하나님의 영광이 드러납니다. 대단한 성취나 업적을 통해서가 아니라, 가장 약하고 보잘것없는 이들을 해방시키심으로써 하나님의 영광을 드러내신 것이지요. 이러한 모습은 사실 이집트의 노예를 건지신 이래 하나님의 일관된 모습이기도 합니다.

창조자와 구원자이신 주님

21 "야곱아, 이런 일들을 기억하여두어라. 이스라엘아, 너는 나의 종이다. 내가 너를 지었다. 너는 나의 종이다. 이스라엘아, 내가 너를 절대로 잊지 않겠다. 22 내가 너의 죄를, 짙은 구름을 거두듯 없애버렸으며, 너의 죄를 안개처럼 사라지게 하였으니, 나에게로 돌아오너라. 내가 너를 구원하였다." 23 주님께서 이런 일을 하셨으니, 하늘아, 기쁘게 노래하여라. 땅의 깊은 곳들아, 함성을 올려라. 산들아, 숲아, 그리고 그 속에 있는 모든 나무들아, 소리를 높여 노래하여라. 주님께서 야곱을 구원하심으로써, 주님께서 이스라엘을 구원하심으로써, 영광을 나타내셨다. 24 너의 구원자, 너를 모태에서 만드신 주님께서 말씀하신다. "내가 바로 만물을 창조한 주다. 나와 함께한 이가 없이, 나 혼자서 하늘을 폈으며, 땅도 나 홀로 넓혔다." 25 하나님께서는 거짓말하는 자들의 징조를 쓸모없게

하나님은 고레스를 일컬어 '내가 세운 목자'(28절)라고 합니다. 이스라엘을 괴롭힌 임금이 어떻게 하나님의 목자가 될 수 있습니까? 고레스는 페르시아의 임금으로, 그의 진격과 더불어 이미 힘을 잃어가던 노쇠한 바빌론은 결정적으로 쇠퇴되고 얼마 지나지 않아 결국 고레스에게 멸망당합니다. 고대 중동 세계 전체를 장악한 고레스는 바빌론에 의해 포로로 끌려왔던 각 나라 백성들이 모두 고국 땅에 돌아가 자신들의 신을 위한 신전을 짓도록 허락하고 장려했습니다. '목자'는 고대에 정치적 지도자에게 붙여지던 호칭의 하나였습니다. 아마도 고레스는 이스라엘의 하나님을 전혀 몰랐을 테지만(45:5), 이사야서는 그의 등장과 진격이 이스라엘의 하나님, 온 천지의 하나님께서 미리 알리고 이루신 일이라고 선포합니다. 고레스와 같은 대단한 왕을 칭송한 것이 아니라, 그런 강력한 제국과 왕을 주관하시는 이가 하나님이심을 선포하며 포로로 끌려온 작은 무리가 믿음을 지키고 살았다는 점에서, 이사야서의 선포는 놀랍습니다.

하시며, 점쟁이들을 혼란스럽게 만드시며, 지혜로운 자들을 물리쳐서 그들의 지식을 어리석게 하신다. **26** 하나님께서는 당신의 종이 한 말을 이루어지게 하시며, 당신의 사자들이 계획한 것을 이루어지게 하시며, 예루살렘을 보시고는 '여기에 사람이 살 것이다' 하시며, 유다의 성읍들을 보시고는 '이 성읍들이 재건될 것이다. 내가 그 허물어진 곳들을 다시 세우겠다' 하신다. **27** 하나님께서는 깊은 물을 보시고는 '말라라. 내가 너의 강물을 모두 마르게 하겠다' 하시며, **28** 고레스를 보시고는 '너는 내가 세운 목자다. 나의 뜻을 모두 네가 이룰 것이다' 하시며, 예루살렘을 보시고는 '네가 재건될 것이다' 하시며, 성전을 보시고는 '너의 기초가 놓일 것이다' 하신다.

{ 제45장 }

주님께서 고레스를 세우시다

1 "나 주가 기름 부어 세운 고레스에게 말한다. 내가 너의 오른손을 굳게 잡아, 열방을 네 앞에 굴복시키고, 왕들의 허리띠를 풀어놓겠다. 네가 가는 곳마다 한번 열린 성문은 닫히지 않게 하겠다. 고레스는 들어라! 2 내가 너보다 앞서 가서 산들을 평지로 만들고, 놋쇠 성문을 부수며, 쇠빗장을 부러뜨리겠다. 3 안 보이는 곳에 간직된 보화와 감추어둔 보물을 너에게 주겠다. 그때에 너는, 내가 주인 줄을 알게 될 것이고, 이스라엘의 하나님이 너를 지명하여 불렀다는 것을 알게 될 것이다. 4 내가 너를 지명하여 부른 것은, 나의 종 야곱, 내가 택한 이스라엘을 도우려고 함이었다. 네가 비록 나를 알지 못하였으나, 내가 너에게 영예로운 이름을 준 까닭이 바로 여기에 있다. 5 나는 주다. 나밖에 다른 이가 없다. 나밖에 다른 신은 없다. 네가 비록 나를 알지 못하였으나, 나는 너에게 필요한 능력을 주

'기름 부어 세운'(1절)이라는 표현에는 어떤 의미가 담겨 있습니까? 이스라엘이 아닌 이방 민족의 임금에게도 기름을 붓습니까? '기름 부음'은 왕, 제사장, 예언자를 세울 때 이루어집니다. 실제로 제사장이 세워질 때 기름을 머리와 몸에 부었고, 사울과 다윗 왕을 세울 때도 머리에 기름을 부었습니다. 그래서 기름 부음은 '어떤 임무를 위해 사람을 세우는 것'을 가리킵니다. 시간이 지나면서 실제로 기름을 붓지는 않지만, '기름 부음'이라는 말을 사용해 그가 세워졌음을 표현했습니다. 그래서 기름 부음을 받았다는 것은 매우 특별하거나 대단하다는 의미보다는 '세워졌다' 정도의 의미입니다. 누구도 고레스에게 기름을 붓지 않았겠지만, 이사야서 본문은 하나님께서 그를 하나님의 일꾼으로 세우셨다고 믿고 선포하며 이러한 말로 표현했습니다.

겠다. 6 그렇게 해서, 해가 뜨는 곳에서나, 해가 지는 곳에서나, 나밖에 다른 신이 없음을 사람들이 알게 하겠다. 나는 주다. 나밖에는 다른 이가 없다. 7 나는 빛도 만들고 어둠도 창조하며, 평안도 주고 재앙도 일으킨다. 나 주가 이 모든 일을 한다." 8 너 하늘아, 위에서부터 의를 내리되, 비처럼 쏟아지게 하여라. 너 창공아, 의를 부어 내려라. 땅아, 너는 열려서, 구원이 싹 나게 하고, 공의가 움돋게 하여라. "나 주가 이 모든 것을 창조하였다."

창조의 주, 역사의 주

9 질그릇 가운데서도 작은 한 조각에 지나지 않으면서, 자기를 지은 이와 다투는 자에게는 화가 닥칠 것이다. 진흙이 토기장이에게 '너는 도대체 무엇을 만들고 있는 거냐?' 하고 말할 수 있겠으며, 네가 만든 것이 너에게 '그에게는 손이 있으나마나다!' 하고 말할 수 있겠느냐? 10 아버지에게 말하기를 '나

하나님은 고레스에게 엄청난 축복을 쏟아붓습니다(1-3절). 적국의 왕에게 복을 주는 까닭은 무엇입니까? 앞에서도 언급했지만, 페르시아를 두고 이스라엘의 적국이라 할 수는 없습니다. 이스라엘은 이미 바빌론에게 멸망해 나라가 사라졌고, 훗날 페르시아는 바빌론이 차지한 고대 모든 세계를 고스란히 차지합니다. 자연히 유대 땅역시 페르시아의 행정구역이 되었습니다. 오히려 페르시아의 고레스로 인해 바빌론 포로들이 유대 땅으로 돌아갈 수 있었으니, 이스라엘에게는 오히려 구원자에 가까울 것입니다. 마치 일제강점기를 끝내고 독립을 가져온 미국과 비슷한 역할이라 할 수 있습니다. 물론 미국이 조선의 독립 자체보다는 자신들의 유익을 따라 우리나라에 제멋대로 행했듯이, 페르시아 역시 이스라엘에 그렇게 행합니다. 이사야서는 고레스에게 경탄하고 그를 추앙하며 의지하는 것이 아니라, 그의 성공과 진격이 하나님 백성 이스라엘을 회복하기 위해 하나님께서 부어주신 것이라 선포합니다.

를 자식이라고 낳았습니까?' 하는 자와, 자기 어머니에게 '무슨 해산의 고생을 했다는 겁니까?' 하고 말하는 자식에게 화가 닥칠 것이다. 11 이스라엘의 거룩하신 하나님 곧 이스라엘을 지으신 주님께서 말씀하신다. "내가 낳은 자녀를 두고, 너희가 나에게 감히 물으려느냐? 내가 한 일을 너희가 나에게 감히 명령하려느냐? 12 바로 내가 친히 이 땅을 만들었으며, 바로 내가 그 위에 인류를 창조하였다. 내가 손수 하늘을 폈으며, 그 모든 별에게 명령을 내렸다. 13 바로 내가 그를 의의 도구로 일으켰으니, 그의 모든 길을 평탄하게 하겠다. 그가 나의 도성을 재건하고, 포로 된 나의 백성을 대가도 없이, 보상도 받지 않고, 놓아줄 것이다." 만군의 주님이 하신 말씀이다. 14 주님께서 말씀하신다. "이집트가 수고하여 얻은 재물과 에티오피아가 장사하여 얻은 이익이 너에게로 넘어오고, 키 큰 쓰바 사람들이 너에게로 건너와서 네 밑으로 들어와 너를 따를 것이며, 사슬에 매여 와서 네 앞에 엎드리고, 너에게 기도하는 것처럼 이르기를 '과연 하나님께서 당신과 함께 계십니다. 그밖에 다른 이가 없습

15절은 하나님을 일컬어 '자신을 숨기시는' 분이라고 합니다. 하지만 하나님은 "나밖에 다른 신이 없음을 사람들이 알게 하겠다"(6절)고 선언합니다. 어느 편이 옳습니까? 하나님께서는 고레스와 같은 이, 실제로는 하나님을 모르지만 하나님께서 부어주신 권세와 힘으로 온 세상을 제패하는 강력한 왕을 통해 일하십니다. 한편 그 하나님께서는 그 백성 이스라엘 가운데서 '상한 갈대를 꺾지 않고, 꺼져가는 등불을 끄지 않으며, 시끌벅적거리지 않는 하나님의 종'을 통해 행하십니다. 그래서 고레스 같은 존재만을 바라보는 사람들은 상한 갈대 사역을 하는 종을 통해 일하시는 하나님을 결코 발견할 수 없을 것입니다. 고아와 과부, 가난한 자를 돌아보시며 포로 된 이를 자유케 하시는 하나님의 사역이야말로 '숨어계시는 하나님'이라 말할 수 있습니다. 그래서 그 하나님께서는 오직 마음이 가난한 자들, 오직 하나님 외에 의지할 것이 없는 이들에게만 알려질 것입니다.

니다. 다른 신은 없습니다' 할 것이다." 15 구원자이신 이스라엘의 하나님, 진실로 주님께서는 자신을 숨기시는 하나님이십니다. 16 우상을 만드는 자들은 모두 한결같이 부끄러움을 당하고, 창피한 일을 당할 것이며, 치욕으로 물러갈 것입니다. 17 그러나 이스라엘은 주님 안에서 안전할 것입니다. 이스라엘의 구원은 영원할 것입니다. 너희 이스라엘아, 너희가 영원토록 부끄러움을 당하지 않고, 창피한 일을 당하지 않을 것이다. 18 하늘을 창조하신 주, 땅을 창조하시고 조성하신 하나님, 땅을 견고하게 하신 분이 말씀하신다. 그분은 땅을 혼돈 상태로 창조하신 것이 아니라, 사람이 살 수 있게 만드신 분이다. "나는 주다. 나밖에 다른 신은 없다. 19 나는 어두운 곳에서 은밀하게 말하지 않았으며, 야곱의 자손에게 '나를 허무하게 찾아라' 하지도 않았다. 나 주는 옳은 것을 말하고, 바른 것을 알린다."

세상의 주님과 바빌론의 우상

20 이방 나라에서 살아남은 자들아, 모여 오너라. 다 함께 가

하나님이 구원자라고 소리 높여 부르짖다가(15~17절) 불쑥 창조 이야기를(18절) 꺼내는 속내가 궁금합니다. 이사야서 40장 이후에서 하나님의 권능과 은혜를 나타내기 위해 빈번히 사용하는 표현이 '창조주 하나님'입니다. 사람이 살아가는 하늘과 땅의 세계는 모두 하나님께서 지으셨고 하나님께서 운행하십니다. 사람들은 어리석게도 그 세상에 존재하는 것들에게 절하고, 그 세상에 존재하는 것들로 만든 우상에게 절하지만, 그 세상 자체를 만드신 분이 바로 이스라엘의 주 하나님이십니다. 온 세상을 창조하신 하나님께서 이스라엘을 건져내실 것이라고 선포함으로써, 이사야서는 바빌론 포로들을 향해 두려워하거나 떨지 말고 오직 하나님을 신뢰하며 걸어가고 살아가라고 권면합니다.

까이 오너라. "나무 우상을 들고 다니는 자들과, 구원하지도 못하는 신에게 기도하는 자들은, 무지한 자들이다. 21 너희는 앞일을 말하고 진술하여보아라. 함께 의논하여보아라. 누가 예로부터 이 일을 들려주었으며, 누가 이전부터 이 일을 알려주었느냐? 나 주가 아니고 누구냐? 나밖에 다른 신은 없다. 나는 공의와 구원을 베푸는 하나님이니, 나밖에 다른 신은 없다." 22 땅끝까지 흩어져 있는 사람들아! 모두 나에게 돌아와서 구원을 받아라. "내가 하나님이며, 나밖에 다른 신은 없기 때문이다. 23 내가 나를 두고 맹세한다. 나의 입에서 공의로운 말이 나갔으니, 그 말이 거저 되돌아오지는 않는다." 모두가 내 앞에 무릎을 꿇을 것이다. 모두들 나에게 충성을 맹세할 것이다. 24 '참으로 주님께만 공의와 능력이 있다'고 사람들이 나에게 고백할 것이다. 사람들이 그에게 올 것이나, 그에게 대항하던 자들은 모두 부끄러움을 당할 것이다. 25 그러나 이스라엘 자손은 모두 주 안에서 의롭다는 인정을 받고, 영예를 얻을 것이다.

'공의'(23-24절)는 무얼 말합니까? '정의'와는 다른 개념입니까? 이에 대해서는 1장과 5장 해설을 참고할 수 있습니다. '공의'는 '올바른 관계'를 뜻하는 말인데, 40-55장에서는 언제나 그 백성을 향한 하나님의 행하심을 가리켜 쓰입니다. 포로된 백성을 향한 하나님의 '올바른 관계 맺으심'은 그들을 불쌍히 여기고 건지심으로 드러나기 마련인지라, 40-55장에서 '공의'는 항상 '구원'을 의미한다고 볼 수 있습니다. 반면 정의라는 말은 '법적 개념'으로, 억울하고 힘없는 사람의 권리를 재판과 같은 법적 제도적 절차를 통해 되찾는 것을 의미합니다. 42장 1-4절에 '정의'가 3회 쓰였는데(유감스럽게도 새번역 성경은 3회 모두 '공의'로 번역했습니다). 상한 갈대를 꺾지 않는 종의 사역은 온 세상에 정의를 확립하는 사역입니다.

{ 제46장 }

1 벨 신이 고꾸라졌고, 느보 신이 넘어졌다. 짐승과 가축이 그 우상들을 싣고 간다. 힘겹게 떠메고 다니던 것들이, 피곤한 짐승에게 무거운 짐이 되었다. 2 우상들은 한꺼번에 넘어지고 고꾸라졌다. 우상들은 자기들을 싣고 가는 자들에게서 도망쳐 나오지도 못한다. 오히려 우상들은 포로가 되어 잡혀간다. 3 "야곱의 집안아, 이스라엘 집안의 모든 남은 자들아, 내 말을 들어라. 너희가 태어날 때부터 내가 너희를 안고 다녔고, 너희가 모태에서 나올 때부터 내가 너희를 품고 다녔다. 4 너희가 늙을 때까지 내가 너희를 안고 다니고, 너희가 백발이 될 때까지 내가 너희를 품고 다니겠다. 내가 너희를 지었으니, 내가 너희를 품고 다니겠고, 안고 다니겠고, 또 구원하여주겠다. 5 너희가 나를 누구와 견주겠으며, 나를 누구와 같다고 하겠느냐? 나를 누구와 비교하여 '서로 같다' 하겠느냐? 6 사람들이 주머니에서 금을 쏟아내며, 은을 저울에 달고, 도금장이들

'벨'과 '느보'는(1절) 어떤 신입니까? 이방의 숱한 신들 가운데 어째서 이 둘을 콕 집어 말하는 걸까요? 벨과 느보는 바빌론의 신들을 대표하는 이름으로 여기에 쓰였습니다. 바빌론 신들의 질서에서 최고의 신은 온 우주를 통치한다는 마르둑인데, 마르둑의 또 다른 이름이 '주'를 의미하는 벨입니다. 느보는 마르둑의 아들로, '신들의 서기관'이라 여겨졌으며 마르둑과 더불어 가장 널리 숭배되었습니다. 벨과 느보는 당시 사람들의 이름에 가장 빈번히 쓰이던 신의 이름이었다고 합니다. 이사야서는 바빌론이 그토록 신뢰하던 신들을 상징하는 우상이 아무 힘도 없이 쓰러진 것을 풍자합니다. 1절 "떠메고 다니다"에 쓰인 동사들이 3절에서는 "안고 다니다. 품고 다니다"로 달리 번역되어 등장합니다. 바빌론 우상은 이제 짐승들이 떠메고 다니는 무거운 짐덩이가 된 반면, 이스라엘의 주 하나님께서는 일찍부터 이스라엘을 안고 품으셨습니다.

을 사서 신상을 만들게 하고, 그것에게 엎드려 경배한다. 7 사람들이 우상을 어깨에 메고, 우상을 둘 자리에 내려놓으면, 우상은 내려놓은 그곳에 서서 꼼짝도 하지 못한다. 사람들이 그것에게 부르짖어도 전혀 응답하지 못하며, 고난당하는 사람을 구원하지도 못한다. 8 너희 죄인들아, 이것을 기억하여라. 그리고 확고하게 서라. 너희 반역한 죄인들아, 이 일을 가슴 깊이 간직하여라. 9 너희는 태초부터 이루어진 일들을 기억하여라. 나는 하나님이다. 나밖에 다른 신은 없다. 나는 하나님이다. 나와 같은 이는 없다. 10 처음부터 내가 장차 일어날 일들을 예고하였고, 내가, 이미 오래전에, 아직 이루어지지 않은 일들을 미리 알렸다. '나의 뜻이 반드시 성취될 것이며, 내가 하고자 하는 것은 내가 반드시 이룬다'고 말하였다. 11 내가 동방에서 독수리를 부르고, 먼 나라에서 나의 뜻을 이룰 사람을 불렀다. 내가 말하였으니, 내가 그것을 곧 이루겠으며, 내가 계획하였으니, 내가 곧 그것을 성취하겠다. 12 내가 승리할 것을 믿지 않는 너희 고집 센 백성아, 내가 하는 말을 들어라.

하나님은 거푸 "나는 하나님"(9절)이라고 선언합니다. 유대인이라면 귀에 못이 박이도록 들었을 말을 되풀이하는 까닭은 무엇입니까? 40-55장의 청중이 바빌론 땅에 살고 있는 유대 백성임을 기억하는 것이 중요합니다. 앞에서도 말했지만, 강력한 힘에 기반을 둔 일제에 의해 신사참배에 창씨개명까지 강요당하는 현실에서는 도무지 조선의 독립이 불가능한 일처럼 여겨졌을 우리 조상들의 심경을 떠올려볼 수 있습니다. 바빌론이라는 현실은 희망찬 미래를 상상하는 것조차 불가능하게 만듭니다. 오직 바빌론에 굴복하며 마음과 생각을 거기에 맞추는 것밖에는 길이 없어 보입니다. 그러나 주 하나님께서는 포로로 살고 있는 백성을 향해 끊임없이 벨과 느보로 대표되는 바빌론이 아무리 대단해 보여도 그것들은 우상에 불과하며, '내가 하나님'이라고 거듭 선포하십니다. 현실에 체념하거나 굴복하지 말고, 새로운 상상력으로 현실 너머를 보라고 그 백성을 부르십니다.

13 내가 싸워서 이길 날이 가까이 왔다. 그날이 멀지 않다. 내가 이기는 그날은 지체되지 않는다. 내가 시온을 구원하고, 이스라엘 안에서 나의 영광을 나타내겠다."

{ 제47장 }

바빌론 심판

1 "처녀 딸 바빌론아, 내려와서 티끌에 앉아라. 딸 바빌로니아야, 보좌를 잃었으니, 땅에 주저앉아라. 너의 몸매가 유연하고 맵시가 있다고들 하였지만, 이제는 아무도 그런 말을 하지 않을 것이다. 2 맷돌을 잡고 가루를 빻아라. 얼굴을 가린 너울을 벗고, 치마를 걷어 올려 다리를 드러내고 강을 건너라. 3 알몸을 드러내고, 네 부끄러운 곳까지도 드러내 보여라. 내가 복수할 터이니, 어느 누구도 나를 막지 못할 것이다." 4 우리의 속량자는 그 이름이 만군의 주님, 이스라엘의 거룩하신 하나님이시다. 5 "딸 바빌로니아야, 잠잠히 앉아 있다가 어둠 속으로 사라져라. 사람들이 이제부터는 너를 민족들의 여왕이라고 부르지 않을 것이다. 6 전에 내가 나의 백성에게 진노하여, 나의 소유, 나의 백성이 곤욕을 치르게 하고, 그들을 네 손에 넘

'속량'이란 '몸값을 받고 노비의 신분을 풀어주어서 양민이 되게 하던 일'을 가리킵니다. 하나님을 '속량자'(4절)라고 부르는 이유가 궁금합니다. '속량'은 출애굽 사건에서 비롯된 단어입니다. 이집트는 이스라엘을 노예로 부리며 강제 노동에 동원했고, 이스라엘은 깊은 고통 속에 하나님께 부르짖었습니다. 하나님께서는 고대 세계의 강력한 제국인 이집트를 열 가지 재앙으로 치시고, 히브리 노예들을 건져내 자유케 하셨습니다. 이스라엘 백성에게 가장 중요한 근본적인 경험은 바로 이 출애굽 사건, 노예였던 자신들을 건져내신 하나님에 대한 믿음과 고백입니다. 이스라엘의 하나님은 종이나 노예로 살아가는 것을 결코 당연히 여기지 않으시고, 그들을 건져서 자유케 하시는 분입니다. 그래서 하나님은 '속량하시는 주님'이십니다. 이것을 달리 '구속주'(Redeemer)라고 표현할 수 있습니다.

겼다. 그런데 네가 나의 백성을 가엾게 여기지 아니하고, 노인에게도 무거운 멍에를 메웠다. 7 너는 언제까지나 네가 여왕으로 군림할 것이라고 믿고, 이런 일들을 네 마음에 두지도 않았으며, 이후에 일어날 일은 생각조차 하지 않았다. 8 그러나, 방탕한 여인아, 이제 너는 이 말을 들어보아라. 네가 평안히 앉아서 마음속으로 이르기를 '나보다 더 높은 이가 없다. 나는 과부가 되지 않을 것이며, 자식을 잃는 일도 없을 것이다' 하였지만, 9 자식을 잃고 과부가 되는 이 두 가지 일이 한날에 갑자기 닥쳐올 것이다. 너의 주술이 아무리 능하고 너의 마술의 힘이 아무리 세다 하여도, 이 일이 너에게 반드시 닥친다. 10 네가 악한 일에 자신만만하여 '아무도 나를 감시하지 않는다' 하였다. 너의 지혜와 너의 지식이 너를 잘못된 길로 들어서게 하였고, 너의 마음속으로 '나보다 더 높은 이가 없다'고 생각하게 하였다. 11 불행이 너에게 닥쳐와도 너의 점술이 그것을 막지 못할 것이며, 너에게 재난이 덮쳐도 네가 거기에서 벗어나지 못할 것이다. 네가 생각하지도 못한 파멸이, 순식간에 너에

47장에서는 '주술'과 '마술'이 여러 번 말거리가 됩니다(11-13절). 바빌로니아의 주술과 마술에 특별한 점이 있어서인가요? 고대 세계에서 이러한 주술과 마술은 그저 사람의 눈속임 같은 것이 아니라, 현실에 일어난 어떤 현상을 해석해 다가올 미래를 예측하는 분야였다고 할 수 있습니다. 그래서 이집트의 왕은 이상한 꿈을 꾼 다음에 마술사에게 문의합니다(창 41:8). 특히 바빌로니아는 그러한 주술과 마술로 유명했습니다. 그래서 '바빌론 사람들'이라는 뜻을 지닌 히브리어는 종종 아예 '점성가'라고 옮겨지기도 합니다(예, 단 2:2, 4). 주술과 마술을 찾는 까닭은 다가올 미래를 미리 알아서 불행과 재앙에 대비하기 위해서지만, 이사야서는 바빌론이 자랑하던 그 주술이 자신들에게 닥쳐올 재앙을 막는 데 아무 소용없을 것이라 선언합니다. 온 땅의 진정한 하나님께서 바빌론을 심판하실 것이기 때문입니다.

게 이를 것이다. 12 자, 네가 젊어서부터 부리던 마술과 여러 가지 주술을 가지고 버티어보아라. 혹시 그것들이 너에게 도움이 될지도 모르고, 아니면 너의 대적들이 그것을 보고, 너를 두려워할지도 모르지 않느냐! 13 너는 오히려 너의 많은 조언자들 때문에 지쳤다. 자, 하늘을 살핀다는 자들, 별을 보고서 점친다는 자들, 매달 초하루마다 너에게 닥쳐올 일을 알려준다는 자들, 그들을 일으켜서 너를 구원하라고 하여라. 14 보아라, 그들은 검불같이 되어서, 불에 타고 말 것이다. 그 불은 빵이나 굽는 숯불이 아니고, 손이나 따뜻하게 하는 화롯불도 아니다. 그 불은 너무나도 뜨거워서, 그들 스스로를 그 불에서 구하여내지 못할 것이다. 15 바로 네가 애써서 공들였던 자들이 너에게 이렇게 되며, 네가 젊었을 때부터 너와 거래하던 자들도 각자 뿔뿔이 도망칠 것이니, 너를 구원할 자가 없을 것이다."

{ 제48장 }

하나님께서 새 일을 약속하시다

1 야곱의 집안아, 이스라엘이라 일컬음을 받는 유다의 자손아, 주님의 이름을 두고 맹세를 하고 이스라엘의 하나님을 섬긴다고는 하지만, 진실이나 공의라고는 전혀 없는 자들아, 이 말을 들어라. 2 스스로 거룩한 성읍 백성이라고 자처하는 자들아, 그의 이름 만군의 주 이스라엘의 하나님을 의지한다고 자랑하는 자들아, 너희는 이 말을 들어라. 3 "내가, 이미 옛적에, 장차 일어날 일들을 알려주었다. 내가 직접 나의 입으로 그것을 예고하였고, 내가 그것을 직접 들려주었으며, 그 일을 내가 홀연히 이루었다. 4 내가 알기에, 너는 완고하다. 네 목 힘줄은 쇠붙이요, 네 이마는 놋쇠나 다름없다. 5 옛적부터 내가 네게 알리고, 아직 그 일이 일어나기도 전에 네게 들려준 까닭은, 네가 '내 우상이 이 일을 이루었으며, 내가 조각한 신상과 부어 만든 신상이 이 일을 명령한 것이다' 하고 말하지 못하게

하나님은 옛적에 장차 일어날 일들을 알려주었고 그 일을 홀연히 이루었다고 합니다(3절). 언제 어떻게 알려줬죠? 그게 정말 이뤄졌다고요? 40-55장에서 하나님께서 미리 알리신 대표적인 사건은 고레스의 등장입니다. 40-55장은 고레스와 같은 이가 등장해 세상의 모든 왕들을 무너뜨릴 것임을 하나님께서 이미 알리셨으며, 그 일을 하나님께서 행하신 것이라 여러 번 증언합니다(41:2-4, 25-26; 45:1-4; 46:10-11). 과연 고레스가 등장해 대단한 위세를 드러낸 시점에서 이사야서 40-55장은 바빌론 땅에 살고 있는 이스라엘에게 권면합니다. 하나님께서 이미 알리셨던 대로 고레스가 등장했으니, 이제부터 하나님께서 행하실 새로운 일 역시 반드시 이루어질 것을 믿고 믿음으로 일어서라고 말입니다.

하려는 것이었다. 6 네가 이미 들었으니, 이 모든 것을 똑똑히 보아라. 네가 인정하지 않겠느냐? 이제 내가 곧 일어날 새 일을 네게 알려줄 터이니, 이것은 내가 네게 알려주지 않은 은밀한 일이다. 7 이것은 이제 내가 창조한 일이다. 옛적에 일어난 것과는 다르다. 지금까지 네가 들어본 일이 없는 일이다. 네가 전에 이것을 들었더라면 '아, 바로 그 일, 내가 이미 알고 있었다!' 하고 말할 수 있겠지만, 이번 일만은 그렇지 않다. 8 나는 알고 있었다. 네가 성실하지 못할 것임을 잘 알고 있었다. 네가 모태에서부터 반역자라고 불러 마땅한 자로 태어날 것을 나는 알고 있었다. 그러기에 내가 너를, 듣지도 못하게 하였고, 알지도 못하게 하였으며, 옛적부터 네 귀가 트이지도 못하게 한 것이다. 9 내 이름 때문에 내가 분노를 참고, 내 영예 때문에 내가 자제하여, 너를 파멸하지 않겠다. 10 보아라, 내가 너를 단련시켰으나, 은처럼 정련하지 않고, 오히려 고난의 풀무질로 달구어 너를 시험하였다. 11 나를 위하여, 바로 나를 위하여 내가 그렇게 하는 것이다. 어찌 내 이름을 욕되게 하겠느냐? 내 영광이 남에게 돌아가게 할 수는 없다. 12 야곱아, 내

하나님은 '스스로의 이름을 생각해서' 이스라엘의 파멸을 미뤘다고 말합니다(9절). '사랑이 끝없어서'라고 알고 있었던 건 착각인가요? 그 두 표현은 서로 다른 의미가 아닐 겁니다. '스스로의 이름을 생각해서' 이스라엘을 건지신다는 말은 이스라엘의 행동에 좌우되지 않으시겠다는 의미입니다. "이스라엘이 올바르게 행하면 건지겠다"라고 하신다면, 하나님께서는 이스라엘을 건지시지 않을 것입니다. 이스라엘은 계속해서 불순종하니까요. 그래서 이 표현에는 사람의 올바름과 선함에 대한 깊은 절망과 깨달음이 있습니다. 그러나 하나님께서는 오직 '스스로의 이름을 생각해서' 건지겠다 선언하십니다. 이스라엘의 행위에도 불구하고 그들을 건지겠다 선언하셨으니, 이것을 그 백성을 향한 하나님의 사랑 외에 달리 무엇이라 부를 수 있을까요?

가 불러낸 이스라엘아, 내가 하는 말을 들어라. 내가 바로 그다. 내가 곧 시작이요 마감이다. 13 내 손으로 땅의 기초를 놓았고, 내 오른손으로 하늘을 폈다. 내가 하늘과 땅을 부르기만 하면, 하늘과 땅이 하나같이 내 앞에 나와 선다."

주님께서 고레스를 선택하시다

14 너희는 모두 함께 모여서 들어보아라. 우상들 가운데서 누가 이런 일들을 알려준 일이 있었느냐? 주님께서 그를 사랑하시니, 그가 바빌론을 공격하여 주님의 뜻을 이루어드리고, 그의 능력을 바빌로니아 사람 앞에서 드러낼 것이다. 15 "내가 말하였고, 내가 그를 불러냈다. 내가 그를 오게 하였으니, 내가 그 길을 형통하게 하겠다. 16 너희는 나에게 가까이 와서, 이 말을 들어라. 처음부터 나는 은밀하게 말하지 않았다. 이일이 생길 때부터 내가 거기에 있었다." 이제 주 하나님께서 나를 보내셨고 그분의 영도 함께 보내셨다.

"은처럼 정련하지 않고, 오히려 고난의 풀무질로 달구어"(10절)라는 게 무슨 뜻인지 모르겠습니다. 같은 말인데, 마치 다른 것처럼 말하네요. 하나님께서 그의 백성을 단련하시되 은처럼 단련하신다는 표현이 성경의 다른 곳에는 있습니다(시 66:10; 슥 13:9). 이를 보면 "은처럼 정련하다"와 "고난의 풀무질로 달구다"가 서로 다른 의미의 말은 아닐 겁니다. 그렇다면 여기서 대조되는 것은 은을 정련하는 방식과 사람을 정련하는 방식이라 볼 수 있습니다. 은을 뜨거운 불 속에 넣어 불순물을 제거해나간다면, 하나님의 백성은 고난의 풀무 속에 넣어 그 악을 제거해나갑니다. 그래서 이 표현은 이스라엘에게 임한 심판이 그들을 없애버리고 제거하기 위한 것이 아니라, 그들 안에 있는 악과 죄를 씻어내고 제거해 그들을 온전하고 순전한 사람으로 세워가는 과정이었음을 알려줍니다.

백성을 보살피시는 하나님의 계획

17 주, 너의 속량자, '이스라엘의 거룩하신 분'께서 이르시기를 '나는 주, 네 하나님이다. 네게 유익하도록 너를 가르치며, 네가 마땅히 걸어야 할 길로 너를 인도하는 하나님이다' 하셨다. 18 "네가 나의 명령에 귀를 기울이기만 하였어도, 네 평화가 강같이 흐르고, 네 공의가 바다의 파도같이 넘쳤을 것이다. 19 네 자손이 모래처럼 많았을 것이며, 네 몸에서 태어난 자손도 모래알처럼 많았을 것이며, 그 이름이 절대로 내 앞에서 끊어지거나, 없어지지 않았을 것이다." 20 너희는 바빌론에서 나오너라. 바빌로니아 사람들에게서 도망하여라. 그리고 '주님께서 그의 종 야곱을 속량하셨다' 하고, 즐겁게 소리를 높여서 알려라. 이 소식이 땅끝까지 미치도록 들려주어라. 21 주님께서 그들을 사막으로 인도하셨으나, 그들이 전혀 목마르지 않았다. 주님께서는 바위에서 물을 내셔서 그들로 마시게 하셨고, 바위를 쪼개셔서 물이 솟아나게 하셨다. 22 주님께서 말씀하신다. "악인들에게는 평화가 없다."

22절은 아무리 봐도 생뚱맞습니다. 갑자기 "악인들에게는 평화가 없다"고 선언하는 까닭은 무엇입니까? '평화'라는 단어는 18절에도 나왔습니다. 그래서 17-22절은 '평화'라는 키워드로 함께 묶어 생각해볼 수 있습니다. 이스라엘은 하나님의 명령을 거역했고, 그렇게 명령을 거역한 이들은 아무런 평화를 기대할 수 없습니다. 20절을 보면, 하나님께서는 그 백성에게 바빌론을 떠나라고 촉구하십니다. 50년도 넘어가는 바빌론살이를 당연한 것으로 여기지 말고, 체념하거나 포기하지 말고, 하나님의 약속을 믿고 일어서라 촉구하십니다. 하나님을 믿고 현실에서 일어설 것인가, 아니면 현실에 압도되어 체념하고 살아갈 것인가. 이스라엘은 선택 앞에 놓였습니다. 순종하면 평화를 누리겠지만, 불순종하는 이들에게는 평화가 없을 것입니다.

{ 제49장 }

만방에 비치는 빛 이스라엘

1 너희 섬들아, 내가 하는 말을 들어라. 너희 먼 곳에 사는 민족
들아, 귀를 기울여라. 주님께서 이미 모태에서부터 나를 부르
셨고, 내 어머니의 태 속에서부터 내 이름을 기억하셨다. 2 내
입을 날카로운 칼처럼 만드셔서, 나를 주님의 손 그늘에 숨기
셨다. 나를 날카로운 화살로 만드셔서, 주님의 화살통에 감추
셨다. 3 주님께서 내게 말씀하셨다. "이스라엘아, 너는 내 종
이다. 네가 내 영광을 나타낼 것이다." 4 그러나 나의 생각에
는, 내가 한 것이 모두 헛수고 같았고, 쓸모없고 허무한 일에
내 힘을 허비한 것 같았다. 그러나 참으로 주님께서 나를 올바
로 심판하여주셨으며, 내 하나님께서 나를 정당하게 보상하여
주셨다. 5 내가 태어나기도 전부터 주님께서는 나를 그의 종으
로 삼으셨다. 야곱을 주님께로 돌아오게 하시고 흩어진 이스

1-7절에서 '나'는 누구를 가리킵니까? 42장 1-4절에서 이야기했던 '주님의 종의 노
래' 두 번째 본문이 49장 1-7절입니다. 여기서의 나는 하나님께서 태어나기 전부터
미리 정하셨던 주님의 종입니다. 날카로운 칼과 화살처럼 잘 준비된 자이며(2절),
온 세상에 하나님의 영광을 나타낼 사람입니다(3절). 그런데 막상 그의 삶은 그야
말로 헛수고와 같았습니다(4절). 하나님의 택함을 받아 잘 훈련되었으니 엄청나게
대단한 일을 할 것 같았는데, 실제 그의 삶과 사역은 다른 사람이 보기에 헛수고 같
은 일이었다는 뜻입니다. 아마도 42장에서 본 것처럼 상한 갈대와 같은 이를 돌아
보고 돕고 살리는 일을 했기 때문에, 그처럼 오래도록 일해도 헛수고 같지 않았을
까 싶습니다. 그러나 그가 주님의 종이라는 것은 사역의 규모와 성과가 아니라 오
직 그 사역의 내용으로 판단할 수 있습니다.

라엘을 다시 불러 모으시려고, 나를 택하셨다. 그래서 나는 주님의 귀한 종이 되었고, 주님은 내 힘이 되셨다. 주님께서 내게 말씀하신다. 6 주님께서 이렇게 말씀하신다. "네가 내 종이 되어서, 야곱의 지파들을 일으키고 이스라엘 가운데 살아남은 자들을 돌아오게 하는 것은, 네게 오히려 가벼운 일이다. 땅끝까지 나의 구원이 미치게 하려고, 내가 너를 '뭇 민족의 빛'으로 삼았다." 7 이스라엘의 속량자, 거룩하신 주님께서, 남들에게 멸시를 받는 사람, 여러 민족들에게 미움을 받는 사람, 통치자들에게 종살이하는 사람에게 말씀하신다. "왕들이 너를 보고 일어나서 예를 갖출 것이며, 대신들이 또한 부복할 것이니, 이는 너를 택한 이스라엘의 거룩한 하나님, 신실한 나 주 하나님 때문이다."

예루살렘의 회복

8 주님께서 그의 백성에게 이렇게 말씀하신다. "너희를 구원

하나님이 말하는 구원의 범위가 헷갈립니다. 하나님은 '이스라엘의 속량자'(7절)입니까? 아니면 '땅끝까지'(6절) 구원을 미치게 하는 분입니까? 마치 헛수고 같은 사역임에도 하나님께서는 이 종의 사역을 통해 이스라엘을 살리고 회복시킬 것이라 이르십니다. 더 나아가, 이 종의 사역을 통해 이스라엘을 넘어 뭇 백성이 빛을 보고 하나님께로 돌아올 것이라 선언하십니다. 그렇다고 이 종이 이스라엘을 넘어 온 세상을 두루 다니며 활동하지는 않습니다. 좁은 동네에서 마치 헛수고처럼 상한 갈대 같은 이들을 위한 사역을 하는데, 실상 그의 사역은 이스라엘을 속량할 뿐 아니라 온 세상을 회복시킨다는 것입니다. 온 세상을 내 집처럼 다니며 일한다고 뭇 백성의 빛인 것이 아니라, 이 종이 지향하고 소망하는 가치가 그의 사역을 온 세상에 특별하도록 만듭니다. 그러므로 하나님은 이스라엘을 속량하시되, 그 행하심을 통해 실상은 온 백성을 회복하시는 분이라고 말할 수 있습니다.

해야 할 때가 되면, 내가 너희에게 은혜를 베풀겠고, 살려달라고 부르짖는 날에는, 내가 그 간구를 듣고 너희를 돕겠다. 내가 너희를 지키고 보호하겠으며, 너를 시켜서 뭇 백성과 언약을 맺겠다. 너희가 살던 땅이 황무해졌지마는, 내가 너희를 다시 너희 땅에 정착시키겠다. 9 감옥에 갇혀 있는 죄수들에게는 '나가거라. 너희는 자유인이 되었다!' 하고 말하겠고, 어둠 속에 갇혀 있는 사람들에게는 '밝은 곳으로 나오너라!' 하고 말하겠다. 그들이 어디로 가든지 먹거리를 얻게 할 것이며, 메말랐던 모든 산을 그들이 먹거리를 얻는 초장이 되게 하겠다. 10 그들은 배고프거나 목마르지 않으며, 무더위나 햇볕도 그들을 해치지 못할 것이니, 이것은 긍휼히 여기시는 분께서 그들을 이끄시기 때문이며, 샘이 솟는 곳으로 그들을 인도하시기 때문이다. 11 내가, 산에서 산으로 이어지는 큰길을 만들고, 내 백성이 자유스럽게 여행할 큰길을 닦겠다. 12 보아라, 내 백성이 먼 곳으로부터도 오고, 또 더러는 북쪽에서도 오고, 서쪽에서도 오고, 아스완 땅에서도 올 것이다." 13 하늘아, 기뻐하여라! 땅아, 즐거워하여라! 산들아, 노랫소리를 높여라.

하나님은 왜 감옥에 갇혀 있는 죄수들을 풀어줍니까?(9절) 죄를 지었으면 옥에 갇혀 벌을 받는 게 당연하지 않을까요? 감옥에 갇혔다는 것 자체가 이미 죄에 대해 벌을 받은 것입니다. 9절과 같은 선포는 한 번 사람에게 일어난 일이 결코 영원하지 않음을 알려줍니다. 죄로 인해 감옥에 갇히듯이 이스라엘은 죄로 인해 바빌론에 포로로 끌려갔지만, 하나님께서는 포로 된 이스라엘에게 해방과 자유를 선언하십니다. 감옥에 갇힌 것 같은 삶, 사방이 꽉 막혀버려 숨 쉬기 어려운 삶은 그 누구에게든 마지막도 아니고 끝도 아닙니다. 감옥에 갇힌 이에게 자유를 선언하신다는 것은 지금 존재하는 질서나 구조가 영원한 것이 아님을 선언하시는 것이기도 합니다. 하나님께서는 언제나 갇힌 이들을 향해 해방을 선포하십니다.

주님께서 그의 백성을 위로하셨고, 또한 고난을 받은 그 사람들을 긍휼히 여기셨다. 14 그런데 시온이 말하기를 "주님께서 나를 버리셨고, 주님께서 나를 잊으셨다" 하는구나. 15 "어머니가 어찌 제 젖먹이를 잊겠으며, 제 태에서 낳은 아들을 어찌 긍휼히 여기지 않겠느냐! 비록 어머니가 자식을 잊는다 하여도, 나는 절대로 너를 잊지 않겠다. 16 보아라, 예루살렘아, 내가 네 이름을 내 손바닥에 새겼고, 네 성벽을 늘 지켜보고 있다. 17 너를 건축할 사람들이 곧 올 것이니, 너를 파괴하는 사람과 황폐하게 하는 사람이 너를 곧 떠날 것이다. 18 네 눈을 들어 주위를 둘러보아라. 네 백성이 모두 모여 너에게로 온다. 나 주가 내 삶을 걸고 맹세한다. 신부가 패물을 몸에 치장하고 자랑하듯, 너는 네 백성을 자랑할 것이다. 19 내가 네 땅을 쳤고, 황폐하게 하였고, 파괴하였지만, 이제는 백성이 너무 많아서 네 땅이 비좁다. 너를 삼키던 자들은 너에게서 멀리 떠날 것이다. 20 한때 네가 잃은 줄로만 알았던 자녀들이 다시 네 귀에 속삭이기를 '이곳이 너무 비좁으니, 내가 살 수 있도록 자

하나님은 그분의 백성들을 어떻게 위로합니까?(13절) 아름다운 말이긴 한데, 구체적인 그림이 그려지지 않습니다. 40장 이후의 본문을 읽을 때는 언제나 바빌론 포로를 향한 하나님의 자유 선포임을 유념해야 합니다. 일제강점기를 살아가는 조선의 사람들에게 광복이 얼마나 간절히 기다려왔던 기쁜 소식이었을지 생각해보면, 40-55장의 내용을 더욱 잘 이해할 수 있습니다. 바빌론은 너무나 강했고 이스라엘은 범죄했기 때문에, 아마도 이스라엘은 바빌론에 포로로 끌려가 영영 이렇게 살아야 하나 보다 체념했을 겁니다. 그러나 놀랍게도 하나님께서는 이스라엘이 죄 사함을 받았다 선포하시며 그들을 위로해줍니다. 그리고 하나님의 그 위로는 포로의 귀환, 새로운 신앙 공동체의 건설로 역사 속에서 구체적으로 드러납니다. 이처럼 40-55장의 위로는 역사의 변화와 단단히 맞물려 있습니다.

리를 넓혀주십시오' 할 것이다. 21 그때에 너는 마음속으로 이르기를 '누가 나에게 이 아이들을 낳아주었는가? 나는 자식을 잃고 더 낳을 수도 없었는데, 포로가 되어 버림을 받았는데, 누가 이 아이들을 키워주었는가? 나 홀로 남지 않았던가! 도대체 이 아이들이 다 어디에서 왔는가?' 할 것이다." 22 주님께서 이렇게 말씀하신다. "내가 뭇 민족을 손짓하여 부르고, 뭇 백성에게 신호를 보낼 터이니, 그들이 네 아들을 안고 오며, 네 딸을 업고 올 것이다. 23 왕들이 네 아버지처럼 될 것이며, 왕비들이 네 어머니처럼 될 것이다. 그들이 얼굴을 땅에 대고 네게 엎드릴 것이며, 네 발의 먼지를 닦아줄 것이다. 그때에 너는, 내가 주인 줄을 알 것이다. 나를 믿고 기다리는 사람은 수치를 당하지 않는다." 24 적군에게서 전리품을 빼앗을 수 있느냐? 폭군에게서 사로잡힌 포로를 빼내올 수 있느냐? 25 주님께서 이렇게 말씀하신다. "내가 적군에게서 포로를 빼어오겠으며, 폭군에게서 전리품도 빼앗아오겠다. 나는 나와 맞서는 자들과 겨루고, 네 자녀들을 구원하겠다. 26 너를 억압하는 자

49장의 약속들은 참으로 달콤하지만, 다소 수상합니다. 늘 엇나가기만 하는 백성을 이토록 관대하게 대하는 하나님의 속내는 무엇입니까? 사실 오늘날 주 하나님을 믿으며 살아가는 이들 역시, 자기 삶에 합당하지 않은 하나님의 은혜, 과분한 은혜를 경험합니다. 그래서 하나님의 은혜는 우리로 하여금 다른 어떤 것에 굴복하거나 매이지 말고 살아가라는 뜻이기도 합니다. 다시는 바빌론 같은 강한 나라를 의지하거나 그 힘에 좌우되지 말라는 의미이며, 바빌론이 제아무리 강해도 그 나라 우상에 굴복하거나 경배하지 말라는 하나님의 새로운 부르심입니다. 하나님 한 분만 섬기라는 것은 사람을 독차지하시려는 하나님의 독점욕이 아니라, 곧 사라지는 것들에 의지하거나 매이지 않고 용기 있게 살아가도록 이끄시는 하나님의 사랑입니다. 언제나 넘치도록 관대하신 하나님의 사랑이 별것 아닌 사람으로 하여금 용기를 내어 믿음으로 세상 속에서 한 걸음 내딛게 합니다.

들로 서로 쳐 죽이게 하고, 새 포도주에 취하듯이, 저희들끼리 피를 나누어 마시고 취하게 하겠다. 그러고 나면, 모든 사람이, 나 주가 네 구원자요, 네 속량자요, '야곱의 전능자'임을 알게 될 것이다."

{ 제50장 }

1 주님께서 이렇게 말씀하신다. "내가 너희 어머니를 쫓아내기
라도 하였느냐? 내가 너희 어머니에게 써준 이혼증서가 어디
에 있느냐? 내가 너희를 채권자에게 팔아넘기기라도 하였느
냐? 이것 보아라, 너희가 팔려간 것은 너희의 죄 때문이다. 너
희 어머니가 쫓겨난 것은 너희의 죄 때문이다. 2 내가 왔을 때
에 왜 아무도 없었으며, 내가 불렀을 때에 왜 아무도 대답하지
않았느냐? 내 손이 짧아서 너희를 속죄하지 못하겠느냐? 내
게 힘이 없어서 너희를 구원하지 못하겠느냐? 내가 꾸짖어서
바다를 말리며, 강을 광야로 바꾼다. 그러면, 물고기들이 물이
없어서 죽을 것이며, 썩은 고기들이 악취를 낼 것이다. 3 내가
흑암으로 하늘을 입히며, 굵은 베로 하늘을 두르겠다."

주님의 종의 순종

4 주 하나님께서 나를 학자처럼 말할 수 있게 하셔서, 지친 사

**'어머니에게 써준 이혼증서'(1절)는 무슨 뜻입니까? 하나님은 무슨 의도로 이런 이야
기를 꺼냅니까?** 이 단락은 포로 된 이스라엘을 향한 하나님의 설득입니다. 바빌론
에서 건져낼 것이니 바빌론을 떠나라(48:20) 이르셨지만, 사람들은 하나님께서 자신
들을 버리셨다고 체념 가득한 말을 했을 것입니다. 바빌론이 이긴 까닭은 바빌론의
신이 이스라엘의 하나님보다 더 강하기 때문이라 말하는 이들도 있었을 것입니다.
그 백성을 향해 하나님께서는 하나님과 시온을 부부 관계로 비유해 말씀합니다.
하나님께서 시온을 영영 쫓아내신 것이 아닙니다. 하나님이 바빌론의 신보다 능력이
없는 것이 아니라, 이스라엘의 불순종이 현재와 같은 참상을 가져왔습니다. 그렇다
면 남은 것은 이제라도 하나님을 신뢰하며, 그들을 찾고 부르시고 건져내실 하나님
께 나아오는 것입니다.

람을 말로 격려할 수 있게 하신다. 아침마다 나를 깨우쳐주신다. 내 귀를 깨우치시어 학자처럼 알아듣게 하신다. 5 주 하나님께서 내 귀를 열어주셨으므로, 나는 주님께 거역하지도 않았고, 등을 돌리지도 않았다. 6 나는 나를 때리는 자들에게 등을 맡겼고, 내 수염을 뽑는 자들에게 뺨을 맡겼다. 내게 침을 뱉고 나를 모욕하여도 내가 그것을 피하려고 얼굴을 가리지도 않았다. 7 주 하나님께서 나를 도우시니, 그들이 나를 모욕하여도 마음 상하지 않았고, 오히려 내가 각오하고 모든 어려움을 견디어냈다. 내가 부끄러움을 당하지 않겠다는 것을 내가 아는 까닭은, 8 나를 의롭다 하신 분이 가까이에 계시기 때문이다. 누가 감히 나와 다투겠는가! 함께 법정에 나서보자. 나를 고소할 자가 누구냐? 나를 고발할 자가 있으면 하게 하여라. 9 주 하나님께서 나를 도와주실 것이니, 그 누가 나에게 죄가 있다 하겠느냐? 그들이 모두 옷처럼 해어지고, 좀에게 먹힐 것이다. 10 너희 가운데 누가 주님을 경외하며, 누가 그의 종에게 순종하느냐? 어둠 속을 걷는, 빛을 모르는 사람이라도,

6절은 5절의 결과입니까? 하나님이 '나'에게 폭행과 모욕을 감수하게 하신 건가요? 그게 사실이라면, 하나님의 목적은 무엇입니까? 4-11절은 세 번째 '주님의 종의 노래'로, 주님의 종이 겪게 될 고난을 보여줍니다. 하나님의 말씀과 진리를 증언하며 살아가는 이들에게는 이와 같은 고난이 마치 필수 항목처럼 뒤따릅니다. 예수님께서 그러하셨고, 수많은 예언자들의 삶이 그러했으며, 우리 시대에도 의를 행하는 이들의 삶이 그러합니다. 하나님께서 그에게 고난을 주신 것이 아니라, 사람들이 진리와 정의를 말하는 이들을 배척하고 핍박하기 때문입니다. 그러나 이 종이 하나님의 말씀을 열심히 공부하는 이로서 깨닫고 알아듣게 되자, 고난이 없어지는 것이 아니라 고난을 견딜 수 있게 됩니다. 하나님의 말씀을 알게 되자, 모욕과 수치가 사라지는 것이 아니라 그런 모욕과 수치에도 개의치 않게 되었습니다. 참으로 이 종은 하나님의 사람으로 굳게 섰습니다.

주님의 이름을 신뢰하며, 하나님께 의지하여라. 11 너희가 모두 불을 피우고, 햇불을 들고 나섰지만, 너희가 피운 그 불에 너희가 탈 것이며, 너희가 들고 나선 그 햇불에 너희가 소멸될 것이다. 내가 직접 이 형벌을 너희에게 내리고, 너희는 이 고문을 견디어야 할 것이다.

{ 제51장 }

위로의 말씀

1 구원을 받고자 하는 사람들아, 내가 하는 말에 귀를 기울여라. 도움을 받으려고 나 주를 찾는 사람들아, 내가 하는 말을 들어라. 저 바위를 보아라. 너희가 거기에서 떨어져 나왔다. 저 구덩이를 보아라. 너희가 거기에서 나왔다. 2 너희 조상 아브라함을 생각하여보고, 너희를 낳아준 사라를 생각하여보아라. "내가 아브라함을 불렀을 때에는 자식이 없었다. 그러나 내가 그에게 은혜를 내려서, 그 자손을 수없이 많게 하였다." 3 주님께서 시온을 위로하신다! 그 모든 황폐한 곳을 위로하신다. 주님께서 그 광야를 에덴처럼 만드시고, 그 사막을 주님의 동산처럼 만드실 때에, 그 안에 기쁨과 즐거움이 깃들며, 감사의 찬송과 기쁜 노랫소리가 깃들 것이다. 4 나의 백성아, 나에게 귀를 기울여라. 나의 백성아, 내 말을 귀담아들어라.

9절은 누가 누구에게 하는 이야기입니까? 대상이 하나님이라면, 그 백성들이 비난과 비방을 받는(7절) 동안 줄곧 주무셨다는 얘깁니까? 여기서 9절은 17절과 대응됩니다. 9절은 하나님께 깨어나시기를 구하는 기도이고, 17절은 예루살렘 백성들이 깨어 일어나기를 촉구하는 하나님의 명령입니다. 9절은 예언자가 백성을 대표해 하나님께 아뢰는 기도라고 볼 수 있습니다. 이러한 기도는 하나님을 진정으로 신뢰하기에 그분을 향해 부르짖을 수 있는 담대한 기도입니다. 하나님 외에 달리 의지할 곳이 없는 이들은 이와 같이 하나님께 부르짖습니다. 구약성경에 나오는 기도가 고대 중동의 기도와 차이가 있다면, 이처럼 하나님을 향해 때로 무엄해 보이기까지 하는 표현이 빈번히 등장한다는 점입니다. 어쩌면 우리 기도가 그리 점잖고 교양 넘치는 것은 우리가 더 이상 하나님께 기대하지 않기 때문은 아닌지, 이 기도는 우리 스스로를 돌아보게 합니다.

법은 나에게로부터 비롯될 것이며, 나의 의는 만백성의 빛이 될 것이다. 5 나의 의가 빠르게 다가오고 있고, 나의 구원이 이미 나타났으니, 내가 능력으로 뭇 백성을 재판하겠다. 섬들이 나를 우러러 바라보며, 나의 능력을 의지할 것이다. 6 눈을 들어 하늘을 쳐다보아라. 그리고 땅을 내려다보아라. 하늘은 연기처럼 사라지고, 땅은 옷처럼 해어지며, 거기에 사는 사람들도 하루살이같이 죽을 것이다. 그러나 내 구원은 영원하며, 내 의는 꺾이지 않을 것이다. 7 의를 아는 사람들아, 마음속에 내 율법을 간직한 백성들아, 내가 하는 말을 들어라. 사람들이 비난하는 것을 두려워하지 말고 그들이 비방하는 것에 놀라지 말아라. 8 좀이 옷을 먹듯이 그들을 먹을 것이며, 벌레가 양털을 먹듯이 그들을 먹을 것이다. 그러나 나의 의는 영원하며, 나의 구원은 세세에 미칠 것이다. 9 깨어나십시오! 깨어나십시오! 힘으로 무장하십시오, 주님의 팔이여! 오래전 옛날처럼 깨어나십시오! 라합을 토막 내시고 용을 찌르시던 바로 그 팔이 아니십니까? 10 바다와 깊고 넓은 물을 말리시고, 바다의 깊은 곳을 길로 만드셔서, 속량받은 사람들을 건너가게 하신,

---

'라합'(9절)은 무얼 가리킵니까? 동물의 이름입니까, 아니면 이방의 신인가요? 라합이 구체적으로 무엇을 가리키는지 알 수 없지만, 아마도 바다에 있는 어떤 괴물 같은 존재일 것이라 여겨집니다. 뒤이어 나오는 '용' 역시 구체적으로 무엇인지 정확하게 알 수 없는 고대의 괴물입니다. 수천 년 전에 기록된 구약성경의 청중이자 독자인 고대인들은 라합이나 용, 혹은 리워야단(27:1) 같은 괴물이 실존한다 여겼고, '바다' 역시 그런 존재라 여기기도 했습니다. 구약성경 곳곳에는 하나님께서 라합이나 용, 바다를 무찌르시고 세상을 창조하시며, 이스라엘을 건지셨다고 증언합니다(욥 9:13; 26:12; 시 89:10; 사 27:1). 그래서 라합 같은 괴물은 하나님을 대적하는 힘센 세력을 상징하는 말처럼 쓰입니다.

바로 그 팔이 아니십니까? 11 주님께 속량받은 사람들이 예루살렘으로 돌아올 것입니다. 그들이 기뻐 노래하며 시온에 이를 것입니다. 기쁨이 그들에게 영원히 머물고, 즐거움과 기쁨이 넘칠 것이니, 슬픔과 탄식이 사라질 것입니다. 12 "너희를 위로하는 이는 나, 바로 내가 아니냐? 그런데 죽을 인간을 두려워하며, 한갓 풀에 지나지 않는 사람의 아들을 두려워하는, 너는 누구냐?" 13 너희는 잊었다. 너희를 지으신 하나님, 하늘을 펴시고 땅을 세우신 주님을 잊었다. 압박자들이 너희를 멸망시키려고 한다 해서, 압박자들의 그 분노가 두려워서, 너희는 날마다 떨고 있다. 그러나 압박자들의 분노가 어디에 있느냐? 14 갇혀 있는 포로들이 이제 곧 풀려난다. 그들은 오래오래 살 것이며, 먹거리가 모자라지도 않을 것이다. 15 "나는 주 너의 하나님이다. 바다에 물결을 일으키고, 거친 파도를 일으키는 하나님이니, 나의 이름은 만군의 주다. 16 내가 나의 말을 너의 입에 맡기고, 나의 손 그늘에 너를 숨겨준다. 나는 하늘을 폈으며, 땅의 기초를 놓았고, 시온에게 '너는 나의 백성'이라고 말하였다."

"나의 말을 너의 입에 맡기고"(16절)라는 말이 무슨 뜻인지 모르겠습니다. 여기서 '너'는 이스라엘에게 하나님의 말씀을 전하는 사람을 가리킨다고 볼 수 있습니다. 9~11절에 나온 것처럼 그는 이스라엘을 대신해 하나님께 부르짖어 기도했고, 그 기도에 대한 하나님의 응답이 12~16절에 이어집니다. 하나님께서는 하나님이야말로 이스라엘이 정말 두려워해야 할 분이신데, 이스라엘이 오히려 사람을 두려워하고 사람들 가운데 강력하고 힘 있는 세력을 두려워했다고 이르십니다(12~14절). 15절에 언급된 바다 역시 9절의 라합처럼 하나님의 대적을 상징합니다. 주님이야말로 그 바다에 물결을 일으키는 분이며, 하늘을 펴고 땅의 기초를 정하신 분입니다. 그분이 시온을 향해 '너는 나의 백성'이라 이르신 것입니다(16절). 주님께서는 백성에게 하나님 말씀을 전하는 예언자에게 이와 같은 말씀을 맡기셨습니다.

예루살렘의 고통이 끝나고

17 깨어라, 깨어라, 일어나거라, 예루살렘아! 너, 주님의 손에서 그 진노의 잔을 받아 마신 예루살렘아! 비틀거리게 하는 잔을, 네가 바닥까지 다 들이마셨다. 18 네가 낳은 모든 아들 가운데 너를 인도하여줄 아들이 없을 것이며, 네가 기른 모든 아들 가운데 너의 손을 이끌어줄 아들이 없을 것이다. 19 전쟁으로 땅은 황폐해지고 백성은 굶주려 죽었다. 이 두 가지 재난이 너에게 닥쳤으나, 누가 너를 두고 슬퍼하겠느냐? 폐허와 파괴, 기근과 칼뿐이니, 누가 너를 위로하겠느냐? 20 너의 자녀들은, 주님의 진노와 하나님의 책망을 하도 많이 받아서, 그물에 걸려 있는 영양처럼, 거리 모퉁이 모퉁이마다 쓰러져 있다. 21 고통받는 자야, 마치 포도주라도 마신 듯이 비틀거리는 자야, 이 말을 들어라. 22 너의 주, 그의 백성을 지키려고 싸우는 너의 하나님 주님께서 이렇게 말씀하신다. "내가 너의 손에서, 비틀거리게 하는 그 잔 곧 나의 진노의 잔을 거두었으니, 다시는 네가 그것을 마시지 않을 것이다. 23 이제 내가 그 잔을 너

18-19절에는 여러 어려움이 묘사되어 있습니다. 19절이 말하는 '두 가지' 재난은 정확히 무얼 가리킵니까? 두 가지 재난은 폐허와 파괴, 기근과 칼을 가리킵니다. 17-20절은 예루살렘으로 상징되는 이스라엘 백성에게 닥친 참상을 표현합니다. 파괴와 칼로 상징되는 강대국의 무력이 동원된 전쟁이 그들을 덮쳤고, 그 결과 사방이 폐허가 되었고 기근이 가득해졌습니다. 아들과 자녀에 대한 언급이 이 단락에 여러 번 나오는데, 각 가정에서 자녀가 힘이고 미래이듯, 아들과 자녀는 이스라엘의 미래와 힘을 상징합니다. 예루살렘의 자녀가 거리마다 지쳐 쓰러졌으니 누구도 이스라엘을 이끌어낼 수 없고, 이스라엘의 미래 역시 암담할 뿐입니다. 예언자는 이러한 이스라엘의 실상을 드러내 보이며, 이제 하나님을 향해 깨어 일어날 것을 촉구합니다.

를 괴롭힌 자들의 손에 쥐어주겠다. 그들은, 바로 너에게 '엎드
려라, 우리가 딛고 건너가겠다' 하고 말한 자들이다. 그래서 너
는 그들더러 밟고 지나가라고 땅바닥에 엎드려서 길을 만들고,
허리를 펴고 엎드려서 그들이 너의 등을 밟고 다니게 하였다."

{ 제52장 }

하나님께서 예루살렘을 건지실 것이다

1 너 시온아, 깨어라, 깨어라! 힘을 내어라. 거룩한 성 예루살렘아, 아름다운 옷을 입어라. 이제 다시는 할례 받지 않은 자와 부정한 자가 너에게로 들어오지 못할 것이다. 2 예루살렘아, 먼지를 털고 일어나서 보좌에 앉아라. 포로 된 딸 시온아, 너의 목에서 사슬을 풀어내어라. 3 주님께서 이렇게 말씀하신다. "너희가 값없이 팔려갔으니, 돈을 내지 않고 속량될 것이다." 4 주 하나님께서 이렇게 말씀하신다. "나의 백성이 일찍이 이집트로 내려가서, 거기에서 머물러 살려고 하였으나, 앗시리아가 까닭 없이 그들을 억압하였다." 5 주님께서 말씀하신다. "여기 바빌로니아에서도 똑같은 일이 일어났다. 나의 백성이 까닭도 없이 여기로 사로잡혀 왔고, 지배자들은 그들을 조롱한다. 날마다 쉬지 않고 나의 이름을 모독하고 있으니, 지금 내가 무슨 일을 하여야 하겠느냐?" 주님께서 하신 말씀이다. 6 "반드시 나의 백성이 나의 이름을 알게 될 것이다. 그날

이스라엘 민족 속에 들어온 '할례 받지 않은 자와 부정한 자'(1절)는 누굴 말합니까? '할례 받지 않은 자'는 이방인을 가리킵니다(예, 렘 9:25). 그와 나란히 놓인 '부정한 자' 역시 이방인을 가리킨다고 여겨집니다. 이스라엘의 회복이 순수한 이스라엘 혈통에게만 이루어진다는 식의 표현은 성경에 없고, 도리어 이방인들도 회복된 이스라엘에 합류할 것임을 보여주는 표현은 여러 번 등장합니다(예, 49:22-23; 54:3; 55:5; 56:3, 7 등). 이를 생각하면 이 구절 역시 이스라엘 가운데 이방인이 다시 없을 것이라는 의미는 아닐 겁니다. 그렇기에 이 구절은 예루살렘이 이방인에게 침략당하거나 짓밟히는 일이 다시는 없을 것이라는 의미라고 볼 수 있습니다.

이 오면, 반드시 나의 백성은 내가 하나님이라는 것과 내가 그들에게 말한 하나님이었다는 것을 알게 될 것이다." 7 놀랍고도 반가워라! 희소식을 전하려고 산을 넘어 달려오는 저 발이여! 평화가 왔다고 외치며, 복된 희소식을 전하는구나. 구원이 이르렀다고 선포하면서, 시온을 보고 이르기를 "너의 하나님께서 통치하신다" 하는구나. 8 성을 지키는 파수꾼들의 소리를 들어보아라. 그들이 소리를 높여서, 기뻐하며 외친다. 주님께서 시온으로 돌아오실 때에, 오시는 그 모습을 그들이 직접 눈으로 볼 수 있을 것이다. 9 너희 예루살렘의 황폐한 곳들아, 함성을 터뜨려라. 함께 기뻐 외쳐라. 주님께서 당신의 백성을 위로하셨고, 예루살렘을 속량하셨다. 10 주님께서 모든 이방 나라들이 보는 앞에서, 당신의 거룩하신 능력을 드러내시니, 땅끝에 있는 사람들은 모두 우리 하나님의 구원을 볼 것이다. 11 너희는 떠나거라, 그곳에서 떠나 나오너라. 부정한 것을 만지지 말아라. 그 가운데서 나오너라. 주님의 그릇을 운반하는 사람들아, 너희는 스스로 정결하게 하여라. 12 그러나 이제는

'나의 백성이 나의 이름을 알게 될 것'(6절)이라는 말은 새삼스럽기 짝이 없습니다. 이스라엘 백성들 가운데 그 이름을 모르는 이가 어디 있겠습니까? '이름'의 무게가 오늘과 고대 시대는 꽤 차이가 있는 것 같습니다. 이름을 안다는 것은 그저 지식으로 알고 있는 것이 아니라, 정말 그 이름에 담긴 무게와 실체를 제대로 파악하고 깨닫는 것을 의미합니다. 이스라엘이 하나님을 알게 된다는 것은 입술의 고백이나 흔하게 내뱉는 말이 아니라 정말 하나님의 크고 존귀하심, 그분의 영광과 능력과 행하심을 깨닫게 된다는 의미일 것입니다. 바빌론의 포로이자 지렁이와 같은 자신들을 건지고 인도하시는 하나님을 경험할 때, 그들은 참으로 그 하나님이 자신들의 하나님이신 것을, 그리고 이스라엘은 참으로 그분의 백성인 것을 절감하게 될 것입니다. 그리고 그에 합당한 찬송과 영광을 주님께 돌리게 될 것입니다.

주님께서 너희 앞에 가시며, 이스라엘의 하나님께서 너희 뒤를 지켜주시니, 너희가 나올 때에 황급히 나오지 않아도 되며, 도망치듯 달아나지 않아도 된다.

고난받는 종

13 "나의 종이 매사에 형통할 것이니, 그가 받들어 높임을 받고, 크게 존경을 받게 될 것이다. 14 전에는 그의 얼굴이 남들보다 더 안되어 보였고, 그 모습이 다른 사람들보다 더욱 상해서, 그를 보는 사람마다 모두 놀랐다. 15 이제는 그가 많은 이방 나라를 놀라게 할 것이며, 왕들은 그 앞에서 입을 다물 것이다. 왕들은 이제까지 듣지도 못한 일들을 볼 것이며, 아무도 말하여주지 않은 일들을 볼 것이다."

'주님의 그릇을 운반하는 사람들'(11절)은 어떤 이들입니까? 여기서 불쑥 그이들을 말하는 까닭은 무엇입니까? '주님의 그릇'은 기본적으로 성전 안에 있는 여러 기물을 가리킨다고 볼 수 있습니다. 예루살렘이 멸망할 때 바빌론은 성전의 기물을 무수히 약탈해 가져갔습니다(대하 36:10, 18). 포로로 끌려왔던 이스라엘은 훗날 고레스의 명령으로 인해 고국으로 돌아가는데, 페르시아 당국은 바빌론이 약탈했던 성전 기물도 반환해 이스라엘로 가져가도록 했습니다(라 1:7-11). 그 점에서 '주님의 그릇을 운반하는 사람들'은 빼앗겼던 성전 그릇들을 가지고 유대로 돌아오는 이스라엘을 가리킨다고 볼 수 있습니다. 하나님께서 이제 이스라엘을 회복하실 것이니, 하나님의 그릇을 운반하는 사람답게 스스로를 정결케 하여 본토로 돌아갈 준비를 하도록 촉구합니다.

{ 제53장 }

1 우리가 들은 것을 누가 믿었느냐? 주님의 능력이 누구에게 나타났느냐? 2 그는 주님 앞에서, 마치 연한 순과 같이, 마른 땅에서 나온 싹과 같이 자라서, 그에게는 고운 모양도 없고, 훌륭한 풍채도 없으니, 우리가 보기에 흠모할 만한 아름다운 모습이 없다. 3 그는 사람들에게 멸시를 받고, 버림을 받고, 고통을 많이 겪었다. 그는 언제나 병을 앓고 있었다. 사람들이 그에게서 얼굴을 돌렸고, 그가 멸시를 받으니, 우리도 덩달아 그를 귀하게 여기지 않았다. 4 그는 실로 우리가 받아야 할 고통을 대신 받고, 우리가 겪어야 할 슬픔을 대신 겪었다. 그러나 우리는, 그가 징벌을 받아서 하나님에게 맞으며, 고난을 받는다고 생각하였다. 5 그러나 그가 찔린 것은 우리의 허물 때문이고, 그가 상처를 받은 것은 우리의 악함 때문이다. 그가 징계를 받음으로써 우리가 평화를 누리고, 그가 매를 맞음으

53장은 어떤 이에 관한 설명입니까? 그이가 다른 이들의 고통과 슬픔을 대신 겪는 (4절) 까닭은 무엇입니까? 저마다 스스로 지은 만큼 죗값을 치러야 마땅하지 않은가요? 52장 13절부터 53장 12절까지가 네 번째 '주님의 종의 노래'입니다. 이미 세 번째 노래부터 종이 겪게 될 고난이 표현되었지만, 네 번째 본문인 53장에 이르면 급기야 종은 죽음에까지 내몰립니다. 본문에서 보듯 그는 아무런 죄가 없으나 사람들에게 미움과 배척을 받았고, 사람들은 그가 잘못한 것이 있어서 벌을 받는다 여겼습니다. 이런 사람이 과연 누가 있을까 싶지만, 우리 주변을 둘러보면 의롭고 옳은 삶을 살지만 고난과 고초를 겪는 분들이 종종 있습니다. 예레미야 같은 구약의 예언자 역시 그렇게 의로움과 고난이 함께 존재했던 인물들입니다. 도무지 돌이킬 줄 모르는 백성 가운데 하나님의 뜻을 전하며 이 종은 극심한 고초를 겪었습니다. 그리고 그 고초는 사실 그 백성이 겪어야 할 고초라는 점에서, 이 종의 고난은 백성이 받아야 할 고난을 상징합니다.

로써 우리의 병이 나았다. 6 우리는 모두 양처럼 길을 잃고, 각기 제 갈 길로 흩어졌으나, 주님께서 우리 모두의 죄악을 그에게 지우셨다. 7 그는 굴욕을 당하고 고문을 당하였으나, 아무 말도 하지 않았다. 마치 도살장으로 끌려가는 어린 양처럼, 마치 털 깎는 사람 앞에서 잠잠한 암양처럼, 끌려가기만 할 뿐, 아무 말도 하지 않았다. 8 그가 체포되어 유죄판결을 받았지만 그 세대 사람들 가운데서 어느 누가, 그가 사람 사는 땅에서 격리된 것을 보고서, 그것이 바로 형벌을 받아야 할 내 백성의 허물 때문이라고 생각하였느냐? 9 그는 폭력을 휘두르지도 않았고, 거짓말도 하지 않았지만, 사람들은 그에게 악한 사람과 함께 묻힐 무덤을 주었고, 죽어서 부자와 함께 들어가게 하였다. 10 주님께서 그를 상하게 하고자 하셨다. 주님께서 그를 병들게 하셨다. 그가 그의 영혼을 속건제물로 여기면, 그는 자손을 볼 것이며, 오래오래 살 것이다. 주님께서 세우신 뜻을 그가 이루어드릴 것이다. 11 "고난을 당하고 난 뒤에, 그는 생명의 빛을 보고 만족할 것이다. 나의 의로운 종이 자기의 지식으로 많은 사람을 의롭게 할 것이다. 그는 다른 사람들이 받아야 할 형벌을 자기가 짊어질 것이다. 12 그러므로 나는 그가 존

'중재'(12절)라는 표현이 궁금합니다. 누구와 누구를 중재한다는 거죠? 하나님과 범죄한 백성 사이의 중재입니다. 크고 대단한 제국을 건설하는 영웅을 찾는 세상에서, 하나님께서 보내신 종은 상한 갈대 같은 이들을 찾고 세우고 회복하는 사역을 했습니다. 그로 인해 모진 고초를 겪으면서도 그는 하나님께서 기뻐하시는 뜻을 죽기까지 순종하며 수행했고, 하나님께서는 이 종의 사역과 순종을 보고 사람들의 거듭되는 고집스러운 죄악을 용서하십니다. 기독교 교회는 이 종의 모습에서 이 땅에 오신 예수 그리스도를 발견했습니다. 고집스러운 죄인을 위해 자신의 삶을 죽기까지 드리고 순종하신 예수로 말미암아, 우리 모두는 하나님의 구원을 누리게 되었습니다.

귀한 자들과 함께 자기 몫을 차지하게 하며, 강한 자들과 함께 전리품을 나누게 하겠다. 그는 죽는 데까지 자기의 영혼을 서슴없이 내맡기고, 남들이 죄인처럼 여기는 것도 마다하지 않았다. 그는 많은 사람의 죄를 대신 짊어졌고, 죄지은 사람들을 살리려고 중재에 나선 것이다."

{ 제54장 }

이스라엘을 향하신 주님의 사랑

1 임신하지 못하고 아기를 낳지 못한 너는 노래하여라. 해산의
고통을 겪어본 적이 없는 너는 환성을 올리며 소리를 높여라.
아이를 못 낳아 버림받은 여인이 남편과 함께 사는 여인보다
더 많은 자녀를 볼 것이다. 주님께서 하신 말씀이다. 2 너의
장막 터를 넓혀라. 장막의 휘장을 아끼지 말고 펴라. 너의 장
막 줄을 길게 늘이고 말뚝을 단단히 박아라. 3 네가 좌우로 퍼
져나가고, 너의 자손이 이방 나라들을 차지할 것이며, 황폐한
성읍들마다 주민들이 가득할 것이다. 4 두려워하지 말아라!
네가 이제는 수치를 당하지 않을 것이다. 당황하지 말아라! 네
가 부끄러움을 당하는 일이 없을 것이다. 젊은 시절의 수치를
잊으며, 과부 시절의 치욕을 네가 다시는 기억하지 않을 것이
다. 5 너를 지으신 분께서 너의 남편이 되실 것이다. 그분의
이름은 만군의 주님이시다. 너를 구속하신 분은 이스라엘의

'임신하지 못하고 아기를 낳지 못한 여인'(1절)은 누구를 염두에 둔 말입니까?
40-55장 본문이 향하고 있는 대상은 바빌론 땅에 포로로 살고 있는 이스라엘입니
다. 이스라엘을 가리키는 여러 표현이 이 본문에 등장하는데, 54장에서는 임신하
지 못한 여인, 해산의 고통을 겪지 못한 여인, 버림받은 여인, 즉 '자녀가 없는 어머
니'로 이스라엘의 처지를 표현합니다. 자녀가 없다는 것은 기대하고 기다릴 미래가
없다는 의미이기도 할 것입니다. 고대 사회에서 이러한 여인은 더더욱 신의 심판을
받고 버림받은 자라는 조롱과 수치를 겪어야 했습니다. 이제 하나님께서는 자녀를
낳은 여인들보다 더 많은 자녀를 얻게 하셔서 시온을 회복시키실 것입니다. 실질적
으로는 예루살렘에 사람이 번창하고 번성할 것임을 가리킵니다.

거룩하신 하나님이시다. 그분은 온 세상의 하나님으로 불릴 것이다. 6 버림을 받아서 마음이 아픈 너를, 주님께서 부르신다. 젊은 나이에 아내가 되었다가 버림받은 너를, 주님께서 부르신다. 너의 하나님께서 말씀하신다. 7 "내가 잠시 너를 버렸으나, 큰 긍휼로 너를 다시 불러들이겠다. 8 분노가 북받쳐서 나의 얼굴을 너에게서 잠시 가렸으나 나의 영원한 사랑으로 너에게 긍휼을 베풀겠다. 너의 속량자인 나 주의 말이다. 9 노아 때에, 다시는 땅을 홍수로 멸망시키지 않겠다고 내가 약속하였다. 이제, 나는 너에게 노하지 않겠다고 약속한다. 너를 꾸짖거나 벌하지 않겠다. 10 비록 산들이 옮겨지고 언덕이 흔들린다 하여도, 나의 은총이 너에게서 떠나지 않으며, 평화의 언약을 파기하지 않겠다." 너를 가엾게 여기는 주님께서 하시는 말씀이다.

미래의 예루살렘

11 너, 고난을 당하고 광풍에 시달려도 위로를 받지 못한 예루

'젊은 시절의 수치'와 '과부 시절의 치욕'(4절)은 어떤 의미가 있으며, 또 어떤 차이가 있습니까? 이 역시 시온이 겪은 재난을 상징하는 표현입니다. 젊은 시절의 수치와 과부 시절의 치욕 모두 자녀가 없고 남편이 없는 상태를 가리킬 것입니다. 자녀와 남편이 없는 혼자된 여인이 겪는 수치와 모욕을 통해 예루살렘의 멸망과 사람들의 죽음, 포로로 끌려가는 신세, 미래를 기약할 수 없는 절망을 표현합니다. 고대 이스라엘의 법에는 자녀가 없이 남편이 죽을 경우 홀로 남겨진 아내를 형제간이나 가장 가까운 친척이 취해 자녀를 낳아 유업을 잇도록 하는 제도가 있습니다(〈선택, 어느 편에 설 것인가?〉(룻기 편, 261쪽) 참고). 이럴 때 홀로 된 여성을 취하는 남자를 가리키는 말이 5절에 있는 '구속하신 분', 즉 구속자입니다. 주 하나님께서는 이스라엘의 구속자가 되시어 그의 치욕을 없애시고, 영화롭고 존귀하게 하실 것입니다.

살렘아, 이제 내가 홍옥으로 벽을 쌓고, 청옥으로 성벽 기초를 놓겠다. 12 홍보석으로 흉벽을 만들고, 석류석으로 성문을 만들고, 보석으로 성벽 둘레를 꾸미겠다. 13 나 주가 너의 모든 아이를 제자로 삼아 가르치겠고, 너의 아이들은 번영과 평화를 누릴 것이다. 14 네가 공의의 터 위에 굳게 설 것이며, 억압이 너에게서 멀어질 것이니 너에게서는 두려움이 사라지고 공포 또한 사라져, 너에게 접근하지 못할 것이다. 15 너를 공격하는 자들이 반드시 있겠지만, 그것은 내가 허락한 것이 아니다. 너를 공격하는 자는 누구든 너에게 패할 것이다. 16 "나는 대장장이를 창조하였다. 그는 숯불을 피워서 자기가 쓸 연장을 만든다. 군인도 내가 창조하였다. 그는 무기를 가지고 사람을 죽인다." 17 그러나 어떤 무기도 너를 상하게 하지 못하고, 너에게 맞서서 송사하려고 일어나 혀를 놀리는 자를 네가 모두 논박할 것이다. "나의 종들을 내가 이렇게 막아주고, 그들이 승리를 차지하도록 하겠다." 주님께서 하신 말씀이다.

하나님은 "평화의 언약을 파기하지 않겠다"(10절)고 약속합니다. 하지만 모든 약속에는 조건이 따르는 법. 여기에는 어떤 전제가 숨어 있습니까? 40-55장 전체에 걸쳐 하나님께서 그 백성 이스라엘을 건지시는 유일한 까닭이 서술되는데, 그것은 바로 그들의 참상에 대한 하나님의 애통과 긍휼히 여기심 때문입니다. 그리고 하나님과 백성 사이에서 온갖 고초를 겪으며 걸어간 주님의 종의 순종과 희생도 하나님께서 그 백성을 구원하시는 이유가 되었습니다. 그래서 어려움과 슬픔, 막막함 속에 있는 백성을 향한 하나님의 사랑은 무조건적인 사랑입니다. 물론 그러한 하나님을 신뢰하며 바빌론에서 떨쳐 일어나 한 걸음 움직이는 것이 그들에게 필요하겠지요. 그러나 이를 두고 약속의 조건이라 말할 수는 없습니다. 체념과 두려움을 떨치고 일어날 때 스스로 더욱 강건해질 것이니, 그것 역시 조건이라기보다는 오히려 하나님의 은혜라고 말할 수 있습니다.

{ 제55장 }

하나님의 자비

1 너희 모든 목마른 사람들아, 어서 물로 나오너라. 돈이 없는 사람도 오너라. 너희는 와서 사서 먹되, 돈도 내지 말고 값도 지불하지 말고 포도주와 젖을 사거라. 2 어찌하여 너희는 양식을 얻지도 못하면서 돈을 지불하며, 배부르게 하여주지도 못하는데, 그것 때문에 수고하느냐? "들어라, 내가 하는 말을 들어라. 그리하면 너희가 좋은 것을 먹으며, 기름진 것으로 너희 마음이 즐거울 것이다. 3 너희는 귀를 기울이고, 나에게 와서 들어라. 그러면 너희 영혼이 살 것이다. 내가 너희와 영원한 언약을 맺겠으니, 이것은 곧 다윗에게 베푼 나의 확실한 은혜. 4 내가 그를 많은 민족 앞에 증인으로 세웠고, 많은 민족들의 인도자와 명령자로 삼았다." 5 네가 알지 못하는 나라를 네가 부를 것이며, 너를 알지 못하는 나라가 너에게 달려

1절은 사서 먹으라면서 값을 치르지 말라고 합니다. 이렇게 앞뒤가 맞지 않는 어법을 구사한 까닭은 무엇입니까? 이 표현은 참으로 소중하고 귀한 것에도 값을 치르지 않고 주어졌음을 강조하기 위한 역설적 표현입니다. 이를 통해 독자와 청중은 지금까지 우리는 어디에 돈을 지불했으며 그것으로 무엇을 얻었는지 돌아보게 됩니다. 아마도 바빌론 땅에 사는 이스라엘은 바빌론 우상을 섬기느라 돈을 갖다 바치지는 않았는지 스스로를 돌아보았을 것입니다. 마찬가지로 이 말씀은 우리로 하여금 구원과 축복을 얻겠다며 교회에 돈을 바리바리 바친 것은 아닌지 돌아보게 합니다. 정말 소중한 공기와 자연을 돈 없이 누리는 것처럼, 참으로 사람을 살게 하는 하나님의 은혜는 돈이나 힘으로 얻을 수 있는 것이 아닙니다. 누구든 하나님께 나아오는 자는 하나님의 진리와 은혜, 사랑을 얻고 누리게 될 것입니다.

올 것이니, 이는 주 너의 하나님, 이스라엘의 거룩하신 하나님께서 너를 영화롭게 하시기 때문이다. 6 너희는, 만날 수 있을 때에 주님을 찾아라. 너희는, 가까이 계실 때에 주님을 불러라. 7 악한 자는 그 길을 버리고, 불의한 자는 그 생각을 버리고, 주님께 돌아오너라. 주님께서 그에게 긍휼을 베푸실 것이다. 우리의 하나님께로 돌아오너라. 주님께서 너그럽게 용서하여주실 것이다. 8 "나의 생각은 너희의 생각과 다르며, 너희의 길은 나의 길과 다르다." 주님께서 하신 말씀이다. 9 "하늘이 땅보다 높듯이, 나의 길은 너희의 길보다 높으며, 나의 생각은 너희의 생각보다 높다. 10 비와 눈이 하늘에서 내려서, 땅을 적셔서 싹이 돋아 열매를 맺게 하고, 씨 뿌리는 사람에게 씨앗을 주고, 사람에게 먹거리를 주고 나서야, 그 근원으로 돌아가는 것처럼, 11 나의 입에서 나가는 말도, 내가 뜻하는 바를 이루고 나서야, 내가 하라고 보낸 일을 성취하고 나서야, 나에게로 돌아올 것이다." 12 참으로 너희는 기뻐하면서 바빌론을 떠날 것이며, 평안히 인도받아 나아올 것이다. 산과 언덕이

'다윗에게 베푼 나의 확실한 은혜'(3절)는 무슨 말입니까? 이스라엘의 왕인 다윗이 '많은 민족들의 인도자와 명령자'(4절)가 된 적이 있습니까? 여기에는 사무엘기하 7장 1-17절이 배경에 있는데, 다윗과 그 후손에게 영원토록 보존되는 나라와 왕위를 약속하신 말씀입니다. 그런데 이사야서 55장 3절은 다윗에게 허락하셨던 은혜를 '너희'와 맺으신다고 선언합니다. 다윗에게 베푸신 확실한 은혜를 다윗만이 아니라 '너희', 즉 이스라엘 모든 이에게 주겠다 선언하신 것입니다. 그래서 이 구절을 두고 '다윗 언약의 민주화'라고 표현하기도 합니다. 다윗에게 한 약속을 모든 사람을 향한 약속으로 확장시켰다는 의미입니다. 바빌론의 포로가 된 힘겨운 백성을 하나님께서는 영원한 나라를 누리는 백성으로 삼겠다 선언하시며, 이 보잘것없는 이들이 온 세상의 인도자와 명령자가 되게 하겠다 선언하십니다.

너희 앞에서 소리 높여 노래하며, 들의 모든 나무가 손뼉을 칠 것이다. 13 가시나무가 자라던 곳에는 잣나무가 자랄 것이며, 찔레나무가 자라던 곳에는 화석류가 자랄 것이다. 이것은 영원토록 남아 있어서, 주님께서 하신 일을 증언할 것이다.

{ 제56장 }

모든 민족이 하나님의 백성이 될 것이다

1 주님께서 말씀하신다. "너희는 공평을 지키며 공의를 행하여라. 나의 구원이 가까이 왔고, 나의 의가 곧 나타날 것이다." 2 공평을 지키고 공의를 철저히 지키는 사람은 복이 있다. 안식일을 지켜서 더럽히지 않는 사람, 그 어떤 악행에도 손을 대지 않는 사람은 복이 있다. 3 이방 사람이라도 주님께로 온 사람은 '주님께서 나를 당신의 백성과는 차별하신다' 하고 말하지 못하게 하여라. 고자라도 '나는 마른 장작에 지나지 않는다' 하고 말하지 못하게 하여라. 4 이러한 사람들에게 주님께서 이렇게 말씀하신다. "비록 고자라 하더라도, 나의 안식일을 지키고, 나를 기쁘게 하는 일을 하고, 나의 언약을 철저히 지키면, 5 그들의 이름이 나의 성전과 나의 성벽 안에서 영원히 기억되도록 하겠다. 아들딸을 두어서 이름을 남기는 것보다 더 낫게

안식일을 지켜서 더럽히지 않는다(2, 6절)는 말은 무슨 뜻입니까? 일요일마다 예배당에 나간다는 의미입니까? 그걸 그토록 중요하게 여기는 이유가 궁금합니다. 고대 이스라엘에서 안식일은 성전 같은 곳에 모이는 날이 아니라 각자 살아가는 집에서 누렸던 특별한 날입니다. 아마도 오늘로 치면 토요일이었을 것으로 여겨지는데, 그날에는 자신과 가족뿐 아니라 잠시 고용되어 일하는 품삯 노동자, 그 집의 종, 심지어 가축까지도 일하지 않고 쉬어야 합니다(출 20:8-11; 신 5:12-15). 하나님께서 천지를 지으시고 하루를 쉬신 것을 본받고, 이집트의 노예였던 이스라엘을 건지신 것을 기억하며, 안식일을 지켰습니다. 그러므로 안식일을 더럽히지 않는다는 것은 그날을 쉼과 해방, 자유의 날로 지키고 누린다는 것, 나만이 아니라 우리와 함께 있는 가난한 이웃과 동물까지도 쉼과 자유를 누리게 한다는 의미입니다.

하여주겠다. 그들의 이름이 잊혀지지 않도록, 영원한 명성을 그들에게 주겠다." 6 주님을 섬기려고 하는 이방 사람들은, 주님의 이름을 사랑하여 주님의 종이 되어라. "안식일을 지켜 더럽히지 않고, 나의 언약을 철저히 지키는 이방 사람들은, 7 내가 그들을 나의 거룩한 산으로 인도하여, 기도하는 내 집에서 기쁨을 누리게 하겠다. 또한 그들이 내 제단 위에 바친 번제물과 희생제물들을 내가 기꺼이 받을 것이니, 나의 집은 만민이 모여 기도하는 집이라고 불릴 것이다." 8 쫓겨난 이스라엘 사람을 모으시는 주 하나님께서 말씀하신다. "내가 이미 나에게로 모아들인 사람들 외에 또 더 모아들이겠다."

지도자들을 규탄하시다

9 들짐승들아, 와서 나의 백성을 잡아먹어라. 숲속의 짐승들아, 와서 나의 백성을 삼켜라. 10 백성을 지키는 파수꾼이라는 것들은 눈이 멀어서 살피지도 못한다. 지도자가 되어 망을 보

하나님의 집(7절)은 어디를 말합니까? 하나님에게도 집이 있습니까? 하나님의 집은 예루살렘 성전을 가리킵니다. 하나님은 세상 그 어떤 집으로도 수용하거나 가둘 수 없는 분이라는 점에서, 그 어떤 화려하고 웅장한 건물도 그분의 집이 아닙니다. 그렇지만 하나님께서 그 백성과 함께하시며, 그들 가운데 거하시고, 그들의 기도를 들으신다는 것을 표현하기 위해, 하나님께서는 이스라엘 가운데 그분의 '집'을 두셨습니다. 건물이 특별한 것이 아니라, 그곳에 거하겠다 약속하신 하나님이 특별합니다. 그렇기에 건물을 신성시하고 화려하게 치장하는 것은 건물과 하나님을 착각하는 행동입니다. 이스라엘을 위한 것이라 했지만, 혈통이나 민족에 따른 이스라엘만이 아니라 7절에서 보듯이 '만민이 모여 기도하는 집'이 본질적인 의미입니다. 그 누구라도, 혈통이나 성별, 성 정체성 등 세상의 그 어떤 조건과도 상관없이 그 누구라도 나아올 수 있는 곳이 하나님의 집입니다.

라고 하였더니, 벙어리 개가 되어서 야수가 와도 짖지도 못한다. 기껏 한다는 것이 꿈이나 꾸고, 늘어지게 누워서 잠자기나 좋아한다. 11 지도자라는 것들은 굶주린 개처럼 그렇게 먹고도 만족할 줄을 모른다. 백성을 지키는 지도자가 되어서도 분별력이 없다. 모두들 저 좋을 대로만 하고 저마다 제 배만 채운다. 12 그 도적들이 입은 살아서 "오너라, 우리가 술을 가져올 터이니, 독한 것으로 취하도록 마시자. 내일도 오늘처럼 마시자. 아니, 더 실컷 마시자" 하는구나.

{ 제57장 }

우상숭배를 규탄하시다

1 의인이 망해도 그것을 마음에 두는 자가 없고, 경건한 사람이 이 세상을 떠나도 그 뜻을 깨닫는 자가 없다. 의인이 세상을 떠나는 것은, 실상은 재앙을 피하여 가는 것이다. 2 그는 평화로운 곳으로 들어가는 것이다. 바른길을 걷는 사람은 자기 침상 위에 편히 누울 것이다. 3 너희 점쟁이의 자식들아, 간통하는 자와 창녀의 씨들아, 이리 가까이 오너라. 4 너희가 누구를 조롱하는 거냐? 너희가 누구에게 입을 크게 벌리고 혀를 내미느냐? 너희는 거역하는 자의 자식, 거짓말쟁이의 종자가 아니냐? 5 너희는 상수리나무 사이에서, 모든 푸른 나무 아래에서, 정욕에 불타 바람을 피우며, 골짜기 가운데서, 갈라진 바위 밑에서, 자식들을 죽여 제물로 바쳤다. 6 너는 골짜기의 매끈한 돌들을 가져다가, 그것들을 신으로 떠받들었다. 네가 그

1-2절은 착한 사람들일수록 일찍 죽는다는 뜻인가요? 아니면 세상을 일찍 떠나는 이들은 다 의인이라는 말인가요? 하나님을 경외하는 의로운 사람에게는 대개 장수와 번성이 약속됩니다(예, 잠 3:1-2). 그런데 의인임에도 일찍 세상을 떠나는 경우가 있어서, 하나님의 뜻이 무엇인지 고민하게 됩니다. 이사야서 본문은 의인의 고난과 죽음에 대한 한 가지 답을 제시합니다. 그것은 하나님께서 그를 일찍 데려가셔서 장차 일어날 더 큰 환난과 재앙으로부터 피하게 하신 것이며, 그로 인해 그 의인은 평화로울 것이라고 풀이합니다. 이로 보건대 아무 죄가 없는 갓난아이의 죽음 역시 하나님께서 그를 평화 가운데로 일찍 데려가셨다고 풀이할 수 있을 것입니다. 물론 이 구절이 무죄하고 의로운 이들의 죽음을 설명하는 유일한 정답은 아니겠지만, 우리로 하여금 하나님의 뜻이 어디에 있는지 생각해보게 합니다.

것들에게 술을 부어 바치고, 또 곡식제물을 바쳤다. "내가 너희의 그런 꼴을 보았으니, 내가 어찌 기뻐하겠느냐?" 7 너는 또 저 우뚝 솟은 높은 산 위에 올라가서, 거기에다 자리를 깔았다. 거기에서 제사를 지냈다. 8 "너의 집 문과 문설주 뒤에는 우상을 세워놓았다. 너는 나를 버리고 떠나서, 옷을 다 벗고, 네가 좋아하는 자들과 함께 알몸으로 침상에 올라가 자리를 넓게 폈다. 너는 그들과 함께 자려고 화대를 지불하고, 거기에서 정욕을 불태웠다. 9 너는 또 몰렉에게 가려고, 몸에 기름을 바르고 향수를 듬뿍 뿌렸다. 섬길 신들을 찾느라고 먼 나라에 사신들을 보내고, 스올에까지 사절을 내려보냈다. 10 신들을 찾아 나선 여행길이 고되어서 지쳤으면서도, 너는 '헛수고'라고 말하지 않는구나. 오히려 너는 우상들이 너에게 새 힘을 주어서 지치지 않았다고 생각하는구나. 11 네가 그처럼 무서워하는 신들이 누구냐? 도대체 그 신들이 얼마나 무서우면, 나를 속이면서까지, 나를 까마득히 잊어가면서까지, 그 신들에게 매달리느냐? 내가 오랫동안 침묵하고 있었다고, 네가 나

'창녀의 씨'(3절)나 '정욕에 불타 바람을 피우며'(5절)처럼 성적인 문란에 빗대어 이스라엘의 죄상을 지적하는 까닭은 무엇입니까? 종종 하나님께서는 스스로를 이스라엘의 남편이라 표현하십니다(예, 렘 2:2; 호 2:16-20). 남편이신 하나님께서는 아내된 이스라엘을 사랑하고, 아내인 이스라엘 역시 남편이신 하나님을 사랑합니다. 그런데 이스라엘이 하나님을 신뢰하지 않고, 현실의 두려움과 불안으로 인해 강대국의 크고 웅장한 우상에 자꾸 마음을 빼앗겨 거기에 절을 하고 제물을 갖다 바칩니다. 구약성경의 예언자들은 이러한 이스라엘의 행실을 "음란하다"라고 선언합니다. 하나님이 아닌 다른 것에 마음을 빼앗기고 굽신거리는 행동을 두고 "정욕에 불타 바람을 피운다"라고 선언합니다. 단순히 우상숭배만이 문제가 아니라, 돈이든 권력이든 하나님을 대신해 마음을 빼앗긴다면 음란이라 규정할 수 있을 겁니다.

를 경외하지 않는 것이냐? 12 너는 네가 하는 일이 다 옳다고 생각하겠지만, 네가 한 일을 내가 다 폭로할 것이니, 너의 우상들이 너를 돕지 못할 것이다. 13 너의 우상들에게 살려달라고 부르짖어 보아라. 오히려 바람이 우상들을 날려버릴 것이며, 입김이 그것들을 쓸어버릴 것이다. 그러나 나에게로 피하여오는 사람은, 땅을 차지하여 거기에서 살고, 나의 거룩한 성전에서 나를 예배할 것이다."

도우시고 고치시겠다고 하신 약속

14 "내가 말한다. 땅을 돋우고 돋우어서 길을 내어라. 나의 백성이 걷는 길에 거치는 것이 없게 하여라." 15 지극히 높으신 분, 영원히 살아계시며, 거룩한 이름을 가지신 분께서, 이렇게 말씀하신다. "내가 비록 높고 거룩한 곳에 있으나, 겸손한 사람과도 함께 있고, 잘못을 뉘우치고 회개하는 사람과도 함께 있다. 겸손한 사람과 함께 있으면서 그들에게 용기를 북돋

'나를 까마득히 잊어가면서까지'(11절)는 과장이라는 생각이 듭니다. 이스라엘 백성들이 잠시 한눈을 팔았겠지, 설마 하나님을 새카맣게 잊어버리기야 했겠습니까? 정말 설마 그러기야 했을까 싶은데, 구약성경을 읽어보면 이스라엘은 처음 이집트를 떠나 자유를 맞이하는 순간부터 하나님을 떠나고 그분의 명령을 어기기 시작했음을 발견하게 됩니다. 하나님의 인도하심을 따라 약속의 땅에 들어가자마자, 이스라엘은 풍요를 추구하며 그 땅의 우상을 따랐고, 다른 나라들처럼 지내겠다며 왕정을 도입했습니다. 그래서 구약성경은 이스라엘이 얼마나 고집스럽게 하나님을 떠났는지를 증언합니다. 곰곰이 생각해보면, 우리 역시 이스라엘과 그리 다를 바 없음을 절실히 느낍니다. 사실 놀라운 것은 그러한 이스라엘을 하나님께서 절대 내버리거나 포기하지 않으시고, 끝까지 찾으시고 은혜를 부어주신다는 점입니다.

우어주고, 회개하는 사람과 같이 있으면서 그들의 상한 마음을 아물게 하여준다. 16 나는 사람들과 끝없이 다투지만은 않는다. 한없이 분을 품지도 않는다. 사람에게 생명을 준 것이 나인데, 내가 그들과 끝없이 다투고 한없이 분을 품고 있으면, 사람이 어찌 견디겠느냐? 17 사람의 탐욕스러운 죄 때문에 내가 노하여 그들을 쳤고, 내가 노하여 나의 얼굴을 가렸다. 그래도 그들은 끝내 나를 거역하고 제 마음에 내키는 길로 가버렸다. 18 사람의 소행이 어떠한지, 내가 보아서 다 알고 있다. 그러나 나는 그들을 고쳐주겠다. 그들을 인도하여주며, 도와주겠다. 슬퍼하는 사람들을 위로하여주겠다. 19 이제 내가 말로 평화를 창조한다. 먼 곳에 있는 사람과 가까운 곳에 있는 사람에게 평화, 평화가 있어라." 주님께서 약속하신다. "내가 너를 고쳐주마." 20 그러나 악인들은 요동하는 바다와 같아서 고요히 쉬지 못하니, 성난 바다는 진흙과 더러운 것을 솟아 올릴 뿐이다. 21 나의 하나님께서 말씀하신다. "악인들에게는 평화가 없다."

곳곳에 다툼만 가득할 뿐, 어디를 둘러봐도 평화가 없습니다. 19절에서 말하는 '평화'의 정체는 무엇입니까? 그런 평화는 어디에서 찾을 수 있습니까? 우상을 쫓아가고 더 강하고 힘센 이들과 연합해 우리가 더 강해지고 부유해지면 평화가 올 것이라 생각하겠지만, 그런 기대는 결코 채워지지 않습니다. 바빌론의 포로인 이스라엘, 하나님께 죄를 지어 심판을 받아 쫓겨난 이스라엘이라 할지라도 하나님께서는 반드시 건지고 회복하겠다 약속하셨습니다. 이 약속은 강하지 않아도, 약하고 보잘것없어도, 하나님께서 살리며 회복하신다는 것을 의미합니다. 그래서 더 강하지 않아도 되고 더 부유하지 않아도 된다는 것을 깨달을 때, 하나님께서 주시는 평화를 누릴 수 있습니다. 욕심과 욕망을 내려놓을 때 작은 평화를 누린 경험이 다들 이미 있지 않습니까? 참된 평화는 더 많이 가지고 남들만큼 누리는 것에 있지 않습니다. 오직 하나님을 신뢰하며 그 명령을 따를 때 참된 평화를 얻을 것입니다.

{ 제58장 }

참 금식

1 "목소리를 크게 내어 힘껏 외쳐라. 주저하지 말아라. 너의 목소리를 나팔 소리처럼 높여서 나의 백성에게 그들의 허물을 알리고, 야곱의 집에 그들의 죄를 알려라. 2 그들이 마치 공의를 행하고 하나님의 규례를 저버리지 않는 민족이나 되듯이, 날마다 나를 찾으며, 나의 길을 알기를 좋아한다. 그들은 무엇이 공의로운 판단인가를 나에게 묻고, 하나님께 가까이 나가기를 즐거워한다고 한다." 3 주님께서 보시지도 않는데, 우리가 무엇 때문에 금식을 합니까? 주님께서 알아주시지도 않는데, 우리가 무엇 때문에 고행을 하겠습니까? 너희들이 금식하는 날, 너희 자신의 향락만을 찾고, 일꾼들에게는 무리하게 일을 시킨다. 4 너희가 다투고 싸우면서, 금식을 하는구나. 이렇게 못된 주먹질이나 하려고 금식을 하느냐? 너희의 목소리를 저 높은 곳에 들리게 할 생각이 있다면, 오늘과 같

58장은 금식에 관해 이야기합니다. 금식은 이스라엘 민족에게 익숙한 일이었습니까? 금식의 본래 목적은 무엇이었습니까? 금식은 생존에 가장 필수인 음식을 일정 기간 동안 섭취하지 않는 것이니, 오직 하나님의 도우심만을 구한다는 절실함을 표현하는 방식입니다. 구약성경에서 공식적으로 금식을 명령하는 경우는 일 년에 한 번 속죄일밖에 없지만(레 16:31), 국가적인 위기나 개인에게 어려움이 닥쳤을 때도 종종 금식을 했습니다(욜 1:13-14). 다니엘 역시 민족을 위해 3주 동안 작정하고 기도할 때, 먹는 것을 절제하고 삼갔습니다(단 10:3). 지금 우리에게 필요한 것은 음식이나 옷이 아니라 오직 하나님의 은혜와 긍휼, 건지심임을 고백하면서, 오직 하나님만 의지하겠다는 강렬한 표현이 금식이라 할 수 있습니다.

은 이런 금식을 해서는 안 된다. 5 "이것이 어찌 내가 기뻐하는 금식이겠느냐? 이것이 어찌 사람이 통회하며 괴로워하는 날이 되겠느냐?" 머리를 갈대처럼 숙이고 굵은 베와 재를 깔고 앉는다고 해서 어찌 이것을 금식이라고 하겠으며, 주님께서 너희를 기쁘게 반기실 날이라고 할 수 있겠느냐? 6 "내가 기뻐하는 금식은, 부당한 결박을 풀어주는 것, 멍에의 줄을 끌러주는 것, 압제받는 사람을 놓아주는 것, 모든 멍에를 꺾어버리는 것, 바로 이런 것들이 아니냐?" 7 또한 굶주린 사람에게 너의 먹거리를 나누어주는 것, 떠도는 불쌍한 사람을 집에 맞아들이는 것이 아니겠느냐? 헐벗은 사람을 보았을 때에 그에게 옷을 입혀주는 것, 너의 골육을 피하여 숨지 않는 것이 아니겠느냐? 8 그리하면 네 빛이 새벽 햇살처럼 비칠 것이며, 네 상처가 빨리 나을 것이다. 네 의를 드러내실 분이 네 앞에 가실 것이며, 주님의 영광이 네 뒤에서 호위할 것이다. 9 그 때에 네가 주님을 부르면 주님께서 응답하실 것이다. 네가 부르짖을 때에, 주님께서 '내가 여기에 있다' 하고 대답하실 것

부당한 결박을 풀어주고 형편이 어려운 이웃을 돕는(6-7절) 게 어떻게 금식이 될 수 있습니까? 금식은 끼니를 거르며 기도하는 종교의식이 아닌가요? 금식의 원래 취지는 오직 하나님의 도우심을 구하는 것이었지만, 그와 더불어 자신이 간절히 바라는 것이나 욕망을 충족시키는 도구로 전락하기도 쉽습니다. 금식을 비롯한 모든 종교적 행위는 손쉽게 형식적인 것으로 전락하고, 욕망을 정당화하는 수단으로 뒤바뀌곤 합니다. 58장 본문은 진정한 금식은 함께 살아가는 가난한 이웃의 억울함을 해결하고 정의를 회복하는 것이라 선언합니다. 이제부터는 금식을 하지 말라는 뜻이라기보다는, 금식의 취지 자체가 우리 자신의 욕망과 욕심을 내려놓는 것임을 기억하라는 의미입니다. 이사야서 본문은 그렇게 욕심을 내려놓는다는 것은 단순히 음식을 먹지 않는 게 아니라, 가난한 이웃의 권리를 회복시키는 것이라고 이야기합니다. 금식의 취지를 명확히 한 말씀이라 볼 수 있습니다.

이다. 네가 너의 나라에서 무거운 멍에와 온갖 폭력과 폭언을 없애버린다면, 10 네가 너의 정성을 굶주린 사람에게 쏟으며, 불쌍한 자의 소원을 충족시켜주면, 너의 빛이 어둠 가운데서 나타나며, 캄캄한 밤이 오히려 대낮같이 될 것이다. 11 주님께서 너를 늘 인도하시고, 메마른 곳에서도 너의 영혼을 충족시켜주시며, 너의 뼈마디에 원기를 주실 것이다. 너는 마치 물 댄 동산처럼 되고, 물이 끊어지지 않는 샘처럼 될 것이다. 12 너의 백성이 해묵은 폐허에서 성읍을 재건하며, 대대로 버려두었던 기초를 다시 쌓을 것이다. 사람들은 너를 두고 "갈라진 벽을 고친 왕!" "길거리를 고쳐 사람이 살 수 있도록 한 왕!" 이라고 부를 것이다.

안식일을 지키는 보상

13 "유다야, 네가 안식일에 발길을 삼가 여행을 하지 않으며, 나의 거룩한 날에 너의 쾌락을 일삼지 않으며, 안식일을 '즐거

13절은 이것저것을 삼가며 안식일을 지키라고 말합니다. 이렇게 조심스럽게 보내야 할 '거룩한 날'이 어떻게 '즐거운 날'이 될 수 있습니까? 13절만 놓고 보면 안식일을 여러 규례를 지켜야 하는 날로 생각할 수도 있습니다. 그러나 58장 전체를 보면 금식과 같은 행위조차도 그 핵심은 가난한 이웃의 권리를 회복하는 것이라고 말합니다. 이어지는 59장을 읽어봐도 관건은 단지 종교적인 어떤 행동이 아니라, 이웃과의 올바른 관계, 정의로운 사회에 있음을 알 수 있습니다. 그래서 안식일에 지켜야 할 것은 단순히 이런저런 행위를 하지 않는 게 아닙니다. 안식일의 본래 취지대로, 끝없는 욕망 충족을 위해 이날까지도 계속해서 일하기를 중단하는 것, 그리고 나만 쉬는 것이 아니라 나와 연관한 모든 사람을 쉬게 하는 것입니다. 내 욕망, 내 쾌락을 고수하는 것이 아니라 하나님께서 인도하실 것을 신뢰하며 나와 다른 사람을 모두 쉬게 하고 그를 즐거워하는 것, 그것이 이 본문이 의도하는 내용입니다.

운 날'이라고 부르며, 주의 거룩한 날을 '존귀한 날'이라고 한다면, 그리고 이날을 귀하게 여겨서, 네 멋대로 하지 않으며, 너 자신의 쾌락을 찾지 않으며, 함부로 말하지 않으면, 14 그때에 너는 주 안에서 즐거움을 얻을 것이다. 내가 너를 땅에서 영화롭게 하고, 너의 조상 야곱의 유산을 먹고 살도록 하겠다." 이것은 주님께서 친히 하신 말씀이다.

{ 제59장 }

예언자가 백성의 죄를 규탄하다

1 주님의 손이 짧아서 구원하지 못하시는 것도 아니고, 주님의 귀가 어두워서 듣지 못하시는 것도 아니다. 2 오직, 너희 죄악이 너희와 너희의 하나님 사이를 갈라놓았고, 너희의 죄 때문에 주님께서 너희에게서 얼굴을 돌리셔서, 너희의 말을 듣지 않으실 뿐이다. 3 너희의 손이 피로 더러워졌으며, 너희의 손가락이 죄악으로 더러워졌고, 너희의 입술이 거짓말을 하며, 너희의 혀가 악독한 말을 하기 때문이다. 4 공의로써 소송을 제기하는 사람이 아무도 없고, 진실되게 재판하는 사람이 하나도 없다. 헛된 것을 믿고 거짓을 말하며, 해로운 생각을 품고서, 죄를 짓는다. 5 그들은 독사의 알을 품고, 거미줄로 옷감을 짠다. 그 알을 먹는 사람은 죽을 것이요, 그 알이 밟혀서 터지면, 독사가 나올 것이다. 6 그들이 거미줄로 짠 것은

죄악을 해결하지 않고서는 하나님과 가까워질 수 없다지만(2절), 인간이 어떻게 한 점 죄 없이 살 수 있습니까? 결국 하나님과 소통하는 건 불가능한 셈이군요. 죄를 짓는 것이 문제가 아니라 죄 없다며 스스로를 돌아보지 않는 것이 문제입니다. 그리고 여기서 더 심각한 문제는 3-4절, 6절, 9-15절에서 보듯, 자신의 이익을 위해 제힘을 휘둘러 폭력을 행사하는 것입니다. 힘 있는 자는 자기 마음대로 세상을 온통 휘두르고, 폭력에 희생당한 이들이 곳곳에 가득합니다. 그런데 성전에 와서 금식하며 하나님의 도우심을 구한다면서 하나님께서 건져주지 않으신다 불평하는 자들이 있습니다. 그들을 향해 하나님께서는 하나님의 능력이 없어 건져주지 않으시는 것이 아니라고, 그런 식으로 악을 행하면서 하나님을 구한다는 그들의 행태가 말이 되는 짓인지 되물으십니다.

옷이 되지 못하고, 그들이 만든 것으로는 아무도 몸을 덮지 못한다. 그들이 하는 일이란 죄악을 저지르는 것뿐이며, 그들의 손에는 폭행만 있다. 7 그들의 발은 나쁜 일을 하는 데 빠르고, 죄 없는 사람을 죽이는 일에 신속하다. 그들의 생각이란 죄악으로 가득 차 있을 뿐이며, 그들이 가는 길에는 황폐와 파멸이 있을 뿐이다. 8 그들은 안전한 길을 알지 못하며 그들이 가는 길에는 공평이 없다. 스스로 길을 굽게 만드니, 그 길을 걷는 모든 사람에게 안전이 없다.

백성이 죄를 고백하다

9 그러므로 공평이 우리에게서 멀고, 공의가 우리에게 미치지 못한다. 우리가 빛을 바라나, 어둠뿐이며, 밝음을 바라나, 암흑 속을 걸을 뿐이다. 10 우리는 앞을 못 보는 사람처럼 담을 더듬고, 눈먼 사람처럼 더듬고 다닌다. 대낮에도 우리가 밤길을 걸을 때처럼 넘어지니, 몸이 건강하다고 하나 죽은 사람과 다를 바 없다. 11 우리 모두가 곰처럼 부르짖고, 비둘기처

"악에서 떠난 자가 오히려 약탈을 당한다"(15절)는 말은 무슨 뜻입니까? 정의와 공의가 다 사라지고(9절) 진실한 재판도 사라지니(4절), 힘없는 이들은 끝없이 희생당할 것입니다. 이렇게 끔찍한 세상에서 그래도 누군가는 정의롭게 살려고 하고 관행처럼 돼버린 악에서 떠나려고 할 테지만, 그 역시 불의 가득한 세상에서 참혹한 고통과 괴로움을 당합니다. 성경은 이러한 현실을 "오히려 약탈당한다"라고 표현합니다. 불의한 현실에서 내부 고발을 했다가 오히려 부당 해고를 당한 사람들의 이야기는 오늘날에도 흔한데, 그와 같은 상황이 본문과 연관될 것입니다. 그래서 59장 본문은 사회 안에 불의가 가득 찬 현실을 고발합니다. 하나님을 믿는 신앙과 일상 현실에서의 정의는 결코 분리될 수 없습니다.

럼 슬피 울며, 공평을 바라지만 공평이 없고, 구원을 바라지만
그 구원이 우리에게서 멀다. 12 주님, 주님께 지은 우리의 죄
가 매우 많습니다. 우리의 죄가 우리를 고발합니다. 우리가 지
은 죄를 우리가 발뺌할 수 없으며, 우리의 죄를 우리가 잘 압
니다. 13 우리가 죄를 짓고 주님을 부정하였습니다. 우리의 하
나님께 등을 돌리고 물러가서, 포학한 말과 거역하는 말을 하
면서, 거짓말을 마음에 품었고, 또 실제로 거짓말을 하였습니
다. 14 그래서 공평이 뒤로 밀려나고 공의가 멀어졌으며, 성실
이 땅바닥에 떨어졌고, 정직이 발붙이지 못합니다. 15 성실이
사라지니, 악에서 떠난 자가 오히려 약탈을 당합니다.

주님께서 백성을 건져내려고 하시다

주님께서 이것을 보셨다. 공평이 없는 것을 보시고 슬퍼하셨
다. 16 압박받는 사람을 도우려는 사람이 없음을 보시고, 중재
자가 없음을 보시고, 주님께서는 놀라셨다. 주님께서는 직접,

16절은 "주님께서는 … 당신의 능력을 친히 발휘하실 것"이라고 합니다. 더 이상 인
간에게 기대하지 않는다는 뜻인가요? 그래서 어떤 능력을 발휘하셨나요? 15절 마
지막 부분은 주님께서 공평 없는 세상을 보시고 슬퍼하셨다고 말합니다. 정의와 공
평이 사라지고 약자가 쓰러지는 현실을 보시고 주님께서는 마음 아파하고 슬퍼하
셨습니다. 그리고 우리의 형편을 보시고 불쌍히 여기며 친히 개입하십니다. 불의를
저지르는 세력을 심판하며 약하고 가난한 이를 위해 보복하실 뿐 아니라, 고통받는
이들을 건지며 속량하십니다(17-20절). 세상의 재판 제도가 제대로 작동하지 않을
때 가난한 이들은 하나님께 부르짖고, 하나님께서는 그 기도를 들으시고 친히 임하
셔서 권력자와 불의한 이들을 심판하십니다. 가난한 자를 학대하는 권력자는 당대
에 혹은 그 이후에라도 반드시 심판받을 것입니다.

억압받는 사람들을 구원하시려고, 반드시 공의를 이루시려고, 당신의 능력을 친히 발휘하실 것이다. 17 주님께서 공의를 갑옷으로 입으시고, 구원의 투구를 머리에 쓰셨다. 응징을 속옷으로 입으셨다. 열심을 겉옷으로 입으셨다. 18 그들이 한 대로 갚으신다. 적들에게 진노하시며, 원수들에게 보복하신다. 섬들에게도 보복하신다. 19 해 지는 곳에서 주님의 이름을 두려워하며, 해 뜨는 곳에서 주님의 영광을 두려워할 것이다. 원수가 강물처럼 몰려오겠으나, 주님의 영이 그들을 물리치실 것이다. 20 주님께서 시온에 속량자로 오시고, 야곱의 자손 가운데서 죄를 회개한 사람들에게 오신다. 주님께서 하신 말씀이다. 21 주님께서 말씀하신다. "내가 그들과 맺은 나의 언약은 이러하다. 너의 위에 있는 나의 영과 너의 입에 담긴 나의 말이, 이제부터 영원토록, 너의 입과 너의 자손의 입과 또 그 자손의 자손의 입에서 떠나지 않을 것이다." 주님께서 하신 말씀이다.

하나님은 무장을 갖추고 몸소 전쟁에 나서지만(17-19절) 상대가 뚜렷하지 않습니다. 하나님이 누구와 싸운다는 말입니까? 18절은 '적들'과 '원수들', '섬들'에게 하나님께서 보복하시고 갚으신다 이릅니다. 반면 하나님께서 돌보시는 이들로는 '압박받는 사람', '억압받는 사람들'(16절)이 언급됩니다. 그리고 20절은 주님께서 '죄를 회개한 사람들'에게 오신다고 말씀합니다. 이로 보건대 여기서 하나님께서 싸우시는 대상은 자신이 가진 힘을 휘둘러 다른 사람을 억압하고 억제하며 짓밟는 세력이고, 주님께서 건지고 보호하시는 대상은 그렇게 짓밟힌 이들, 억압받던 이들입니다. 그리고 그렇게 다른 사람을 억압하며 지냈을지라도 그 죄를 뉘우치고 회개한 이들 또한 하나님께서 건지고 보호하십니다. 하나님을 대적하는 영적 존재를 흔히 사탄이나 마귀라고 부르는데, 그러한 영적 세력은 권력을 휘둘러 가난하고 약한 이들을 짓밟는 집단으로 세상에 그 모습을 드러냅니다.

{ 제60장 }

예루살렘이 장차 받을 영광

1 예루살렘아, 일어나서 빛을 비추어라. 구원의 빛이 너에게 비치었으며, 주님의 영광이 아침 해처럼 너의 위에 떠올랐다. 2 어둠이 땅을 덮으며, 짙은 어둠이 민족들을 덮을 것이다. 그러나 오직 너의 위에는 주님께서 아침 해처럼 떠오르시며, 그의 영광이 너의 위에 나타날 것이다. 3 이방 나라들이 너의 빛을 보고 찾아오고, 뭇 왕이 떠오르는 너의 광명을 보고, 너에게로 올 것이다. 4 눈을 들어 사방을 둘러보아라. 그들이 모두 모여 너에게로 오고 있다. 너의 아들들이 먼 곳으로부터 오며, 너의 딸들이 팔에 안겨서 올 것이다. 5 그때에 이것을 보는 너의 얼굴에는 기쁨이 넘치고, 흥분한 너의 가슴은 설레고, 기쁨에 벅찬 가슴은 터질 듯할 것이다. 풍부한 재물이 뱃길로 너에게로 오며, 이방 나라의 재산이 너에게로 들어올 것이다. 6 많은 낙타들이 너의 땅을 덮을 것이며, 미디안과 에바

7절은 "성전을 이전보다 더욱 영화롭게 할 것"이라고 합니다. 여기서 말하는 이전은 언제를 가리킵니까? 원래 히브리어 성경에는 '이전'에 해당하는 표현이 없지만, 말하고자 하는 바를 더 또렷이 표현하기 위해 새번역 성경은 그 말을 더했습니다. 그러니까 어떤 특정한 시간을 가리킨다기보다, "이제 하나님께서 성전을 참으로 아름답고 영광스럽게 하실 것"이라는 말을 "이전의 어느 때보다 더 아름답게 하신다"라고 표현했다 이해할 수 있습니다. 시온이 초라했으나 하나님께서는 시온을 온 세상에서 영화롭게 하실 것이며, 시온에서 하나님께 나아와 예물 드리는 집을 가장 아름답게 하실 것입니다. 이 말씀은 전세의 역전을 표현합니다. 그토록 힘겹고 어려움에 처했던 시온이지만, 이제 하나님께서는 그 운명을 완전히 바꾸실 것입니다.

의 어린 낙타가 너의 땅을 뒤덮을 것이다. 스바의 모든 사람이 금과 유향을 가지고 와서, 주님께서 하신 일을 찬양할 것이다. 7 게달의 모든 양 떼가 다 너에게로 모여들며, 네가 느바욧의 숫양들을 제물로 쓸 것이다. "내가 내 성전을 이전보다 더욱 영화롭게 할 때에, 이것들이 내 제단 위에 합당한 제물로 오를 것이다." 8 저기, 구름 떼처럼 몰려오는 저 사람들이 누구냐? 제 보금자리로 돌아오는 비둘기처럼 날아오는 저 사람들이 누구냐? 9 너의 자녀들이 온다. 섬들이 나를 사모하며, 다시스의 배들이 맨 먼저 먼 곳에 있는 너의 자녀들을 데리고 온다. 그들이, 주 너의 하나님의 이름을 높이려고, 이스라엘의 거룩하신 하나님께 드리려고, 은과 금을 함께 싣고 온다. 주님께서 너를 영화롭게 하셨기 때문이다. 10 이방 자손이 너의 성벽을 쌓으며, 그들의 왕들이 너를 섬길 것이다. "비록 내가 진노하여 너를 쳤으나, 이제 내가 은혜를 베풀어서 너를 불쌍히 여기겠다." 11 너의 성문은 언제나 열려 있어서, 밤낮으로 닫히지 않을 것이다. 이방 나라의 재물이 이 문을 지나

성문을 닫아걸지 않고 밤낮으로 열어두는(11절) 이유는 무엇입니까? 도성의 관문이라면 아침저녁마다 여닫으며 경계해야 마땅하지 않을까요? 그날에 하나님께서 시온을 회복하며 존귀하게 하시니, 세상 어떤 나라나 세력도 시온에게 위협이 되지 않을 것입니다. 오히려 열방이 자랑하던 그 모든 재물이 시온으로 모여들 것입니다. 이러한 말씀은 단지 시온이라는 유대인들만의 세상이 온다는 의미는 아니겠지요. 만약 그런 뜻이라면 온 세상이 구약성경을 읽을 까닭이 없을 겁니다. 시온으로 대표되는 약자들, 천대받고 멸시받던 이들, 오직 하나님 외에는 의지할 것이 없던 곤고하고 연약한 백성들의 회복이 이사야서 본문이 증언하고 선포하는 내용입니다. 그래서 시온의 성문이 다 열려 있다는 것은 누구라도 시온에 나아올 수 있다는 의미이며, 시온이 단지 특정한 이들만의 것이 아니라 모두가 와서 머물 수 있는 곳임을 의미하기도 합니다.

너에게로 오며, 이방 왕들이 사로잡혀서 너에게로 끌려올 것이다. 12 너를 섬기지 않는 민족과 나라는 망하고, 그런 이방 나라들은 반드시 황폐해질 것이다. 13 "레바논의 자랑인 잣나무와 소나무와 회양목이 함께 너에게로 올 것이다. 그 나무가 나의 성전 터를 아름답게 꾸밀 것이니, 이렇게 하여서 내가 나의 발 둘 곳을 영화롭게 하겠다." 14 너를 괴롭히던 자들의 자손이 몸을 굽히고 너에게 나아오며, 너를 멸시하던 자들이 모두 너의 발아래에 엎드려서, 너를 '주님의 도성'이라고 부르고, '이스라엘의 거룩하신 분의 시온'이라고 부를 것이다. 15 "비록 네가 전에는 버림을 받고 미움을 받아서, 너의 옆으로 오는 사람이 없었으나, 이제는 내가 길이길이 너를 높이고, 너를 오고 오는 세대 사람들에게 기쁨이 되게 하겠다. 16 네가 이방 나라들의 젖을 빨며, 뭇 왕의 젖을 빨아 먹을 것이니, 이것으로써, 너는 나 주가 너의 구원자이며, 너의 속량자요, 야곱의 전능자임을 알게 될 것이다." 17 내가 놋쇠 대신 금을 가져오며, 철 대신 은을 가져오며, 나무 대신 놋쇠를 가져오며, 돌 대신 철을 가져오겠다. "내가 평화를 너의 감독자로 세우며, 의를 너

"이방 나라들의 젖을 빨며, 뭇 왕의 젖을 빨아 먹을 것"(16절)이란 말은 무슨 뜻입니까? 돈도, 값도 지불하지 말고 포도주와 젖을 사라는 말씀(55:1)에서 보듯, 여기서 '젖'은 꼭 필요한 것, 배부르게 하는 것을 상징합니다. 그렇다면 시온이 이방 나라들의 젖을 빨며 뭇 왕의 젖을 빤다는 말씀은 이방 나라들이 열심히 모으고 쌓은 재물을 비롯해 무수한 좋은 것들을 시온이 얻고 누릴 것이라는 의미로 이해할 수 있습니다. 열방 나라의 부와 재물이 시온으로 올 것이라는 표현이 이 장에 여러 번 나타납니다(5-9절, 11절). 부를 쫓고 재물을 쫓는다 해서 그것을 얻을 수 있는 것이 아닙니다. 하나님을 경외하고 정의와 공의를 행할 때(56:1), 도리어 세상의 좋은 것들이 정의를 행하는 백성에게 모여올 것입니다.

의 지배자로 세우겠다." **18** 다시는 너의 땅에서 폭행 소문이 들려오지 않을 것이며, 너의 국경 안에서는 황폐와 파괴 소문이 들려오지 않을 것이다. 너는 너의 성벽을 '구원'이라고 부르고, 너의 성문을 '찬송'이라고 부를 것이다. **19** 해는 더 이상 낮을 밝히는 빛이 아니며, 달도 더 이상 밤을 밝히는 빛이 아닐 것이다. 오직 주님께서 너의 영원한 빛이 되시고, 하나님께서 너의 영광이 되실 것이다. **20** 주님께서 몸소 너의 영원한 빛이 되시며, 네가 곡하는 날도 끝이 날 것이므로, 다시는 너의 해가 지지 않으며, 다시는 너의 달이 이지러지지 않을 것이다. **21** 너의 백성이 모두 시민권을 얻고, 땅을 영원히 차지할 것이다. 그들은 주님께서 심으신 나무다. 주님의 영광을 나타내라고 만든 주님의 작품이다. **22** 그들 가운데서 가장 작은 이라도 한 족속의 조상이 될 것이며, 가장 약한 이가 강한 나라를 이룰 것이다. "때가 되면, 나 주가 이 일을 지체 없이 이루겠다."

{ 제61장 }

구원의 기쁜 소식

1 주님께서 나에게 기름을 부으시니, 주 하나님의 영이 나에게 임하셨다. 주님께서 나를 보내셔서, 가난한 사람들에게 기쁜 소식을 전하고, 상한 마음을 싸매어주고, 포로에게 자유를 선포하고, 갇힌 사람에게 석방을 선언하고, 2 주님의 은혜의 해와 우리 하나님의 보복의 날을 선언하고, 모든 슬퍼하는 사람들을 위로하게 하셨다. 3 시온에서 슬퍼하는 사람들에게 재 대신에 화관을 씌워주시며, 슬픔 대신에 기쁨의 기름을 발라주시며, 괴로운 마음 대신에 찬송이 마음에 가득 차게 하셨다. 그리하여 사람들은 그들을 가리켜, 의의 나무, 주님께서 스스로 영광을 나타내시려고 손수 심으신 나무라고 부른다. 4 그들은 오래전에 황폐해진 곳을 쌓으며, 오랫동안 무너져 있던 곳도 세울 것이다. 황폐한 성읍들을 새로 세우며, 대대로 무너진 채로 버려져 있던 곳을 다시 세울 것이다. 5 낯선 사람들

1절에서 말하는 '나'는 누구입니까? 이사야입니까, 아니면 다른 누군가를 이야기합니까? 이사야라는 이름은 40장 이후에는 전혀 등장하지 않습니다. 본문 자체가 이사야라는 이름을 전혀 언급하지 않는다는 점에서, 여기 나오는 '나'는 본문이 소개하는 내용대로 살아가고 행동하는 그 누구라도 해당될 것입니다. 특히 이 존재는 가난한 자에게 기쁜 소식을, 포로에게 자유를 선포하며, 슬픈 이들을 위로하는 사람입니다. 그래서 훗날 예수 그리스도는 이 본문을 읽으면서 예수님의 삶과 사역이야말로 이 말씀의 성취라고 선포하셨습니다(눅 4:16-21). 결국 누가 이 사람인가를 판정하는 가장 중요한 기준은 그 사람의 혈통이나 신분 같은 것이 아니라, 그가 어떤 일을 하는가라고 할 수 있습니다.

이 나서서 너희 양 떼를 먹이며, 다른 나라 사람들이 와서 너희의 농부와 포도원지기가 될 것이다. 6 사람들은 너희를 '주님의 제사장'이라고 부를 것이며, '우리 하나님의 봉사자'라고 일컬을 것이다. 열방의 재물이 너희 것이 되어 너희가 마음껏 쓸 것이고, 그들의 부귀영화가 바로 너의 것임을 너희가 자랑할 것이다. 7 너희가 받은 수치를 갑절이나 보상받으며, 부끄러움을 당한 대가로 받은 몫을 기뻐할 것이다. 그러므로 너희가 땅에서 갑절의 상속을 받으며, 영원한 기쁨을 차지할 것이다. 8 "나 주는 공평을 사랑하고, 불의와 약탈을 미워한다. 나는 그들의 수고를 성실히 보상하여주고, 그들과 영원한 언약을 세우겠다. 9 그들의 자손이 열방에 알려지며, 그들의 자손이 만민 가운데 알려질 것이다. 그들을 보는 사람마다, 그들이 나 주의 복을 받은 자손임을 인정할 것이다." 10 신랑에게 제사장의 관을 씌우듯이, 신부를 패물로 단장시키듯이, 주님께서 나에게 구원의 옷을 입혀주시고, 의의 겉옷으로 둘러주셨으니, 내가 주님 안에서 크게 기뻐하며, 내 영혼이 하나님 안에서 즐거워할 것이다. 11 땅이 싹을 내며, 동산이 거기에 뿌려

'은혜의 해와 우리 하나님의 보복의 날'(2절)은 어떤 날을 가리킵니까? 한 날을 두고 정 반대되는 두 표현이 쓰인 이유는 무엇입니까? 은혜와 보복이 함께 존재한다는 점에서, 1-3절에 나오는 가난, 포로 됨, 상함, 갇힘과 같은 현실이 어떤 권력과 부를 지닌 이들에게 억울하게 당한 일이라는 것을 짐작할 수 있습니다. 하나님께서 그분의 사람을 보내셔서 포로 된 자에게 자유를 선포하실 때, 당연히 여기에는 그들을 억압하고 짓누른 세력을 심판하는 일이 수반됩니다. 이것은 이집트에서 종살이하던 이스라엘을 하나님께서 건지실 때 이집트를 열 가지 재앙으로 심판하신 것에서도 잘 드러납니다. 그렇기에 하나님의 구원은 갇힌 자들에게는 은혜지만, 그들을 억압하던 이들에게는 보복하시는 하나님의 심판으로 임합니다.

진 것을 움트게 하듯이, 주 하나님께서도 모든 나라 앞에서 의
와 찬송을 샘 솟듯이 솟아나게 하실 것이다.

{ 제62장 }

1 시온의 의가 빛처럼 드러나고, 예루살렘의 구원이 횃불처럼 나타날 때까지, 시온을 격려해야 하므로, 내가 잠잠하지 않겠고, 예루살렘이 구원받기까지 내가 쉬지 않겠다. 2 이방 나라들이 네게서 의가 이루어지는 것을 볼 것이다. 뭇 왕이 네가 받은 영광을 볼 것이다. 사람들이 너를 부를 때에, 주님께서 네게 지어주신 새 이름으로 부를 것이다. 3 또한 너는 주님의 손에 들려 있는 아름다운 면류관이 될 것이며, 하나님의 손바닥에 놓여 있는 왕관이 될 것이다. 4 다시는 어느 누구도 너를 두고 '버림받은 자'라고 하지 않을 것이며, 다시는 너의 땅을 일컬어 '버림받은 아내'라고 하지 않을 것이다. 오직 너를 '하나님께서 좋아하시는 여인'이라고 부르고, 네 땅을 '결혼한 여인'이라고 부를 것이니, 이는 주님께서 너를 좋아하시며, 네 땅을 아내로 맞아주는 신랑과 같이 되실 것이기 때문이다. 5 총각이 처녀와 결혼하듯이, 너의 아들들이 너와 결혼하며, 신랑이 신

2절은 주님이 예루살렘에 새 이름을 지어준다고 말합니다. 하나님은 어떤 이름을 지어줍니까? 이렇게 이름을 바꾸는 뜻은 어디에 있습니까? 고대 세계에서 이름은 특별히 그 사람의 존재 전부를 가리키며 상징합니다. 이름을 짓거나 바꾸는 행위는 존재 자체를 규정하는 것이며, 존재 자체의 변화를 나타냅니다. 그래서 하나님께서는 아브람의 이름을 아브라함이라 바꾸셨고, 야곱에게는 이스라엘이라는 이름을 주셨습니다. 이제 이사야서 본문은 시온의 궁극적인 회복과 구원, 변화를 선포하면서 그것을 시온의 바뀐 이름으로 상징하고 표현합니다. 시온은 이제 '하나님께서 좋아하시는 여인', '결혼한 여인'(4절)이라 불립니다. 12절에서는 '거룩한 분의 백성', '주님께서 속량하신 백성', '하나님께서 사랑한 도성', '하나님께서 버리지 않은 도성'이라는 이름도 소개합니다. 이와 같은 이름은 모두 하나님께서 시온을 그냥 두지 않으시고 반드시 회복시키고 지키실 것을 확언하며 확증하는 것들입니다.

부를 반기듯이, 네 하나님께서 너를 반기실 것이다. 6 예루살렘아, 내가 너의 성벽 위에 파수꾼들을 세웠다. 그들은 밤이나 낮이나 늘 잠잠하지 않을 것이다. 주님께서 하신 약속을 늘 주님께 상기시켜드려야 할 너희는, 가만히 있어서는 안 된다. 늘 상기시켜드려야 한다. 7 주님께서 예루살렘을 세우실 때까지 쉬시지 못하게 해야 한다. 또 예루살렘이 세상에서 칭송을 받게 하시기까지, 주님께서 쉬시지 못하게 해야 한다. 8 주님께서 그의 오른손 곧 그의 능력 있는 팔을 들어 맹세하셨다. "내가 다시는 네 곡식을 네 원수들의 식량으로 내주지 않겠다. 다시는 네가 수고하여 얻은 포도주를 이방 사람들이 마시도록 내주지 않겠다." 9 곡식을 거둔 사람이, 곡식을 빼앗기지 않고 자기가 거둔 것을 먹고, 주님을 찬송할 것이다. "거둔 사람이 자기가 거둔 것을 내 성소 뜰에서 마실 것이다." 10 나아가거라, 성 바깥으로 나아가거라. 백성이 돌아올 길을 만들어라. 큰길을 닦고 돌들을 없애어라. 뭇 민족이 보도록 깃발을 올려라. 11 보아라, 주님께서 땅끝까지 선포하신다. 딸 시온에게 일

하나님은 반드시 약속을 지키겠다고 숱하게 다짐합니다(예, 38:7). 그런데도 그 약속을 늘 상기시켜드리라는(6절) 까닭은 무엇입니까? 이러한 표현은 말하고자 하는 바를 강조하기 위한 수사적인 목적에서 비롯되었다 할 수 있습니다. 누가 하나님께 상기시키지 않아도, 하나님께서는 그 백성의 어려움과 곤고함, 그리고 그들에게 필요한 구원을 충분히 아십니다. 그러나 이사야서 본문은 시온을 향한 주님의 약속을 상기시켜드려서 마침내 시온을 온전히 회복하시기까지 주님께서 쉬시지 못하도록 하겠다고 이야기합니다. 이와 같은 표현은 백성들이 시온에 임할 하나님의 구원을 확신하도록 돕습니다. 아울러 구원은 하나님께로부터 비롯되는 것이되, 사람이 그냥 손을 놓고 기다릴 것이 아니라 하나님의 구원을 사모하고 하나님께 간구하는 제 몫을 수행해야 함을 보여주기도 합니다. 하나님의 구원을 사모한 이들은 마침내 그분의 구원을 볼 때 하나님께서 행하신 일임을 깨달을 것입니다.

러주어라. 보아라, 너의 구원자가 오신다. 그가 구원한 백성을 데리고 오신다. 그가 찾은 백성을 앞장세우고 오신다. 12 사람들은 그들을 '거룩한 분의 백성'이라 부르며 '주님께서 속량하신 백성'이라 부를 것이다. 사람들은 너 예루살렘을 '하나님께서 사랑한 도성'이라고 부르며, '하나님께서 버리지 않은 도성'이라고 부를 것이다.

11절의 예언에 따르면, '구원자'는 백성들을 예루살렘으로 이끕니다. 여기서 말하는 예루살렘은 흔히 알고 있는 중동의 한 도시를 가리킵니까? 예루살렘 혹은 시온은 분명히 고대 이스라엘에 존재했던 특정한 도시를 가리킵니다. 하나님께서는 막연하게 인류를 사랑하신 것이 아니라 수천 년 전 팔레스타인을 기반으로 존재했던 이스라엘이라는 특정한 민족을 사랑하셨습니다. 그런데 그 이스라엘은 크고 강하고 힘센 민족이 아니라. 오히려 강대국 틈바구니에서 자주 생존을 위협받는 나라였습니다. 하나님께서는 그 나라를 하나님의 뜻인 율법을 따라 살도록 부르셨습니다. 구약성경을 읽으면서 사람들은 예루살렘을 향한 하나님의 사랑과 은혜를 보고 인류를 향한 하나님의 은혜와 사랑을 발견했습니다. 그리고 이사야서의 시온이 바로 오늘의 우리 자신임을 깨닫게 되었습니다. 이 땅에 오신 하나님의 아들 예수 그리스도는 이 점을 분명히 보여주셨습니다. 그래서 이 예루살렘은 고대 중동의 도시이면서 동시에 오늘의 우리를 가리킵니다.

{ 제63장 }

주님의 승리

1 에돔에서 오시는 이분은 누구신가? 붉게 물든 옷을 입고 보스라에서 오시는 이분은 누구신가? 화려한 옷차림으로 권세 당당하게 걸어오시는 이분은 누구신가? 그는 바로 나다. 의를 말하는 자요, 구원의 권능을 가진 자다. 2 어찌하여 네 옷이 붉으며, 어찌하여 포도주 틀을 밟는 사람의 옷과 같으냐? 3 나는 혼자서 포도주 틀을 밟듯이 민족들을 짓밟았다. 민족들 가운데서 나를 도와 함께 일한 자가 아무도 없었다. 내가 분 내어 민족들을 짓밟았고, 내가 격하여 그들을 짓밟았다. 그들의 피가 내 옷에 튀어 내 옷이 온통 피로 물들었다. 4 복수할 날이 다가왔고, 구원의 해가 이르렀다는 생각이 들었으나, 5 아무리 살펴보아도 나를 도와서 나와 함께 일할 사람이 없었다. 나를 거들어주는 사람이 없다니, 놀라운 일이었다. 그러나 분노

하나님은 거들어주는 이가 없어서 놀라웠다고 말합니다(5절). 전능자에게도 도우미가 필요한가요? 우선 하나님께 도와줄 누군가가 필요하다는 것은 하나님께서 권능으로 그 모든 일을 행하시되, 이 땅에서 하나님의 손과 발이 되어 그분의 뜻을 행할 자를 찾으신다는 의미로 이해할 수 있습니다. 다른 한편으로는 곤고하고 힘겨운 이스라엘을 건지며 회복하는 일에 그 어떤 열방도 도움이 되지 못한다는 의미로도 볼 수 있습니다. 일례로 1919년 3·1만세운동 당시 우리 선조들은 미국을 비롯한 세계 강대국들이 조선의 독립을 도울 거라 생각했지만 실제로는 그렇지 않았던 현실을 떠올려볼 수 있습니다. 세상 모든 나라가 도움을 주지 않으며 기댈 곳조차 되어 주질 않지만, 1~6절은 하나님께서 일어나셔서 모든 나라를 심판하고 그 백성을 건져주신다고 선포합니다. 그래서 이 본문은 모든 힘없는 자의 편이 되시고 구원자가 되시는 하나님을 찬양하는 노래입니다.

가 나를 강하게 하였고, 나 혼자서 승리를 쟁취하였다. 6 내가 분노하여 민족들을 짓밟았으며, 내가 진노하여 그들이 취하여 비틀거리게 하였고, 그들의 피가 땅에 쏟아지게 하였다.

이스라엘에게 베푸신 주님의 선하심

7 나는 주님께서 베풀어주신 변함없는 사랑을 말하고, 주님께서 우리에게 하여주신 일로 주님을 찬양하였습니다. 주님께서 우리 모두에게 베푸신 은혜, 그의 긍휼과 그의 풍성한 자비를 따라서 이스라엘 집에 베푸신 크신 은총을 내가 전하렵니다. 8 주님께서 이르시기를 "그들은 나의 백성이며, 그들은 나를 속이지 않는 자녀들이다" 하셨습니다. 그런 다음에 그들의 구원자가 되어주셨습니다. 9 주님께서는, 그들이 고난을 받을 때에 주님께서도 친히 고난을 받으셨습니다. 천사를 보내셔서 그들을 구하게 하시지 않고 주님께서 친히 그들을 구해주셨습니다. 사랑과 긍휼로 그들을 구하여주시고, 옛적 오랜 세월 동

'고난'은 인간에게나 해당되는 말이 아닌가요? 하나님이 어떻게 인간과 함께 고난을 받을 수 있습니까?(9절) 부모는 자녀가 고통을 겪을 때 마치 자신이 고통을 겪는 것처럼 힘겨워하고 괴로워합니다. 우리가 부모님을 사랑하고 존경하는 이유는 그분들이 엄청난 재력과 권세를 갖고 있어서가 아니라, 우리를 사랑하고 우리의 아픔을 자신의 아픔처럼 함께 아파하시기 때문일 것입니다. 하나님의 능력이라는 표현 역시 이와 연관해 생각해볼 수 있습니다. 하나님께서 전능하시다는 것을 우리는 "뭐든지 그분이 마음먹은 대로 다 할 수 있다"고 생각하고 우리 역시 그런 존재가 되고 싶은 마음을 품기도 하지만, 하나님의 능력은 이스라엘과 같이 곤고하고 미약한 이들의 아픔을 함께 아파하고 안타까워하시는 모습으로 나타납니다. 하나님이신 예수님께서 사람으로 오셨다는 사실을 신약성경의 한 구절은 그분이 우리의 연약함을 친히 겪어서 아신다고 표현합니다(히 4:15).

안 그들을 치켜들고 안아주셨습니다. 10 그러나 그들은 반역하고, 그의 거룩하신 영을 근심하게 했습니다. 그러므로 그는 도리어 그들의 대적이 되셔서, 친히 그들과 싸우셨습니다. 11 그들은, 지난날 곧 주님의 종 모세의 날을 생각하며 물었습니다. "그의 백성 곧 양 떼의 목자들을 바다로부터 올라오게 하신 그분이, 이제는 어디에 계시는가? 그들에게 그의 거룩한 영을 넣어주신 그분이, 이제는 어디에 계시는가? 12 그의 영광스러운 팔로, 모세를 시켜서, 오른손으로 그들을 이끌게 하시며, 그들 앞에서 물을 갈라지게 하셔서, 그의 이름을 영원히 빛나게 하신 그분이 이제는 어디에 계시는가? 13 말이 광야에서 달리듯이, 그들을 깊은 바다로 걸어가게 하신 그분이, 이제는 어디에 계시는가? 14 주님의 영이 그들을, 마치 골짜기로 내려가는 가축 떼처럼, 편히 쉬게 하시지 않았던가?" 주님께서 이렇게 주님의 백성을 인도하셔서, 주님의 이름을 영광스럽게 하셨습니다.

이스라엘 백성과 하나님이 멀어진 건 누구의 잘못입니까? 17절은 이 모든 사태의 책임이 하나님에게 있는 것처럼 이야기합니다. 63장 7절부터 64장 12절까지는 하나님께 탄식하며 주님의 구원을 간구하는 기도입니다. 이사야서 첫머리 해설에서도 언급했듯이, 56-66장의 배경은 바빌론 포로에서 돌아온 귀환 공동체가 현실에서 겪는 여전한 어려움과 곤고한 삶입니다. 하나님을 믿으며 살아가길 원하지만, 여전히 너무나 괴로운 현실 속에서 신앙 공동체는 다만 하나님의 도우심을 구합니다. 하나님께서 그 백성들이 하나님으로부터 멀어지도록 하셨다는 말은 이상할 수 있지만, 어찌할 수 없는 힘겨운 현실에서 오직 하나님의 능력과 은혜만이 살 길임을 아뢰는 간절한 기도로 이해할 수 있습니다. 죄를 떠나 주님만 의지하는 것도 주님의 도우심이 없으면 할 수 없는 자신들의 곤고한 상태를 표현하는 말입니다.

자비와 도움을 구하는 기도

15 하늘로부터 굽어살펴 주십시오. 주님이 계시는 거룩하고 영화로우신 곳에서 굽어보아 주십시오. 주님의 열성과 권능은 이제 어디에 있습니까? 이제 나에게는 주님의 자비와 긍휼이 그쳤습니다. 16 주님께서는 우리의 아버지이십니다. 아브라함은 우리를 모르고, 이스라엘은 우리를 인정하지 않는다 하여도, 오직 주 하나님은 우리의 아버지이십니다. 옛적부터 주님의 이름은 '우리의 속량자'이십니다. 17 주님, 어찌하여 우리를 주님의 길에서 떠나게 하시며, 우리의 마음을 굳어지게 하셔서, 주님을 경외하지 않게 하십니까? 주님의 종들 곧 주님의 유산인 이 지파들을 보셔서라도 돌아와주십시오. 18 주님의 거룩한 백성이 주님의 성소를 잠시 차지하였으나, 이제는 우리의 원수들이 주님의 성소를 짓밟습니다. 19 우리는 오래전부터 주님의 다스림을 전혀 받지 못하는 자같이 되었으며, 주님의 이름으로 불리지도 못하는 자같이 되었습니다.

{ 제64장 }

1 주님께서 하늘을 가르시고 내려오시면, 산들이 주님 앞에서 떨 것입니다. 2 마치 불이 섶을 사르듯, 불이 물을 끓이듯 할 것입니다. 주님의 대적들에게 주님의 이름을 알게 하시고, 이방 나라들이 주님 앞에서 떨게 하여주십시오. 3 주님께서 친히 내려오셔서, 우리들이 예측하지도 못한 놀라운 일을 하셨을 때에, 산들이 주님 앞에서 떨었습니다. 4 이런 일은 예로부터 아무도 들어본 적이 없습니다. 아무도 귀로 듣거나 눈으로 본 적이 없습니다. 주님 말고 어느 신이 자기를 기다리는 자들에게 이렇게 할 수 있었겠습니까? 5 주님께서는, 정의를 기쁨으로 실천하는 사람과, 주님의 길을 따르는 사람과, 주님을 기억하는 사람을 만나주십니다. 그러나 주님, 보십시오. 주님께서 진노하신 것은 우리가 오랫동안 죄를 지었기 때문입니다. 우리가 어찌 구원을 받겠습니까? 6 우리는 모두 부정한 자와 같고 우리의 모든 의는 더러운 옷과 같습니다. 우

3절은 과거의 일을 기억하는 구절입니까? 아니면 앞으로 이루어질 일을 예고하는 예언인가요? 과거의 일이라면 언제 이런 일이 있었습니까? 이스라엘 공동체가 하나님의 도우심을 구하는 기도를 할 때는 언제나 그 안에 주 하나님께서 이전에 행하신 구원을 회고하는 내용이 포함되는데, 3절 역시 그런 기능을 합니다. 64장 기도를 포함한 더 큰 문맥은 63장 7절부터의 기도인데, 거기에서도 8-9절, 11절에서 지난날 하나님께서 행하신 구원을 언급합니다. 특히 63장 11절은 모세를 따라 이집트를 떠난 이스라엘이 바다를 건넌 일을 언급합니다. 64장 3절 역시 하나님께서 이집트의 종이었던 이스라엘을 건져내신 일을 가리킨다고 여겨집니다. 출애굽 사건은 이후 이스라엘이 언제든 하나님의 도우심을 구할 때마다 이렇게 일종의 패러다임처럼 사용됩니다.

리는 모두 나뭇잎처럼 시들었으니, 우리의 죄악이 바람처럼 우리를 휘몰아갑니다. 7 아무도 주님의 이름을 부르지 않습니다. 주님을 굳게 의지하려고 분발하는 사람도 없습니다. 그러기에 주님이 우리에게서 얼굴을 숨기셨으며, 우리의 죄악 탓으로 우리를 소멸시키셨습니다. 8 그러나 주님, 주님은 우리의 아버지이십니다. 우리는 진흙이요, 주님은 우리를 빚으신 토기장이이십니다. 우리 모두가 주님이 손수 지으신 피조물입니다. 9 주님, 진노를 거두어주십시오. 우리의 죄악을 영원히 기억하지 말아 주십시오. 주님, 보십시오. 우리는 다 주님의 백성입니다. 10 주님의 거룩한 성읍들이 광야가 되었습니다. 시온은 광야가 되었고, 예루살렘은 황폐해졌습니다. 11 우리의 조상이 주님을 찬송하던 성전, 우리의 거룩하고 영광스럽던 성전이 불에 탔고, 우리에게 즐거움을 주던 곳들이 모두 황폐해졌습니다. 12 주님, 형편이 이러한데도, 주님께서는 그저 가만히 계십니까? 그렇게 잠잠히 계셔서, 우리가 극심한 고통을 받도록 하시렵니까?

12절은 자못 도발적입니다. 하나님께 이렇게 기도해도 괜찮은 걸까요? 고대 중동 지역에는 다양한 종교가 있었고, 각자 자기의 신에게 도움을 청하는 기도문도 여럿이었습니다. 이스라엘의 기도와 공통점도 많지만, 차이가 있다면 이스라엘의 기도에는 이처럼 신에게 항의하는 표현이 있다는 점입니다. 고대 중동의 기도문에서는 혹시라도 신에게 불경스럽게 말했다가 신의 진노를 불러일으킬까 두려워 웬만하면 다 인간의 잘못이라 말하는 반면, 이스라엘의 기도는 12절에서 보듯 하나님을 향한 다소 거세 보이는 표현이 빈번합니다. 하나님께 아무 말이나 다 해도 된다는 의미라기보다는, 정말 하나님의 도우심이 아니면 구원의 길이 없기에 드리는 간절한 기도라는 겁니다. 하나님은 변덕스럽고 이해할 수 없는 분이 아니라, 그들의 곤경과 연약함을 아시는 분임을 믿기에 나오는 기도라고 볼 수 있습니다.

{ 제65장 }

하나님께서 반역자를 벌하시다

1 "나는 내 백성의 기도에 응답할 준비를 하고 있었지만, 내 백성은 아직도 내게 요청하지 않았다. 누구든지 나를 찾으면, 언제든지 만나려고 준비를 하고 있었지만, 아무도 나를 찾지 않았다. 내 이름을 부르지도 않던 나라에게, 나는 '보아라, 나 여기 있다. 보아라, 나 여기 있다' 하고 말하였다. 2 제멋대로 가며 악한 길로 가는 반역하는 저 백성을 맞이하려고, 내가 종일 팔을 벌리고 있었다. 3 이 백성은 동산에서 우상에게 제사하며, 벽돌 제단 위에 분향하여, 내 앞에서 늘 나를 분노하게 만드는 백성이다. 4 그들은 밤마다 무덤 사이로 다니면서, 죽은 자의 영들에게 물어본다. 돼지고기를 먹으며, 이방 제사상에 올랐던 고기 국물을 마신다. 5 그러면서도 그들은 다른 사람들에게 '멀찍이 서 있어라, 우리는 거룩하니, 너희가 우리에게 닿아서는 안 된다. 가까이 오지 말아라' 하고 말하는 백성이다. 이

백성들의 타락한 모습을 지적하면서 돼지고기를 먹는 게 큰 잘못인 것처럼 이야기합니다(4절). 그게 왜 문제가 되는 걸까요? 돼지고기에 대한 금지 규정은 레위기 11장과 신명기 14장에서 볼 수 있습니다. 돼지고기 자체가 사람에게 해로워서 금지된 것이 아니라, 하나님의 백성은 먹고 마시는 것에 있지 않으며 하나님 말씀을 따라 살아가는 공동체임을 가르치는 것이 이러한 음식 규례의 핵심입니다. 특히 돼지고기가 금지된 이유는 고대 중동 지역에서 우상숭배와 연관된 경우가 많았기 때문이기도 합니다. 4절에서는 무덤 사이로 다니며 죽은 자에게 물어보는 풍습이 백성들 사이에서 이루어지고 있었음을 보여주는데, 이것은 일종의 강신술과 연관된 우상숭배 행태였을 것입니다.

런 자들을 내가 참지 못한다. 그들을 향한 나의 분노는 꺼지지 않는 불처럼 타오른다. 6 보아라, 이 모든 것이 내 앞에 기록되어 있으니, 내가 갚고야 말겠다. 그들의 품에 갚을 때까지는, 내가 절대로 잠잠하지 않겠다." 7 주님께서 말씀하신다. "산에서 분향하며 언덕에서 나를 모독한 자들의 죄악과, 그 조상의 죄악을 내가 모두 보응하겠다. 내가 먼저 그 행위를 헤아리고, 그들의 품에 보응하겠다." 8 주님께서 말씀하신다. "포도송이에 즙이 들어 있으므로, 사람들이, '그것을 없애지 말아라. 그 속에 복이 들어 있다' 하고 말한다. 나도 이와 같이 나의 종들을 생각하여, 그들을 다 멸하지는 않겠다. 9 내가 야곱으로부터 자손이 나오게 하며, 유다로부터 내 산을 유업으로 얻을 자들이 나오게 하겠다. 내가 택한 사람들이 그것을 유업으로 얻으며, 내 종들이 거기에 살 것이다. 10 샤론 평야는 나를 찾는 내 백성이 양 떼를 치는 목장이 되고, 아골 골짜기는 소들이 쉬는 곳이 될 것이다. 11 그러나 나 주를 떠나서, 내 거룩한 산을 잊고, 갓에게 상을 차려놓으며, 므니에게 섞은 술을 가득히 부어 바치는 자들아! 12 내가 너희를 칼에 죽는 신세가 되게 하

언덕에서 하나님을 모독한다는(7절) 말이 무슨 뜻인지 모르겠습니다. '언덕'은 산보다는 다소 낮지만 '높은 곳'을 의미합니다. 우리나라 역시 대부분의 절이나 기도원이 산에 있는 것에서도 알 수 있듯이, 산이나 언덕은 아마도 하늘과 가깝다 여겨서인지 종교적인 일들이 이루어지는 장소였습니다. 이스라엘 역시 이러한 언덕마다 우상을 세우고 섬기는 의식을 광범위하게 자행했습니다(왕상 14:23; 왕하 16:4; 17:10; 렘 2:20; 겔 6:13; 호 4:13 등). 이방 민족이 어떻게 행하든 이스라엘은 오직 주 하나님을 신뢰하며 그분의 규례를 따르는 백성이건만, 그들은 이방 백성들이 하듯 언덕에 올라가 우상을 세워 거기에 절했던 것입니다. 자신들의 생각과 욕망을 따라 이와 같은 일을 행했고, 이것이야말로 하나님을 모독하는 것입니다.

겠다. 너희 모두가 살육하는 자에게 몸을 구부리게 될 것이다. 이는 내가 불러도 너희가 대답하지 않으며, 내가 말하여도 너희가 듣지 않으며, 너희가 내 눈에 악하게 보이는 일만을 하며, 내가 좋아하지 않는 일만을 골라서 하기 때문이다." 13 그러므로 주 하나님께서 말씀하신다. "보아라, 내 종들은 먹겠지만, 너희는 굶을 것이다. 보아라, 내 종들은 마시겠지만, 너희는 목이 마를 것이다. 보아라, 내 종들은 기뻐하겠지만, 너희는 수치를 당할 것이다. 14 보아라, 내 종들은 마음이 즐거워 노래를 부르겠지만, 너희는 마음이 아파 울부짖으며, 속이 상하여 통곡할 것이다. 15 너희의 이름은, 내가 택한 백성이 저주할 거리로 남을 것이다." 내 주 하나님께서 너희를 죽게 하실 것이다. 그러나 주님께서 주님의 종들은 다른 이름으로 부르실 것이다. 16 땅에서 복을 비는 사람은 진리이신 하나님을 두고 빌며, 땅에서 맹세하는 사람도 진리이신 하나님을 두고 맹세할 것이다. "지난날의 괴로운 일들을, 내가 다시 기억하지 않고, 지나간 과거를, 내가 다시 되돌아보지 않기 때문이다."

'갓'과 '므니'(11절)는 어떤 우상들인가요? 당시에 흔히 섬기던 신들인가요? '갓'은 '행운의 신'으로, 팔레스타인과 페니키아 등지에서 숭배되던 신으로 알려져 있습니다. '므니'는 '운명의 신'이라고 여겨집니다. 고대 페니키아 인근에서 발견된 문서에도 이와 같은 신들의 이름이 언급되어 있지만, 구약성경에서는 오직 이 구절에서만 언급됩니다. 얼마나 널리 숭배되었는지는 파악할 수 없지만, '행운'과 '운명'이라는 것은 고대에나 지금이나 언제나 사람들의 마음을 빼앗는 요소임을 짐작할 수 있습니다. 행운을 추구한다고 행운을 찾을 수 있는 것이 아니며, 운명이라는 신에게 음식을 갖다 바친다고 더 좋은 운명이 오지도 않습니다. 보이지 않는 하나님을 신뢰하며 그분이 명하신 대로 올바르고 정의로운 삶을 걸어가는 것이야말로 진정한 행복의 길임을 성경은 누차 증언합니다.

새 창조

17 "보아라, 내가 새 하늘과 새 땅을 창조할 것이니, 이전 것들은 기억되거나 마음에 떠오르거나 하지 않을 것이다. 18 그러니 너희는 내가 창조하는 것을 길이길이 기뻐하고 즐거워하여라. 보아라, 내가 예루살렘을 기쁨이 가득 찬 도성으로 창조하고, 그 주민을 행복을 누리는 백성으로 창조하겠다. 19 예루살렘은 나의 기쁨이 되고, 거기에 사는 백성은 나의 즐거움이 될 것이니, 그 안에서 다시는 울음소리와 울부짖는 소리가 들리지 않을 것이다." 20 거기에는 몇 날 살지 못하고 죽는 아이가 없을 것이며, 수명을 다 채우지 못하는 노인도 없을 것이다. 백 살에 죽는 사람을 젊은이라고 할 것이며, 백 살을 채우지 못하는 사람을 저주받은 자로 여길 것이다. 21 집을 지은 사람들이 자기가 지은 집에 들어가 살 것이며, 포도나무를 심은 사람들이 자기가 기른 나무의 열매를 먹을 것이다. 22 자기가 지은 집에 다른 사람이 들어가 살지 않을 것이며, 자기가 심

새로 창조된 세계('새 하늘과 새 땅', 17절)와 이전의 세계 사이에 가장 큰 차이점은 무엇입니까? 단순 복제판인가요, 아니면 업그레이드판인가요? 새로 창조된 세상에 대한 17-25절 말씀은 이사야서 11장 6-11절의 말씀을 유지하면서 다소 변형한 것입니다. 이러한 새로운 세상에서는 갓 태어난 어린아이가 죽는 일이 없고, 누구라도 오래오래 장수합니다. 여기서 중요한 점은 이런 세상이 '이리와 어린 양이 함께 살아가며, 서로 해치지 않는 세상'이라는 것입니다. 어린 양이라도 일방적으로 희생당하지 않는 안전한 세상일 때 장수하는 삶이 의미가 있습니다. 위험이 가득하고 약자가 언제든 희생당하기 쉬운 세상이라면, 장수는 재앙일 따름이고 태어나는 일 자체가 고통일 것입니다. 그래서 이사야서 본문은 우리 사는 세상이 어떤 곳이어야 하는지 증언합니다.

은 것을 다른 사람이 먹지 않을 것이다. "나의 백성은 나무처럼 오래 살겠고, 그들이 수고하여 번 것을 오래오래 누릴 것이다." 23 그들은 헛되이 수고하지 않으며, 그들이 낳은 자식은 재난을 당하지 않을 것이다. 그들은 주님께 복 받은 자손이며, 그들의 자손도 그들과 같이 복을 받을 것이다. 24 "그들이 부르기 전에 내가 응답하며, 그들이 말을 마치기도 전에 내가 들어주겠다. 25 이리와 어린 양이 함께 풀을 먹으며, 사자가 소처럼 여물을 먹으며, 뱀이 흙을 먹이로 삼을 것이다. 나의 거룩한 산에서는 서로 해치거나 상하게 하는 일이 전혀 없을 것이다." 주님의 말씀이시다.

{ 제66장 }

주님께서 민족들을 심판하시다

1 주님께서 이렇게 말씀하신다. "하늘은 나의 보좌요, 땅은 나
의 발 받침대. 그러니 너희가 어떻게 내가 살 집을 짓겠으
며, 어느 곳에다가 나를 쉬게 하겠느냐?" 2 주님의 말씀이시
다. "나의 손이 이 모든 것을 지었으며, 이 모든 것이 나의 것
이다. 겸손한 사람, 회개하는 사람, 나를 경외하고 복종하는
사람, 바로 이런 사람을 내가 좋아한다." 3 소를 죽여 제물로
바치는 자는 사람을 제물로 바치는 자와 같다. 양을 잡아 희생
제물로 바치는 자는 개의 목을 부러뜨리는 자와 같다. 부어 드
리는 제물을 바치는 자는 돼지의 피를 바치는 자와 같다. 분향
을 드리는 자는 우상을 찬미하는 자와 같다. "이러한 제사장
들은 나의 뜻을 묻지 않고 제 뜻대로 한 자들이다. 오히려 가
증한 우상숭배를 즐겼다. 가증한 우상들을 진정으로 좋아하

1절의 가르침대로라면 솔로몬이 지은 화려한 성전은 무슨 의미가 있습니까? 오늘날
근사한 예배당을 세우는 건 또 무슨 가치가 있습니까? 성전은 보이지 않는 하나님
의 임재, 백성들 가운데 함께하심을 보여주는 시각인 상징입니다. 그런데 사람들
은 하나님의 동행을 구하며 찾기보다, 외형적인 건물로 성전을 짓고 하나님을 그
안에 가두어두려고 합니다. 결국 성전을 통해 하나님을 자신의 욕심에 잘 들어맞는
신으로 만들어버리는 셈입니다. 솔로몬 성전은 결국 파괴되었고, 두 번째로 지은
성전도 파괴되었습니다. 오늘날의 근사하고 웅장한 수십억, 수백억 원짜리 교회당
도 마찬가지일 것입니다. 본질을 잃어버린다면 그런 화려한 건물은 쓸모없는 낭비
일 뿐, 아무런 의미도 없을 것입니다. 1절 말씀은 세상 어떤 것도 하나님께서 거하
실 집이 될 수 없음을 분명히 증언합니다.

였다. 4 그러기에, 나도 나의 뜻대로 그들을 혹독하게 다루어, 그들이 겁내는 것을 그들에게 들이닥치게 하겠다. 내가 그렇게 불렀으나 그들이 응답하지 않았으며, 내가 그렇게 말하였으나 그들이 듣지 않았으며, 오히려 내가 보는 데서 악한 일을 하며, 내가 좋아하지 않는 일을 골라 하였기 때문이다." 5 주님의 말씀을 떨리는 마음으로 받아들이는 사람들아, 너희는 그의 말씀을 들어라. "너희를 미워하는 백성은 너희가 나의 이름을 부른다고 해서 너희를 따돌리며, 이르기를 '주가 영광을 드러내어 너희들이 기뻐하는 모습을 우리가 한 번 볼 수 있게 하여보아라' 하고 말하나, 그들은 수치를 당할 것이다." 6 성읍에서 요란한 소리가 나오며, 성전으로부터 소리가 들려온다. 이것은 바로 주님께서 주님의 대적들에게 보응하시는 주님의 목소리이다. 7 시온은 진통이 오기도 전에 해산한다. 해산의 고통이 오기도 전에 아이를 낳는다. 8 누가 이런 일을 들은 적이 있느냐? 누가 이런 일을 본 적이 있느냐? 나라가 어찌 하루에

이스라엘 백성들은 제사도 드리고 제물도 바쳤지만 하나님은 '제 뜻대로'라며 꾸짖습니다(3절). 그럼 무엇이 하나님의 뜻에 맞는 제사입니까? 성전에서의 제사는 하나님께 우리 자신의 삶과 마음 중심을 드리겠다는 의미를 담아 집에서 기르던 가축을 대신 바치는 상징 행위입니다. 그래서 가축을 죽여 태우는 제사의 본질은 자신의 욕심을 죽이고 자신의 욕망을 내려놓는 것이며, 이를 두고 2절 말씀은 겸손, 회개, 하나님께 복종함으로 표현합니다. 그러니 예배를 열심히 드린다면서 자신의 욕망과 욕심은 하나도 포기하지 않았다면, 그때 소를 잡아 바치는 행위는 사람을 함부로 죽이는 것이나 마찬가지의 죄일 따름입니다. 하나님께서는 이유야 어떻든 무조건 제물을 많이 정성껏 드리면 기뻐하시는 분이 결코 아니기 때문입니다. 58장에서는 참된 금식은 이웃이 겪는 억압과 괴로움을 풀어주는 것이라 선언합니다. 더 정성스러운 제사를 드릴 것이 아니라, 하나님께서 참으로 원하시는 것이 무엇인지 묻고 찾는 마음이 먼저입니다.

생길 수 있으며, 민족이 어찌 한순간에 태어날 수 있겠느냐? 그러나 시온은 진통이 오자마자 아이들을 낳았다. 9 "바로 내가 아이를 모태에서 나오게 하거늘, 어찌 내가 아이를 낳게 할 수 없겠느냐?" 주님께서 말씀하신다. "아이를 낳게 하는 이가 나이거늘, 어찌 내가 아이를 못 나오게 막겠느냐?" 너의 하나님께서 말씀하신다. 10 "예루살렘을 사랑하는 사람들아, 그 성읍과 함께 기뻐하고 즐거워하여라. 예루살렘을 생각하며 슬퍼하던 사람들아, 너희는 모두 그 성읍과 함께 크게 기뻐하여라. 11 이는, 너희로 하여금, 위로를 주는 예루살렘의 품에서 젖을 빨아 배부르게 하고, 또한 너희로 하여금, 풍요한 젖을 빨아들여 기쁨을 누리게 하려 함이다." 12 주님께서 이렇게 말씀하신다. "내가 예루살렘에 평화가 강물처럼 넘치게 하며, 뭇 나라의 부귀영화가 시냇물처럼 넘쳐서 흘러오게 하겠다." 너희는 예루살렘의 젖을 빨며, 그 팔에 안기고, 그 무릎 위에서 귀여움을 받을 것이다. 13 "어머니가 그 자식을 위로하듯이, 내가 너희를 위로할 것이니, 너희가 예루살렘에서 위로를 받을 것

시온이 회복되어 영화롭게 되리라는 사실을 산모가 해산하는 과정에 빗대어 설명하는(6–14절) 까닭은 무엇입니까? 둘 사이에 어떤 유사점이 있습니까? 고대나 지금이나 또 다른 생명을 탄생시키는 출산은 참으로 놀랍고도 신비스러운 경험입니다. 구약성경과 신약성경에서는 하나님께서 그 백성을 돌보시고 은혜를 베푸시는 것을 불임의 위기를 겪던 여성이 마침내 출산하는 것으로 곧잘 표현합니다. 이 본문을 비롯한 이사야서 56–66장에서 시온은 자녀를 낳을 수 없는 여성으로 표현됩니다. 스스로 어찌할 수 없는 연약함과 곤고함을 그렇게 표현했습니다. 그러나 하나님은 생명을 지으시고 만드신 분이시니, 시온으로 많은 자녀를 얻게 하실 것입니다. 또한 생명이 사라지는 것 같은 우리네 곤고하고 괴로운 인생, 앞이 잘 보이지 않는 인생 가운데서도 시온과 같이 많은 자녀, 풍성한 생명을 얻고 누리게 하실 것입니다.

이다." 14 너희가 이것을 보고 마음이 기쁠 것이며 너희의 뼈들이 무성한 풀처럼 튼튼할 것이다. 그리고 주님의 권능이 종들에게 알려지며, 주님께서 원수들에게 진노하실 것이다. 15 보아라, 주님께서 화염에 싸여 오시며, 그의 병거는 마치 회오리바람처럼 올 것이다. 그의 노여움이 진노로 바뀌고, 그의 질책이 타는 불길이 되어 보응하려 하신다. 16 주님께서 불로 온 세상을 심판하시며, 주님의 칼로 모든 사람을 심판하실 것이니, 주님께 죽음을 당할 자가 많을 것이다. 17 "스스로를 거룩하게 구별하며, 몸을 깨끗하게 하고, 이교 제사를 바치는 동산으로 들어가서, 우상을 가운데 놓고 둘러서서 돼지고기와 부정한 짐승과 쥐고기를 먹는 자들은, 모두 다 망할 것이다." 주님의 말씀이시다. 18 "내가 그들의 일과 생각을 알기에, 언어가 다른 모든 민족을 모을 때가 올 것이니, 그들이 와서 나의 영광을 볼 것이다. 19 그리고 내가 그들 가운데 징표를 두어서, 살아남은 자들을 스페인, 뿔, 활을 잘 쏘는 룻, 두발, 야완 민족들

하나님은 '언어가 다른 민족' 가운데 '살아남은 자들을' 보내 그분의 '영광을 알릴 것'이라고 말합니다(18-19절). 어째서 하나님은 유대 민족을 제쳐두고 이방인들을 보낼까요? 56-66장에는 현재 존재하는 제사장 중심 세력에 대한 줄기차면서도 강력한 반대가 있습니다(예, 본문 1-3절, 그리고 56:9-12; 58:1-5). 성전을 중심으로 한 제사장 세력은 무수한 제사를 드렸지만, 정작 하나님의 뜻을 행하는 데는 관심이 없었던 것 같습니다. 이사야서 56-66장은 그들의 제사가 우상숭배와 마찬가지라고 규탄하면서, 이스라엘 혈통이 아닌 온 세상에 흩어진 이방인 가운데 하나님께서 새로운 제사장과 레위인을 택하실 것임을 선언합니다(21절). 유대인이라 말하며 정작 하나님의 뜻을 행하지 않는 이들을 향해, 하나님께서는 얼마든지 이방 가운데 제사장을 세우실 거라고 선포하는 것입니다. 이를 통해 구약성경이 증언하는 제사 제도나 제사장, 레위인은 단지 육체적인 혈통과 연관된 것이 아니라, 오직 하나님의 뜻을 찾고 행하는 삶의 태도를 가리킨다는 사실이 분명해집니다.

과 나의 명성을 들은 적도 없고, 나의 영광을 본 적도 없는 먼 섬들에게 보낼 것이며, 그들이 나의 영광을 모든 민족에게 알릴 것이다. 20 마치 이스라엘 자손이 주의 성전에 바칠 예물을 깨끗한 그릇에 담아서 가져오는 것과 같이, 그들이 또한 모든 민족들로부터 너희의 모든 동포를 나 주에게 바치는 선물로 말과 수레와 가마와 노새와 낙타에 태워서, 나의 거룩한 산 예루살렘으로 데려올 것이다." 주님께서 말씀하신다. 21 "그리고 나도 그들 가운데서 제사장과 레위 사람으로 삼을 자를 택하여 세우겠다." 주님께서 말씀하신다. 22 "내가 지을 새 하늘과 새 땅이 내 앞에 늘 있듯이, 너희 자손과 너희 이름이 늘 있을 것이다." 주님의 말씀이시다. 23 "매달 초하루와 안식일마다, 모든 사람이, 내 앞에 경배하려고 나올 것이다." 주님께서 말씀하신다. 24 "그들이 나가서 나를 거역한 자들의 시체들을 볼 것이다." 그들을 먹는 벌레가 죽지 않으며, 그들을 삼키는 불도 꺼지지 않을 것이니, 모든 사람이 그들을 보고 소름이 끼칠 것이다.

19절에 등장하는 스페인, 뿔, 룻, 두발, 야완은 각각 어디를 가리킵니까? 특별히 이 지역들이 거론된 이유는 무엇입니까? 이 나라들이 각각 어디를 가리키는지 오늘날에는 명확하게 말할 수 없습니다. 이어지는 내용에서 보듯, 이 지명들을 언급한 까닭은 "나의 명성을 들은 적도 없고 나의 영광을 본 적도 없는" 지역을 표현하기 위해서라고 생각됩니다. 이들과 가장 대조되는 것은 성전에서 하나님께 제사드리는 이들입니다. 성전에서 제사를 드린다지만 실상은 우상숭배하는 이들을 하나님께서 심판하실 것입니다. 그리고 오히려 가장 먼 곳, 도무지 하나님에 대해 들어본 적이 없는 이들 가운데 하나님의 영광을 선포하실 것이며, 그들 가운데서 제사장과 레위인으로 삼을 이들을 데려오실 것입니다. 이러한 먼 나라는 겉으로 드러나는 자랑이나 명성, 선택받은 백성과 같은 명목은 아무 소용도 없되, 오직 하나님의 영광을 알고 그분을 찬양하며 순종하는 삶이 중요하다는 사실을 잘 보여줍니다.

창세기 우주와 세상 만물, 시간, 인류가 어디서 비롯되었으며 어떻게 존재하게 되었는지 설명한다. 한편으로는 하나님께서 손수 인간을 빚어 만드신 뜻은 무엇이며, 그 하나하나와 어떤 관계를 맺고 싶어 하시는지, 인류를 향해 어떤 계획과 기대를 가지고 있으며 또 무얼 약속하시는지, 그 약속이 어떻게 한 세대에서 다음 세대로 꿋꿋이 흘러내려 갔는지 그려낸다. 천지창조의 파노라마에서 출발해서, 약속을 간직한 야곱 일가가 기근을 피해 이집트로 내려가 정착한 내력으로 마감된다.

출애굽기 이집트에서 종살이를 하던 이스라엘 백성의 탈출기. 하나님은 모세라는 지도자를 내세워 가혹한 착취와 노역에 시달리던 이스라엘 백성을 건져내 약속의 땅으로 안내하신다. 끝까지 거부하고 버티는 파라오에게 내린 열 가지 엄청난 재앙, 바다가 갈라져 길이 열리는 사건을 비롯해 하나님께서 이스라엘 백성에게 베푸신 갖가지 기적 등 흥미진진한 이야기들이 실려 있다. 두고두고 지키도록 하나님께서 직접 정해주신 여러 절기와 예배의식, 법률 제도 등도 볼 수 있다.

레위기 이스라엘 백성이 지켜야 할 규칙을 모은 법률서. 언약을 품은 백성이 깨끗한 삶과 마음으로 하나님과 친밀한 관계를 맺으며 살아갈 여러 방법을 구체적으로 제시한다. 하나님께 드리는 제사와 제물의 종류, 제사장의 자격과 권위, 정결한 짐승과 부정한 짐승, 성적인 규례, 결혼과 가정을 둘러싼 제도, 사형으로 다스려야 할 범죄, 땅의 소유권, 안식년과 희년 제도 등을 자세히 다룬다.

민수기 두 차례의 인구조사 기록을 밑그림으로 이스라엘 백성의 광야 생활을 따라간다. 종살이에서 풀려난 감격은 어느 결에 사라지고 불평과 불만이 이스라엘 백성 가운데 자리 잡는다. 원망은 모세와 그 가족, 그리고 실질적으로는 하나님을 향하기에 이르고, 마침내 온 백성이 불순종의 대가를 치르게 된다. 이집트에서 출발한 첫 세대는 영영 약속의 땅에 들어가지 못하고 광야에서 스러지고 만다.

신명기 약속의 땅을 코앞에 두고, 모세가 이스라엘 백성에게 남긴 마지막 당부. 모세는 이집트의 손아귀에서 벗어난 뒤로 40년에 걸쳐 광야를 떠돌았던 세월을 되짚는다. 하나님을 외면하고 우상을 숭배했던 죄를 지적하는 한편, 그럼에도 불구하고 조금도 부족함 없이 먹이고 입힌 하나님의 돌보심을 일깨운다. 이어서 율법의 가르침을 일일이 꼽아가며 하나님 앞에서 거룩하게 사는 일이 얼마나 중요한지 강조한다. 하나님의 법에 따르는 이가 누릴 축복과 거부하는 이에게 향하는 저주를 낱낱이 열거한다. 모세가 눈을 감으면서 이스라엘 역사도 새로운 국면으로 넘어간다.

여호수아기 새로운 지도자 여호수아를 따라 요단강을 건넌 이스라엘 백성의 가나안 정복기. 하나님의 능력에 힘입어 견고하기 이를 데 없는 여리고 성을 무너뜨리면서 시작된 정복 전쟁은 치열한 공방을 거듭하며 길게 이어진다. 하나님께서 알려주신 전투 원칙에 충실했을 때는 어김없이 승리를 거뒀지만, 자만해서 또는 속임수에 넘어가 명령을 어겼을 때는 막대한 피해를 입었다. 여호수아는 싸워 얻은 땅들을 각 지파에 나눠주고, 끝까지 하나님께 충실하겠다는 백성의 다짐을 받는다.

사사기 모세와 여호수아 이후, 이스라엘에 임금이 나오기 전까지 긴 세월 동안 백성을 다스렸던 숱한 지도자(사사)들의 이야기. 약속의 땅에 자리를 잡았지만, 이스라엘 백성은 누가 자신들의 참 하나님인지를 이내 잊고 말았다. 신앙은 흐트러지고, 우상숭배가 만연했다. 세상은 거칠어졌고, 틈만 나면 뭇 민족들의 침략과 압제에 시달렸다. 하나님은 그때마다 사사들을 세워 백성을 구출하고, 그분과 맺은 약속을 소중히 여기라고 요구하신다.

룻기 사사 시대에 살았던 룻이라는 여인의 일대기. 독특하게도 주인공 룻은 히브리인이 아니었다. 멸시의 대상이었던 이방인, 그것도 이스라엘과 적대지간인 모압의 여인이어떻게 히브리 역사의 한 장을 차지하게 되었을까? 남편과 사별하고, 먹고살 길조차막막했던 이방 여인이 율법이 정한 의무를 충실히 이행하려는 진실한 사내와 만나 건강하고 안정된 삶을 회복하는 이 단순한 이야기가 오늘을 사는 우리에게 전하는 메시지는 무엇일까?

사무엘기상 사사의 시대가 마무리되고 왕의 통치가 시작되는 시기의 거대한 역사 드라마. 주요 등장인물은 사무엘, 사울, 다윗이다. 일찌감치 제사장 손에 맡겨져 성전에서 살았던 사무엘은 곧바른 사사로 성장하고, 이스라엘의 왕정을 여는 중책을 맡는다. 첫 왕 사울은 뛰어난 자질을 가졌지만 제 힘과 능력을 과신한 탓에 서서히 몰락의 길을 걷는다. 하나님의 명령에 따라 사무엘은 다시 다윗에게 기름을 붓고 왕위를 넘긴다. 저유명한 '다윗과 골리앗'의 한판 승부 이야기도 여기서 볼 수 있다.

사무엘기하 이스라엘 역사를 통틀어 가장 위대한 임금으로 꼽히는 다윗의 통치와 추락을 그린다. 난국을 진정시키고 왕위에 오른 그는 주변 국가들을 잇달아 굴복시키고 빼앗겼던 법궤를 되찾았으며, 영토를 크게 넓혀 강국으로 성장할 토대를 놓는다. 하지만 간통을 저지르고 충직한 부하를 사지에 내몰아 죽게 하는 치명적인 범죄를 저지르면서 단번에 추락하고 만다. 이윽고 사랑했던 아들이 반란을 일으키고, 함께 사지를 넘나들었던 신하들이 갈라져 서로 죽이는 비극적인 사태가 벌어진다.

열왕기상 솔로몬과 그 이후에 등장한 왕들, 그리고 걸출한 예언자들의 행적을 기록한 책. 왕위 다툼의 최종 승자가 된 솔로몬은 통치 초기, 대대적인 제사를 드리고 웅장한 성전을 건축하는 등 하나님을 향한 진심을 드러낸다. 하지만 명성과 권력이 드높아지자 초심을 잃고 백성에게 높은 세금과 힘든 노역을 강요하는 한편, 끝없는 정략결혼으로 동맹을 늘려간다. 결국 솔로몬이 눈을 감기 무섭게 왕국은 이스라엘과 유다로 갈라진다. 두 나라는 제각기 왕위를 이어가며 끝없이 부대낀다. 하나님은 엘리야를 통해 권능을 드러내 보이며 거룩한 약속을 상기시키고 회개를 촉구하신다.

열왕기하 이스라엘과 유다 왕국이 차례로 무너져 내리는 쇠락의 역사를 다룬다. 하나님은 예언자들을 숱하게 보내 멸망을 경고하고 바른길로 돌아서길 요구하시지만, 두 나라의 대다수 임금들은 귀를 단단히 틀어막고 거룩하지 못한 삶으로 오로지한다. 예언자 엘리야의 뒤를 이은 엘리사는 수없이 많은 기적들을 일으키고 개혁을 부르짖었지만, 보람을 얻지 못한다. 결국 북쪽 이스라엘은 앗시리아에, 남쪽 유다는 바빌론에 차례로 멸망당하고 만다.

역대지상 아담부터 다윗에 이르는 이스라엘의 방대한 족보, 그리고 다윗이 통치하던 시절의 역사를 기록한 책. 족보는 포로로 끌려갔다 간신히 고향으로 돌아온 이스라엘 백성에게 민족의 정체성을 확인시키고 궁극적으로 되돌아가야 할 지점이 어디인지 가리켜 보여준다. 족보를 상세하게 소개한 뒤에는 언약궤를 되찾고 성전 지을 준비를 완벽하게 갖춰놓았던 다윗 임금에 초점을 맞춘다. 다윗 왕국은 영광스러운 역사의 첫 줄이었고, 성전은 하나님과 맺은 약속의 상징이었기 때문이다.

역대지하 역대지하는 솔로몬 왕국으로 시선을 돌린다. 솔로몬이 지은 성전이 얼마나 화려하고 웅장했는지, 그 안에 들어가는 기구 하나하나까지 상세히 그려가며 소개한다. 아울러 솔로몬의 부귀와 영화가 얼마나 대단했으며 지혜가 얼마나 탁월했는지 낱낱이 되새김질한다. 뒤를 이은 임금들의 발자취를 따라가며 이스라엘이 몰락하고 포로 신세가 되었음을 알리지만, 끝머리에는 고레스가 내린 해방 명령을 실어 또 다른 시대가 열릴 것임을 예고한다.

에스라기 페르시아로 끌려갔다가 풀려난 이스라엘 백성의 귀향, 그리고 성전과 성벽을 다시 세우는 힘겨운 씨름, 무너진 이스라엘 백성의 신앙을 되세우려는 선지자 에스라의 분투를 다룬다. 기적처럼 포로 신세에서 벗어나 고향으로 돌아온 백성은 감격 속에 제사를 드리고 성전과 성읍 재건에 나서지만, 완공을 보기까지는 악랄하고도 치밀한 적들의 방해 공작에 시달려야 했다. 뒤늦게 2진을 이끌고 이스라엘에 돌아온 에스라는 신앙이 형편없이 흐트러진 동포들의 모습에 경악하고 곧장 회복운동에 나선다.

느헤미야기 에스라와 비슷한 시대를 살았던 느헤미야가 고향으로 돌아와 펼친 개혁운동을 담고 있다. 바빌론에서 임금을 모시는 관리로 일하던 느헤미야는 재건 공사가 지지부진하다는 고국 소식에 귀환을 결심한다. 고향에 돌아온 느헤미야는 적대 세력의 압박을 뿌리치고 여러 가문과 힘을 모아 재건 공사를 마무리한다. 마침내 공사가 끝나자, 이스라엘 백성은 한데 모여 율법을 낭독하고, 죄를 뉘우치고, 예배를 드리고, 삶의 자세를 가다듬었다.

에스더기 페르시아의 임금 아하수에로의 왕비가 된 유대 여인 에스더의 파란만장 일대기. 에스더가 포로의 처지에서 단번에 왕비가 되었을 즈음, 유대인들은 총체적인 난국을 맞는다. 임금의 총애를 받는 고관 하만이 자신에게 고분고분 고개를 숙이지 않는 유대인들을 모조리 말살하기로 작정하고 실행에 들어간 까닭이다. 에스더는 제 목숨을 내놓고 동족을 살리는 데 앞장선다.

욥기 더없이 풍요롭고 행복한 삶을 누리던 이가 하루아침에 가진 걸 다 잃어버리고 고통의 수렁에 빠진다면, 그이의 뇌리엔 어떤 생각들이 오갈까? 나무랄 데 없이 선한 성품, 풍요로운 삶, 화목한 가정까지 무엇 하나 모자람 없던 욥은 거대한 불행에 휩쓸려 고통의 바다 깊숙이 가라앉고 만다. 친구들은 잘못한 게 있으니 벌을 받는 게 아니냐고 하지만, 욥으로선 불행의 원인을 도무지 가늠할 수 없다. 토론이 이어지고 언성이 높아지지만, 결론은 나지 않는다. 이제 하나님의 답을 들어볼 차례다. 그분은 무어라 하시는가?

시편 하나님의 백성이 부르는 노래 모음. 다윗과 솔로몬을 비롯해 여러 시인들의 노래를 모았다. 하나님의 됨됨이와 이루신 일들을 높이고 찬양하는 노래가 많지만, 그것이 전부는 아니다. 더러는 베풀어주신 은혜에 감격하기도 하고, 괴로움을 호소하며 도움을 구하기도 하고, 허물을 고백하고 용서를 구하기도 하고, 하나님께서 주신 약속을 되새기기도 하며, 예배의 즐거움을 노래하기도 한다.

잠언 하나님을 임금으로 삼고 사는 백성의 눈으로 어떻게 세상을 살아야 할지 간결하게 정리한 글 모음. 지혜가 얼마나 소중한 보물인지 누누이 설명한 뒤, 좋은 친구를 사귀고, 슬기로운 말을 하고, 게으름과 성적인 유혹을 피하는 법 등 다양한 주제를 다룬다. 흔히 보는 교훈집이나 금언서와는 출발이 다르다. 잠언은 지혜의 근원을 하나님에 두는 까닭이다.

전도서 땅에 코를 박고 사는 이들에게 삶의 본질을 가리켜 보이며 고개를 들어 하늘을 올려다보라고 가르치는 책. "헛되고 헛되다. 모든 것이 헛되다"라는 선언에서 출발해 무슨 일이든 때가 있는 법임을 일깨운다. 인생은 불공평하며 한 치 앞도 알 수 없지만, 조바심칠 게 아니라 오늘을 살며 하나님을 바라보라고 권한다.

아가 두 연인이 나누는 사랑 노래. 낯빛이 까만 여인과 왕이기도 하고 목자이기도 한 사내는 끝없이 연모하고, 사랑을 나누며, 혼인의 즐거움을 만끽하고, 더불어 춤을 춘다. 둘이 서로를 그리워하며 쏟아내는 고백은 다정하고, 안타까우며, 사랑스럽고, 더러 에로틱하기까지 하다.

이사야서 네 임금의 치세와 흥망성쇠를 지켜본 선지자 이사야는 유다와 예루살렘에 관한 환상을 보고 백성에게 하나님이 주신 메시지를 선포한다. 하나님께 등을 돌린 '죄지은 민족, 허물이 많은 백성, 흉악한 종자, 타락한 자식들'을 향해 심판이 코앞에 닥쳤음을 경고하는 반면, 다른 한편으로는 그럼에도 불구하고 더없이 큰 권세로 구원하시는 하나님의 사랑을 선포한다.

예레미야서 유다가 막바지를 향해 치닫던 시절에 활동했던 예언자 예레미야가 전하는 하나님의 메시지. 멸망이 코앞에 닥쳤으니 당장 뉘우치고 돌아서라 외쳤기에 백성의 격렬한 반발을 샀다. 임금과 백성의 비위를 맞추기에 급급한 사이비 예언자들의 모욕을 감수해야 했고, 옥에 갇히기도 했다. 하지만 예레미야는 암울한 미래를 예고하는 데 그치지 않고 하나님의 약속이 회복되는 궁극적인 미래를 가리켜 보인다.

예레미야 애가 유다의 참담한 미래를 내다보고 탄식하며 눈물짓는 예언자의 노래. 백성은 사로잡혀 사방팔방으로 뿔뿔이 흩어지고, 거룩한 성 예루살렘은 황폐해져 적막이 감돈다. 예언자는 이 모두가 마땅히 치러야 할 죗값임을 지적하고, 고아의 처지가 된 백성을 기억해주시길 하나님께 호소한다.

에스겔서 포로로 끌려간 바빌론에서 예언자로 활동했던 에스겔의 메시지. 앞선 책의 예언자들처럼 유다와 뭇 나라들에 쏟아질 하나님의 심판을 선포하고, 예루살렘의 회복과 축복을 예고하며, 하나님께서 더없이 가까이 함께해주실 미래를 소망한다. 책을 가득 채운 기이하고 기묘한 행적과 환상들은 이런 메시지들을 생생하게 전달하고 깊이 각인시킨다.

다니엘서 포로의 처지로 바빌론 왕궁에 살며 집중 관리를 받았던 유다 청년 다니엘이 하나님을 향한 순수한 마음을 지키기 위해 벌였던 씨름, 그리고 그이가 꿈에 보았던 놀라운 환상을 기록한 책. 한결같은 신앙을 가졌던 까닭에 다니엘은 일생일대의 위기를 겪지만, 하나님의 극적인 개입으로 목숨을 건진다. 후반부에는 다니엘이 보았던 기이한 환상과 상징들이 파노라마처럼 펼쳐진다.

호세아서 신앙적으로 한없이 타락하고 우상숭배가 극성을 부리던 이스라엘 땅에서 활동했던 예언자 호세아의 입을 통해 전하는 하나님의 메시지. 바람기가 가득한 아내를 결코 포기하지 않고 줄곧 사랑을 이어가는 삶을 통해 하나님의 사랑이 얼마나 극진한지 한눈에 보여준다.

요엘서 유다와 예루살렘에 닥친 엄청난 자연재해를 소재로 예언자 요엘이 전한 하나님의 메시지. 예언자는 메뚜기 떼의 습격을 이민족의 침입에 빗대어 설명한 뒤, 뉘우치고 돌아오기를 기대하는 하나님의 마음을 전한다. 하나님은 진심으로 회개하면 재앙을 거두기도 하는 분임을 강조하며, 즉각적이고 전폭적인 회개를 촉구한다.

아모스서 종교적인 타락과 위선, 무너진 정의, 부패한 사회를 매섭게 비판했던 예언자 아모스가 전한 하나님의 메시지. 다마스쿠스와 모압을 비롯해 숱한 주변 국가들을 향한 하나님의 진노와 징계를 선포하고 이스라엘의 멸망을 예언하지만, 거룩한 질서가 회복된 미래에 대한 예고도 빠놓지 않는다.

오바댜서 예언자 오바댜의 입을 통해 에돔을 향한 노여움과 심판을 예고하시는 하나님의 메시지. 유다가 바빌론에 시달리는 모습을 지켜보며 돕기는커녕 도리어 웃음 짓던 오만한 에돔은 하나님의 손에 무너지고, 거룩한 백성이 승리를 거둘 것을 예고한다.

요나서 예언자 요나는 강대국 니느웨에 가서 죄를 꾸짖고 심판이 임박했음을 알리라는 하나님의 명령을 받지만, 순종 대신 도망을 택한다. 이후에 벌어지는 사건들은 속속들이 죄에 물든 인간일지라도 돌이키기만 하면 얼마든지 용서하시겠다는 하나님의 속내를 여실히 보여준다.

미가서 정의는 무너지고 죄악이 차고 넘치는 유다와 이스라엘을 꾸짖고, 거룩한 뜻과 질서가 지배하는 새로운 세상을 그려 보이며, 하나님께서 진정으로 원하시는 바가 무엇인지를 명쾌하게 제시한다.

나훔서 나훔이 선포한 하나님의 메시지로 '피의 도성, 거짓말과 강포가 가득하며 노략질을 그치지 않는 도성' 니느웨의 멸망을 예고한다. 하나님이 얼마나 크고 강하며 사랑이 가득한 분인지 설명하고, 그 권세가 어떻게 니느웨를 파멸에 이르게 할지 그림처럼 선명하게 보여준다.

하박국서 정의와 심판에 대한, 예언자 하박국과 하나님의 질의응답. 하박국은 세상에 이토록 불의가 가득한데 하나님은 어째서 짐짓 모른 체하시는가 따져 묻고, 하나님께서는 지체 없이 단호한 답변을 내놓으신다. 하박국은 "주 하나님은 나의 힘"이라는 고백으로 긴 대화를 마무리한다. 하나님은 과연 어떤 답을 주셨을까?

스바냐서 예언자 스바냐가 전하는 하나님의 메시지. 유다와 열방의 죄상을 통렬하게 지적하고 시시각각 다가오는 심판을 예고하는 한편, 징벌이 그치는 '그날이 오면' 축제 같은 즐거움이 가득하리라고 가르친다.

학개서 바빌론 포로 생활에서 풀려나 고국에 돌아온 뒤, 성전을 다시 세우기 위해 안간힘을 썼던 예언자 학개가 전하는 하나님의 메시지. 재건 작업이 지지부진한 현실 앞에서 성전을 다시 세우는 행위가 갖는 의미를 설파하고, "언약이 아직도 변함이 없고, 나의 영이 너희 가운데 머물러 있으니, 너희는 두려워하지 말라"는 거룩한 음성을 전달한다.

스가랴서 뿔과 대장장이, 측량줄, 대제사장 여호수아, 순금 등잔대와 두 올리브나무, 날아다니는 두루마리, 곡식 넣는 뒤주, 병거 네 대 등 기이하고 다양한 환상들을 기록하고, 선택한 백성을 향한 하나님의 구원 계획을 소개하는 예언자 스가랴의 글.

말라기서 구약성경의 마지막 책. 진실한 예배가 사라지고 말라비틀어진 형식만 남은 세상, 약자들이 억압받고 소외되는 불의한 사회를 고발하고, 하나님께서 '특사'를 보내셔서 온갖 불순한 동기와 행위들을 정결하게 하며 굽은 정의를 바로 세우시는 날이 기필코 오리라고 단언한다.

Bible in Hand | 교양인을 위한 성경

Bible in Hand | 교양인을 위한 성경 시리즈는 성경 원문의 뜻을 우리말 어법에 맞게 정확하게 번역한 〈성경전서 새번역〉 본문과 해제로 구성되어 있다. 성경을 읽으면서 생기는 질문에 답을 주는 질문과 해제 부분의 경우, 구약은 김근주 교수(기독연구원 느헤미야), 신약은 권연경 교수(숭실대 기독교학과)가 성경을 읽어가는 재미와 정보의 길안내를 맡았다.

구약

세상의 모든 처음
창세기 | 248p | 11,000원

영광의 탈출,
새로운 삶을 향하여
출애굽기 | 212p | 11,000원

지혜와 삶과 사랑
잠언·전도서·아가 | 192p | 8,500원

선택, 어느 편에 설 것인가?
여호수아기·사사기·룻기 | 278p |
15,000원

신약

**성취된 약속,
왕으로 온 메시아**
마태복음서 | 188p | 10,000원

**너희는
나를 누구라고 하느냐?**
마가복음서 | 128p | 7,000원

행진, 담대하게 거침없이
사도행전 | 176p | 8,500원

● **Bible in Hand | 교양인을 위한 성경 시리즈**는 구약 17권, 신약 8권으로 2021년 완간 예정이다.

● **봄이다 프로젝트 페이스북** https://www.facebook.com/ltispring

● **봄이다 프로젝트 블로그** https://blog.naver.com/hoon_bom

● **문의** hoon_bom@naver.com

BIBLE in Hand 교양인을 위한 성경

어둠을 딛고 빛을 읽다

구약 | 이사야서

1쇄 발행일 2020년 8월 15일

펴낸이 최종훈
펴낸곳 봄이다 프로젝트
등록 2017-000003
주소 경기도 양평군 서종면 황순원로 414-58 (우편번호 12504)
전화 02-733-7223
이메일 hoon_bom@naver.com

책임편집 이나경 박준숙
디자인 designGo
표지 이미지 shutterstock
인쇄 SP

ISBN 979-11-971383-0-0
값 15,000원